U0748012

公路零担专线务实

彭中方　吉宝华　喻坚◎著

（实操版）

中南大学出版社
www.csupress.com.cn
·长沙·

出版协助人员及单位

出版协助人员

易兴江　　杨新平　　何伟军　　彭　旺　　张　飞

李　文　　李　晴　　唐　雷　　甘和兵　　蔡加林

贺新华　　余时荣　　荣　华　　魏　国　　付吉刚

出版协助单位

湖南科技大学商学院

湖南三一工业职业技术学院

信息桥(上海)供应链管理有限公司

浙江易辰物流科技有限公司(零担豹物流信息平台)

湖南大宇物流有限公司

湖南沪佳物流有限公司

湖南商桥物流有限公司

湖南八运物流有限公司

长沙村淘闪送物流有限公司

上海轩叶物流有限公司

上海一驰物流有限公司

上海湘轩供应链管理有限公司

义成伟业物流集团有限公司

宁波长株潭物流有限公司

苏州宝康物流有限公司

辽宁润茂通湘楚物流有限公司

深圳市忆远国际物流有限公司

序

一直以来，我国的专线企业沉浸在凭经验经营管理企业的模式中，坐享国民经济快速发展的红利，即使采取粗放型经营管理也能收获不错的经济效益。这种唯经验制胜、获利为安的经营动机并不能指引专线企业做大做强，步入健康发展的轨道，也不利于专线行业的规范、有序发展。专线行业大发展虽然催生了一批区域品牌专线，但是更多的是实力和服务能力良莠不齐的小规模专线，国内物流市场尚未出现实力强劲的全网型品牌专线企业。

近年来，随着我国专线行业从爆发期进入平稳增长期，各种物流信息平台大量兴起，加上快递、快运公司的迅速崛起，专线市场货量被大量分流，专线企业被引入到行业信息化和网络化领域，走进了抢夺货源的行业怪圈。行业变局引发行业乱象，专线市场的风起云涌扰乱了专线企业的传统经营思维，使得众多专线个体一筹莫展、无所适从。

"巧妇难为无米之炊"的道理大家都懂，但"打铁还需自身硬"。在货源供应紧张时期，企业的经营管理水平和服务能力才是专线争夺货源的硬实力。在物流大行业竞争日益激烈的背景下，专线企业规模小、分散经营、粗放管理的天生劣根性显露无遗，难以与大资本操控的物流信息平台和快运公司相抗衡，专线企业的生存空间被严重挤压。对专线企业来说，线上的布局很重要，但线下的比拼更实际，毕竟专线的服务重在实操。为顺应市场变化，专线企业只有注重自身经营管理和服务水平的提高，才能实现降费增效，增强企业的盈利能力，直面市场竞争。

实操经验纵然对专线的经营管理很重要，但是经营企业需要一种情怀，要有大的格局，必须要通盘考虑，学会融会贯通。《公路零担专线务实》是基于我国公路零担专线操作实践基础上撰写的第一部国内物流实操著作。本书引入系统管理方法，将专线操作流程进行模块化细分，借用链条思维对专线的操作和经营管理加以详细阐述，同时用通俗易懂的词语对专线的操作内容进行定义，以期实现专线经营管理规范的术语化。此外，本书还对专线企业和专线行业的发展提出了独到的见解。

《公路零担专线务实》一书打破了专线经营管理以经验为主的缚束，对专线企业实现标准化管理具有重要的参考价值，对专线行业的规范、健康发展具有现实指导意义。《公路零担专线务实》这本书的出版发行必将为专线企业和专线行业的规范发展树立标杆，为物流行业的基础人才培养提供切合市场需求的实操型教材。

（湖南科技大学商学院　颜剩勇）

2021 年 2 月

  我国的物流行业起步较晚，直到进入 21 世纪才伴随着国民经济的增长迎来快速发展期，用了近二十年的时间，形成了如今一个超 10 万亿元规模的巨大市场。由于我国推行全民经济，鼓励"大众创业，万众创新"，在粗放型经济增长模式下，10 万亿元体量的物流市场催生了数以百万计的市场参与主体。市场主体众多是我国物流行业的一大特征。我国的物流市场主体以个体私营企业为主，普遍存在规模小、管理粗放、抗风险能力差的特点。在这样的市场主体基础上构建的是一个竞争无序、质量低下的市场，加上行业理论的缺失，造成了我国物流行业的无序、粗放发展，难以与我国经济高质量发展的需求相匹配。然而，要想提高市场主体的质量，建立规范发展的物流市场，必须加强物流理论体系的建设。我国物流行业实践时间较短，物流理论形成的基础不足，理论缺位成了物流市场的发展之痛。

  2000 年我国加入世界贸易组织时，物流专家们对我国物流市场向外资开放产生了各种担忧。为了尽快与国际接轨，应对外资冲击，我国的物流精英们开始向西方学习先进的物流管理经验。一时间，各种西方的物流管理理念被引进我国，如第三方物流、供应链管理等，大量的西方物流书籍也被翻译过来。凡此种种，西方的物流理论被用来指导我们的物流企业生产，培养我们的高级物流管理人才。自 2005 年 12 月 11 日我国物流市场正式对外开放至今已经有十多年时间，外商独资的物流企业在我国物流市场上尚存的几乎没有，所谓的供应链管理也仅在合资企业和外商独资企业中应用。这种情况并不代表西方的物流管理理论不先进，只是说明这些理论与我国的国情不相适应罢了。我国的物流发展实践证明，完全照搬西方的物流管理理论根本就不能很好地指导我国物流企业的生产实践，也不适合指导我国物流市场的建设。面对我国物流市场超10万亿元的规模，再结合近二十年的物流实践，我们理应总结形成适合我国国情的物流理论体系，以此来培养我们的物流人才，指导我国的物流企业实践，合理规划建设我国的物流市场，这才是我国物流专家们的当务之急。

公路零担专线有着上万亿元的市场规模，拥有我国最为广大的物流从业群体。但是，由于公路零担专线处于物流供应链条的末端，人们往往忽视了它的存在。公路零担专线本身拥有相对完整的操作链条，但由于从业人员的整体文化素质不高，加上物流专家们的不重视，一直以来都没有形成一套完整的操作理论体系。

本书重点论述了公路零担专线的操作流程、质量管理和安全管理，结合实际情况分析了专线经营中的核心问题和专线的开设方法，最后对专线行业及专线的发展前景提出了独到的见解。虽然本书作者有着数十年的公路零担专线行业从业经验，但是由于个人思维的局限，难免有以偏概全的现象，如有不足之处，敬请谅解。希望本书的出版发行能给我们广大的公路零担专线从业者和有志投身于公路零担专线行业的人们以借鉴与参考，谢谢！

目 录

第一章　公路零担专线概述 ··· 1

  第一节　物流的认识 ·· 1

  第二节　公路零担专线的认识 ··· 4

  第三节　公路零担专线与物流 ··· 7

  第四节　公路零担专线的发展 ··· 8

第二章　公路零担专线操作流程 ··· 11

  第一节　洽谈接单 ·· 11

  第二节　卸货入库 ·· 15

  第三节　开单 ··· 16

  第四节　配载装车 ·· 19

  第五节　干线运输 ·· 21

  第六节　卸车入库 ·· 21

  第七节　分流出库 ·· 23

  第八节　回单管理 ·· 28

第三章　公路零担专线质量管理 ··· 30

  第一节　人员管理 ·· 30

  第二节　专线操作流程各环节质量管理 ······························ 34

  第三节　财务管理 ·· 62

  第四节　客户管理 ·· 68

第四章　公路零担专线安全管理 ················· 79

第一节　员工安全管理 ····························· 79

第二节　货物安全管理 ····························· 89

第三节　干线运输安全管理 ······················ 116

第四节　财务安全管理 ···························· 133

第五节　其他安全管理 ···························· 140

第五章　公路零担专线运营核心问题 ·············· 152

第一节　人的问题 ······························· 152

第二节　车的问题 ······························· 169

第三节　货的问题 ······························· 187

第四节　单车效益核算 ···························· 207

第六章　公路零担专线开设 ······················ 217

第一节　生产设备设施配置 ······················ 217

第二节　人员及相关问题解决 ···················· 226

第三节　开业营销策划 ···························· 229

第四节　营运起步 ······························· 236

第五节　资金预算 ······························· 244

第七章　公路零担专线发展前景探讨 ·············· 249

第一节　专线行业的困局与对策 ·················· 249

第二节　专线的困惑与对策 ······················ 270

第三节　落地分流试析 ···························· 289

结束语 ·· 306

参考文献 ······································ 307

第一章

公路零担专线概述

公路零担专线作为一种业态的存在，是物流行业发展的必然结果。物流在公路运输中的组织形式，无非就是整车运输和零担运输两种形式，而随着经济的发展，社会分工协作的更进一步细化，公路零担运输在整个公路运输中所占的比重越来越大，其地位也将更加突出。公路零担专线作为市场主体，是公路零担运输的组织者和实施者，其发展和完善程度决定着公路零担货运市场的发展和完善程度，并在一定程度上体现了整个物流市场的发展程度。公路零担专线是物流的子系统，要很好地理解公路零担专线必须先从理解物流开始。

第一节　物流的认识

1.1　物流的定义

关于物流的定义，目前各国的表述不一。在此，我们以我国关于物流的定义来进行表述。我国国家标准（GB/T18354—2006）"物流术语"中将物流定义为："物品从供应地向接收地的实体流动过程，根据实际需要，将运输、储存、装卸、搬运、包装、流通加工、配送、信息处理等基本功能实施有机结合。"从经济学的角度来讲，物流就是货物从它的产地流动到实现它的使用价值地的过程，以及在实现流动过程中所进行的相关活动。

从本意上来讲，物流仅仅是物品的位置流动，从这个角度来看，物流活动存在于生产生活的各个方面，甚至每一件物品的位移过程都可以理解为物流。在经济学中，物流成了一种有价值的商品流通过程，它往往伴随经济活动即商品交换而发生，也就如经济学家们所说的，物流的发生必有商流的产生，物流即为商流的产物，这也就不难理解为什么经济高度发达的国家，其物流也高度发达。

1.2 物流的作用

1.服务商流，促进商品使用价值的实现

在商品经济中，商品从生产创造领域到消费领域的所有权的转让过程，称之为商流。商流确立之后，随后的商品实体的转移过程就是物流。物流实际上是以商流的后续者和服务者的姿态出现。当然，非商流的确立也有物流的发生，如同一公司中各分公司之间的物资调拨也是物流的一部分。

物流在生产和消费之间起着桥梁的作用，属于商品流通的范畴。物流打破了商品生产创造和消费使用之间的地域限制，促进了社会经济的发展。

2.保障生产，促进经济发展

企业的生产活动，从建厂开始到原材料、半成品的采购，直至产品的外销，都要求有相应的物流活动，企业的生产经营活动实际上就是系列化了的物流活动。

合理化的物流解决方案可以降低运输费用，从而降低成本、优化库存结构、减少资金占用、强化管理，进而提高效率，提高企业生产经营水平，促进整个社会经济水平的提高。

3.方便生活，促进人民生活水平的提高

物流存在于生活的每一个环节，报纸的投送、牛奶的派送、家用电器和床上用品的送货上门、网购的派件等等一系列的活动都有相应的物流公司来实行，物流活动已深入人们的生活，并时刻改变着我们的生活。物流极大地促进了人们生活水平的提高。

1.3 物流的形式

物流在我国纳入交通运输系统，由交通运输部门主管。物流的主要表现形式就是运输，因此物流也可以理解为运输及围绕运输所进行的一系列活动的总称。因为使用的运输工具不同，运输可以分为水路运输、陆路运输、航空运输和管道运输，其中陆路运输又可以分为铁路运输和公路运输。

1.水路运输

水路运输是指使用船舶及其他航运工具，在江河湖泊和海洋上载运货物的一种运输方式。

（1）水路运输的优点：水路运输的运输能力大、运输成本低，适合超大件和大宗商品的运输。

（2）水路运输的缺点：水路运输的运输时间长，还有受自然条件的影响大。

2. 公路运输

公路运输一般是指汽车运输。具体而言，它是一种使用汽车在公路上载运货物的运输方式。它不仅可以直接运进或运出货物，而且也是车站、港口和机场货物集散的重要手段。

（1）公路运输的优点：公路运输机动灵活，运输速度快，可以实现门对门服务。

（2）公路运输的缺点：公路运输的运载能力小，运输的成本较高，货物损耗大，受人为影响因素较大。

3. 铁路运输

铁路运输是指在铁路上以车辆编组成列车载运货物的一种方式，是现代最重要的货物运输方式之一。

（1）铁路运输的优点：铁路运输的速度较快，运输能力大，成本较低，受自然条件的影响较小。

（2）铁路运输的缺点：铁路运输的转运成本高，计划性太强。

4. 航空运输

航空运输是指包含除旅客运输之外的符合国家法律法规的所有物品运输活动，它不仅提供专门用于货物运输的飞机，即定期和不定期航空货运航班，而且还可以利用定期和不定期客运航班进行货物运输。

（1）航空运输的优点：航空运输的速度快，机动性强，适合鲜活物品和贵重物品的运输。

（2）航空运输的缺点：航空运输的成本高，运输能力小，对货物的要求高，而且受天气因素的影响大。

5. 管道运输

管道运输是随着石油和天然气产量的增长而发展起来的，是指利用管道来进行物品运输的一种运输方式。目前已成为陆上油、气运输的主要运输方式，近年来输送固体物料的管道，如输煤、输精矿管道也有很大发展。

（1）管道运输的优点：管道运输的运输量大，物品损耗小，运输成本低，受自然条件影响小。

（2）管道运输的缺点：管道运输的专用性强，难以普及。

以上五种运输形式，除管道运输外，均普遍运用在我国国民经济中，是货物干线运输的基础。其中公路运输在干线运输中最为常见，而且公路运输可以作为水路运输、铁路运输和航空运输的补充，支撑着水路运输、铁路运输和航空运输的发展。

1.4　物流的发展

物流的发展经历了从实体分配阶段到综合物流阶段，再到现在的供应链管理阶段，这是社会经济发展和社会分工协作进一步发展的结果，而且随着科技的进步，物流也将朝着信息化、自动化、网络化、智能化的方向发展。在人们消费观念日益更新的今天，国际上已经在推崇绿色物流、智慧物流等物流新概念。

进入二十一世纪后，随着我国经济的发展，公路、机场、码头等各种基础设施不断完善，我国的物流行业迎来了爆发式的发展，形成了万亿级别的市场规模，物流在经济活动中的地位越来越重要。但是，由于我国物流行业起步较晚，物流市场主体普遍存在规模小、服务意识淡薄、人员素质偏低等问题，加上同质无序竞争，造成了物流行业刚兴起便要落幕的现象。因此，为了更好地引导物流行业发展，各级职能部门都对相应城市的物流职能进行规划，纷纷设立了各自的物流基地和物流园区，同时国家也不断出台相应的法律法规、行业规范，以保障物流行业的健康发展。

第二节　公路零担专线的认识

2.1　公路零担专线的定义

公路零担运输是指以汽车为载具，一车货物中包含有多个客户货物的运输。公路零担运输往往被定义为公路零担专线运输。公路零担专线是物流市场的基础组织，是整合客户资源的一种运输模式。公路零担存在的基础是单一客户某一目的地货物的数量、体积、重量不足以装载整车进行运输，或整车运输经济上不可行。

随着公路零担货运市场的进一步细分，公路零担运输又分为快递、快运和专线三种运输组织形式。在当前市场竞争日益激烈的背景下，公路零担专线主要以大票或大件零担货物运输为主。

公路零担专线通常被人们称之为专线。对于专线的理解有多层意思：一种是泛指公路零担专线行业；一种是指某一条运输路线如湖南专线、湖北专线、四川专线等，这种叫法的地域特征明显，必须以具体的启运地来进行限定，如广州的湖南专线、北京的四川专线；还有一种特指经营某一运输路线的专线实体。在不同的语境中，对"专线"意思的理解各不相同。

2.2　公路零担专线的特点

公路零担专线作为一种重要的物流组织形式，在运输过程中具有显著的特点。

1. 公路零担专线的优势

（1）成本较低、服务方便。公路零担专线是公路长途即干线货物运输的主力，其成本比较低，可以以较低的价格为客户提供满意的门到门服务。

（2）资源利用率高。公路零担专线能有效地利用社会资源，包括劳动力、小货车、大货车、叉车等，通过对物流资源的有效整合，提高资源利用率，在为自身发展服务的同时为社会经济的发展作出贡献。

（3）服务范围广。公路零担专线的服务范围广，其服务对象涵盖了企事业单位、生产企业、服务企业乃至个人。公路零担专线也是水路运输、铁路运输、航空运输的节点，为以上运输方式的货物提驳提供服务，从而保障水路运输、铁路运输和航空运输的顺利进行。

2. 公路零担专线的缺陷

（1）转运环节多。公路零担专线的操作包括了卸货入库、配载装车、干线运输、卸车入库、分流出库等环节，货物的交接节点多，必须经过一系列的搬运装卸、运输才能实现从发货人到达收货人。

（2）时效性比较差。相比较整车运输而言，公路零担专线必须经过配载装车才会进入干线运输环节，往往会因为人为的因素造成货物延迟到达收货客户。

（3）货物的损耗风险大。公路零担专线的货物有多次的装卸和配载工作，这加大了货损风险。

（4）受天气的影响比较大。冰雪雨雾及台风天气都可能造成货物延迟到达。

2.3 公路零担专线运营特点

（1）货物零散、客户众多；单个客户发货量小；运输涉及的责任方多，利益主体多，包括货主、第三方发货人、司机、收货人等。如果是中转货物，还会涉及专线的中转合作商。

（2）货物的转运交接、装卸次数多，货损货差多发。这其中包括了货主仓库的装车、专线仓库卸车、专线的干线运输装车、专线到达站仓库卸车、货物配送装车、收货人仓库卸车。如果货物需要再中转分流到下一级市场，那还需要重复一次以上装车过程。

（3）货物的配载装车是专线盈利的关键。在公路零担专线运营中，运费的收取一般按货物重量或体积的大小来计收。重货按重量标准收取运费，泡货按体积标准收取运费。区别重货和泡货的方法是货物重量和体积之间的比率，通常按照 1 比 4 的比率来做重货和泡货之间的界定，也就是说，1 吨货物的体积小于 4 立方米，就是重货，按重量收费，如果大于 4 立方米则按体积收费。干线运输车辆有装载重量和体积限制，配载装车就是对所要装车货物的重量和体积进行搭配的过程，尽量做到重量和体积都到位，以达到收益最大化，见表 1.1。

表 1.1　配载效益表

货类	方案一	方案二	方案三	方案四
甲	150 方/16 吨	——	——	143 方/15.26 吨
乙	——	15 方/30 吨	——	7 方/14 吨
丙	——	——	150 方/30 吨	——
丁				
配载效益	13500 元	10500 元	14250 元	17770 元

如：某上海到长沙专线现装一台容积 150 立方米、限载 30 吨的货车，从表 1.1 配载方案对比结果来看，在重货和泡货搭配装车中，重货越重，泡货越轻，配载的效益就越好，重泡货的配载效益较差但要比仅装运纯重货或纯泡货的效益要好一些。

（4）干线运力配置科学合理。①货量均衡的专线。这类专线多为双向发车，各公司的优势方向会有差别，短板方向的货量决定专线的盈利能力。这类专线一般会考虑自行购买干线车辆，以自有车辆和合同车辆为主，临时租用社会车辆为辅，专线对车源的控制能力较强，能更好地服务客户。

②货量不均衡的专线。这类专线以社会车辆为主，多为单向发车，基本不会自行购买车辆，对车源的控制能力比较弱。碰到旺季时，这类专线往往会出现无车可用的情况。

2.4 公路零担专线的运营模式

公路零担专线的运营模式有多种多样，每个公司可以根据自己的实力选择不同的经营模式。典型的运营模式有两种，见图1.1。

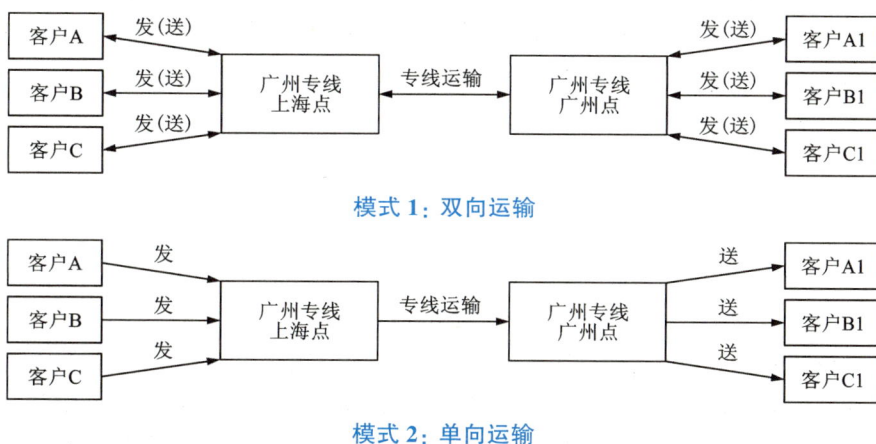

模式1：双向运输

模式2：单向运输

图 1.1 运营模式

公路零担专线通常要在干线运输间的两个城市分别设立仓库，同时配置相应的人员、设备设施等生产要素，以提供对应的物流服务。

第三节 公路零担专线与物流

3.1 公路零担专线与物流的关系

公路零担专线是公路运输的重要组织形式，是物流的重要环节，也是物流最重要的表现形式之一。由于公路零担专线直接为客户提供服务，大家往往把公路零担专线看作是物流的最底层，也是最辛苦的物流群体，"物流行业里面做专线最辛苦"是每一个物流人最深刻的体会。

作为物流的重要组成部分，公路零担专线的发展随着物流的发展而不断完善。物流的发展是物流行业服务理念的革新，是服务方式的改进，也是服务水平的提高，公路零担专线操作的改进也是物流发展的重要表现。

3.2　公路零担专线在物流中的地位

从前面的分析来看，物流是一个系统，是一个大范畴。公路零担专线只是物流的一个子系统，而且是最关键、最重要的子系统。公路运输是物流中最重要的运输形式，而且是其他运输方式的重要保障，我国的公路运输 90%以上的货物是由公路零担专线承运。公路零担专线作为物流的重要组成部分，已经成为促进国民经济发展的一支越来越重要的力量。

第四节　公路零担专线的发展

4.1　公路零担专线的发展过程

公路零担专线的存在是物流市场细化发展的必然。公路零担专线最初以大货车司机自行找货配车的形式运作，往往是司机个人以车为单位，为增加自身的车辆营运效益而进行的个体行为，司机个人的素质对货物的发运和送达起着决定性作用。随着交通和信息技术的发展，一部分人开始设立专线，从事专线运输，时至今日，公路零担专线已遍地开花，成为公路运输最重要的组织形式。公路零担专线的发展是我国交通运输发展的一个缩影，体现了信息技术的进步。

随着国家对物流行业的重视，公路零担专线被纳入物流发展大规划中，专线行业行为被规范，行业发展不断完善。

4.2　公路零担专线的发展现状

1.以家族式管理为主，规模小

由于公路零担专线的工作特性——工作时间不定、辛苦，其员工大多来自家庭内部成员，采取家族式管理，这对专线开设初期的帮助很大。但是家族式管理对专线的成长不利，外部人员难以融入，因此专线想要做大比较困难。我国的公路零担专线大多是这种情况。

2．人员素质良莠不齐

早期的专线老板大多是农民和驾驶员转行而来，本身文化素质不高，加上实行家族式管理，外面高素质人才难以进入，导致整体行业素质不高，早些年时有发生专线拉跑货物和卷款跑路的事情。

3．实力小，抗风险能力弱

公路零担专线的进入门槛比较低，对资金要求不高，很多专线在遇到重大事故时，就有可能支撑不住，无奈之下只能选择关门。

4．同质竞争激烈

同一条线路有很多人开设，各专线间大打价格战，竞争无序。

5．行业理论缺失，没有相应的行业准则、规范

我国公路零担专线理论体系建设严重滞后，到目前为止，尚无专业理论出现，行业行为也没有对应的制度来规范。

6．人才储备不足，行业发展滞后

高等院校的人才培养与公路零担专线需求脱节，造成了公路零担专线人才储备不足，行业发展滞后。

4.3　公路零担专线的发展趋势

随着市场经济的发展，专业化分工越来越细，作为物流行业重要组成部分的公路零担专线，也只有向专业化方向发展，才能适应国民经济发展的需要。伴随着我国物流市场逐步对外开放，专线行业市场竞争将愈发激烈，公路零担专线间的兼并重组将变得频繁，这也将倒逼公路零担专线做大做强，涌现一批大型的知名公路零担专线公司。

（1）公路零担专线的经营管理理念得到提升，知识型人才进入专线行业，一改过去家族式经营管理模式，专线将获得发展的新动力，整个公路零担专线行业面貌将焕然一新。

（2）随着快递公司以设立快运公司的形式涉足公路零担货运市场，加上国内物流市场对外开放，公路零担专线行业的竞争将进一步加剧，专线或自身做大做强，或被淘汰，或被收购。近年来，国内资本大鳄有大举进入公路零担专线市场的迹象，我国公路零担专线行业将迎来重大变局。

（3）实用型人才一直是企业最青睐的，公路零担专线对知识型人才的庞大需求促使高等院校开始注重这方面的人才培养，从而为公路零担专线的发展注入新的血液。

（4）随着外资的进入和国内高等院校的重视，与公路零担专线相关的理论研究将获得重视。我国的公路零担专线将因此得到相应理论的实践指导，行业的发展将更科学，对经济发展的贡献也就更大。

（5）物流行业协会的成立和国家关于物流行业法律法规的制定，都将对公路零担专线的健康有序发展进行规范引导，从而更好地为国家经济发展服务，促进经济繁荣。

（6）随着科技和信息技术的发展，公路零担专线逐渐向标准化、智能化方向发展。

第二章

公路零担专线操作流程

公路零担专线作为物流的子系统，是公路运输的重要形式，也是公路零担货运市场的主体。作为市场主体，专线有其自身的组织架构和操作流程，以保证其物流功能的实现。鉴于行业的特殊性，每日发车量是衡量专线强弱的一个重要考核指标，行业普遍要求当天的货物当天必须发运。因此，专线每天都在重复着同样的操作流程。专线的操作流程包括洽谈接单、卸货入库、开单、配载装车、干线运输、卸车入库、分流出库和回单管理八个操作环节。

第一节 洽谈接单

作为专线操作流程的第一步，洽谈接单至关重要。洽谈接单决定着专线的生死存亡，也决定着整个流程的后续操作。生意好坏与接单有关，货物好坏与接单有关(货物好坏是指货物是否好装卸，运价是否满意)，效益如何与接单有关，等等，所以从事洽谈接单操作的必须是一个能力很强的人，也可以理解为专线的关键人物。通常情况下，洽谈接单人是专线老板本人或经理。

1.1 基本素质

电话洽谈是专线业务接单最主要的方式，专线的业务有 90% 以上是在这种不见人不见货的情况下谈成的。洽谈接单人应具有电话营销员的素质，最基本的是要有礼貌，说话的语气要好，语速适中，更要学会倾听。由于生意都是在电话中谈成，接单人必须详细记录或用心记住客户所提供的信息，并通过对信息的分析，决定是否成交，切忌成交后，当客户送货过来时，因某些模糊条件而坐地起价。在电话洽谈中，接单人应做到知己知彼，充分展现自己的专业素养，争取把所谈的业务谈成。在少量的见人见货的业务接单中，接单人更要把握好与客户面对面接触的机会，争取给客户留下良好的印象。在这种情况下，洽谈接单人员最有可能与客户交朋友，建立稳定的合作关系。

1.敏锐的洞察力和快速的反应能力

在洽谈接单时，接单人应能在与客户的交谈过程中对客户有基本的正确判断，了解其需求，同时对客户的问题进行迅速、有效的解答。

2.高情商展示

"买卖不成仁义在"，虽然做不成生意，但可以做朋友，第一单不成可以做第二单。情商高、人缘好，朋友自然就多，专线的生意自然就不会差，不应做势利的专线人。

1.2 专业素养

跟客户谈生意，首先要明确自己是做物流的，然后才是做专线的。

1.洽谈接单人作为物流人的专业素养

（1）对货物的把握。

货物的尺寸规格、货物的性质状态、货物的外包装、货物的装卸要求等，在谈运价前必须了解清楚。

（2）对于服务要求的把握。

客户是否要求提供上门提货服务，是否需要送货上门和货物的交接签收要求，是否有其他的服务要求如随车同行人员、随货同行单据、回单返回、返货带回等。

（3）对网点所在城市物流的了解。

包括物流市场的规划布局、网点城市的道路交通状况、物流市场的发展程度（包括专线繁荣程度）。

2.洽谈接单人作为专线人的专业素养

（1）对专线到达目的地的了解。比如长沙专线，那就要对长沙的道路交通状况比较清楚，如什么地方"禁货"、什么时候限行、客户离专线卸货点有多远等。又如湖南专线，那就要对湖南省内其他城市有所了解，对省内的中转服务及收费情况要比较清楚。

（2）对所在专线的了解。包括同向专线间的竞争态势、专线的收费标准、发运成本、干线运输路线和运输状况、专线车源等。

(3)对有大型物流服务需求的单位的了解。如长沙专线普遍对三一重工、大众汽车、菲亚特汽车、中联重科、比亚迪公司等单位的送货方式和送货要求要有所了解。

1.3　知己知彼

1.客户需要什么

货物是实物，关键点在于针对货物所要提供的服务，而专线提供的恰恰也是服务。针对货物，每个客户的诉求是不一样的。有的客户追求经济效益，哪家便宜选哪家；有的客户追求服务，谁的服务好，发运、送货及时就给谁发，价格好商量；有的客户想要有实力的专线提供垫资服务；有的客户要求专线提供提送货及上楼服务。针对客户诉求的不同，洽谈接单人员要准确判断，迅速做出决策。

2.专线需要什么

专线是每天发车的，当天的货物一般当天装车发运。因此，专线每天都会面对不同的状况：有时候重货多，缺少泡货；有时候泡货多，缺少重货；有时候货多，按计划发运装不完；有时候货物却不够装运，可能造成部分空载；有车无货或有货无车的情况也时有发生；有什么样的车型需要装什么样的货，承接了什么样的打底货，需要配载什么样的货。以上这些也都是洽谈接单人员要考虑的情况，专线基本上每天都要面临这当中的一种情况。所以洽谈接单人员必须实时了解专线当天的需求矛盾，合理地进行业务洽谈，当然有时也应该要站在公司发展的角度进行适当取舍，以争取更多的客户。专线发展不惧怕货物多和客户多，就怕没有货，无货可配载是专线最痛苦的事情。洽谈接单人员只有做到知己知彼，才能自如地进行业务洽谈。

1.4　洽谈的核心——价格

专线提供的产品是服务，其产生服务的费用具体是多少体现在货物的运价上。货物的运价构成包含提货费(如需上门提货)，干线运费(含专线的合理利润)，送货费(如需送货上门)，其他服务费用如上楼费、保险费等。运价关系到客户和专线各自的切身利益，所以几乎所有的洽谈都是围绕货物运价进行的。专线的运费计收依据是货物的重量和体积，重货以重量为计费依据，泡货以体积为计费依据，重泡货则以重量或体积为依据计费，两者取其利，异形货物的运价另议。这种计费依据普遍用于干线运输费用的计收，其他的运价构成要素按提供服务的方式分别计算，累积在一起，形成货物的运价。运价在专线行业内统称为运费。影响货物运价的因素很多，主要体现在以下六个方面。

1. 货物本身的因素

货物的性质（重货、泡货或重泡货），货物的外观形状，货物的外包装尺寸、规格和包装材料，货物对装运的要求等都影响着运价。

2. 服务要求

是否需要提供接送货服务包括接送货距离、对接送货车辆和驾驶员的要求，是否需要提供客户处装车和送货落地或上楼服务包括装卸搬运设备要求、搬运距离、上楼是否有电梯等，是否提供保价运输，是否提供中转分流服务，对货物临时仓储的要求，货物的打包、打托服务，回单签收和返回要求等，这些都会对货物运价高低造成影响。

3. 专线本身的要求

专线的运价一般参照服务成本确定，但没有固定价格，各专线通常会根据自身需求调整报价。一般情况下，专线缺什么货，什么货的运价就会定得低一些。如重货多的专线，其泡货价格就会低一些；反之，其泡货价格就会报得高。专线货源不足时，其所有货物报价都会低一些，以拉拢客户。

4. 客户的结算要求

专线可以为客户提供的运费结算方式有多种，通常情况下分为现付、到付（提付和送货收款）、回单付、月结等结算方式。各种结算方式对专线的资金压力和资金成本费用影响不一。其中，回单付和月结的结算方式需要专线垫付资金，对专线形成资金压力，所以专线对回单付和月结客户的运费报价会相应高一些。另外，运输发票的开具也会推高货物运价。

5. 市场上同向专线间的竞争

我国的专线大多以个体或私营经济的形式存在，专线老板的素质参差不齐，对利益的诉求各不相同，真正想做企业、做实体的人不多，加上行业规范的缺失，导致同向专线间为争抢货源经常低价揽货。行内人所说的专线不好做，其实主要是由于这种滥价行为造成的。

6. 其他因素

诸如干线车源的季节性供需矛盾、油价的涨跌、交通运输政策的制订实施等都会对货物运价造成影响。

第二节 卸货入库

2.1 卸货入库的意义

卸货入库是指专线发运站对所要发运的货物进行卸车清点分理、贴标签、分类放置等一系列的工作，是制单和装车前的重要环节。卸车入库应有专门的库管负责，对需要入库货物进行分类清点，核实货物的数量、重量、体积，并对货物的外包装和货物的状态进行查验，及时反馈给制单人员。库管是货物入库的把关员，应对货物贴标签，以便区分每票货物，同时负责库内货物的摆放和安全。卸货人员是专线的一线员工，直接与客户接触，应保持态度端正，具备良好的精神风貌和干练的做事风格。卸货入库是货物实体进入专线流转的第一步，也是专线操作流程控制的关键一步。

2.2 卸货入库工作内容及要求

（1）设立库管岗位，合理安排卸货人员。制订卸货人员工作任务和明确工作职责是做好本环节工作的关键。卸车入库应遵循认真仔细原则，同时提高卸车效率。

（2）科学指挥卸货来车，安排停车位置，迅速组织卸货人员卸车，卸货入库应讲求"先来后到"原则，先到先卸，卸完货后及时指挥空车退场。

（3）认真清点货物数量，仔细查验货物包装和货物外观形态，核实货物的重量和体积，及时将卸货情况反馈给开单人员，以便于托运单的开具。托运单开具之后，应及时对入库货物贴标签，以便区分每票货物，避免混淆。卸货过程中的异常情况应及时反馈给相关领导。

（4）对仓库进行管理，保持仓库干净整洁，对入库货物的堆码摆放进行科学有效的管理。货物的堆码摆放应有利于清点、出入及配载装车。仓库管理要坚持小货入库原则。在实际操作中，为提高工作效率，避免重复劳动，有的货物可以不必落地入库，直接装上干线车辆。

第三节　开单

3.1　开单的意义

开单是指向货物托运人（客户）开具货物托运凭证。在专线领域，货物托运凭证统称为托运单，开具托运单是签订托运合同的简单版，是货物发运服务合同的正式确立。托运单的开具有手工填写和电脑录入打印两种方式，在科技发达的今天，大多数专线实行电脑开单或先期手工制单，再补录电脑打印（上门提货先向客户开手工单）。托运单的基本信息由托运人提供，按洽谈接单结果填写，是洽谈接单成果的集中体现。

3.2　托运单的格式

托运单的每一个待填项目都影响着后面环节的操作。托运单是分货、理货的依据，它指引配载装车、中转分流和配送工作，是财务结算的凭证，也是托运人查货的依据，其中的每一项都有特定的意义和作用。因此，填写托运单是一项严谨的工作，必须认真仔细。托运单模板见图2.1。

托运单模板1

上海[■■]物流货物托运单

| 订单号: | C2008393 | | 第1次打印 |
| 原单号: | BOL51640835 | | |

起运站	长沙	目的港	上海	货物名称	配件	运费	150.00
受理时间	20-08-17 17:55	预达日期		包装	木箱	提货费	180.00
发货人	彭中方	发货电话		件数	2	送货费	200.00
发货单位				重量(t)	0.52	保险费	0.00
地址				体积(m³)	1.9	现付	0.00
收货人	1	收货电话	021-[■■]	交货方式	送货	到付	0.00
收货单位	上海浦东物流股份有限公司仓储区6号库			付款方式	回单付	回付	530.00
地址	上海浦东新区江镇物流大道291号			费用合计	伍佰叁拾元整（￥530.00）		

1) 本托运货物必须参加保险,如不保险,只能赔偿本次托运运输费2倍。
2) 不得虚报货名,或国家禁运物品。如因此造成的经济损失由托运方全部承担。
3) 易碎物品和液体不负责破损和参漏责任。
4) 本公司只提供三个月内的回单查询,敬请谅解。

网上查询: http[■■].com
上海: 上海市闵行区[■■]
业务: 021-[■■]　查询: 021-[■■]
长沙: 长沙市长沙县[■■]
业务: 0731-[■■]　查询: 0731-[■■]

备注:

回单:回单(1份)

制单: 任邵辉　　打印时间: 20-09-07 18:10　　是否保险: 是□　否□　发货人: _____　收货人: _____

注: 发运时,请认真阅读本凭证有关条款,签字视为同意

托运单模板 2

图 2.1　托运单模板

3.3　制单内容及作用

托运单是简化版的货物运输合同,其中包含着大量的关于货物服务的信息,是专线借以提供服务的依据,也是托运人与专线达成的合作共识。每一份托运单需要录入信息的项目很多,各项内容都有着特定的意义和作用。

1. 托运单的抬头项

托运单的抬头项包含发运站、到达站、发货日期、货物单号。发运站表示货物的发运城市,到达站表示货物的流向,发运日期表示货物的托运时间,货物单号是货物的身份信息。在专线里,每一票货物都有唯一的单号,运单号就好比是货物的身份证,是分货理货的重要依据,也是货物查询和财务做账的重要凭证号。

2. 发货人信息项

发货人信息项包括发货人名称(单位或个人)、发货人电话、发货人地址,此信息栏可在专线各操作环节中提供信息支持,尤其是在回单付和月结结算方式中,涉及跟谁结账的问题。当收货人信息出现失误时,发货人信息会是专线查询的唯一方向。因此,在发货人信息项中,发货人(单位或个人)和发货人电

话是绝对不能有任何失误的，尤其是在运费尚未结算的情况下。

3.收货人信息项

收货人信息项包含收货人名称、收货人电话和收货人地址，是到达站货物配送和中转分流的重要信息依据。在配送业务中，收货人的地址录入要确保真实准确。

4.货物信息栏

货物信息栏包括货物名称、数量、包装、重量、体积等，支持着货物的清理、配载装车、定价、分流出库等工作的顺利进行。货物信息栏中任何一项的失真都可能给后续的操作带来十分严重的后果。

5.价格信息项

价格信息项包括运费、保价、提货费、送货费、上楼费等收费项目，各分项收费合计构成货物的总服务价格。各收费信息项表明了需要提供的服务及服务收费价格，收费项目单独分列可避免费用漏计，同时也是专线各项收费信息的明示。

6.结算方式和交货方式

结算方式和交货方式分别约定了运费支付方式和向收货人交付货物的方法。

7.备注栏

备注栏填写的信息是需要专线在操作过程中特别注意的其他信息，如有随车资料、货物勿重压勿倒置、有返货带回、回单限时返回等其他的一些重要附加服务信息，这些信息主要起着反复强调，以引起重视的作用。

8.合同条款

托运单条款内容以托运合同条款的形式存在，是对托运人和承运人行为的约束。在专线现实操作中，托运单的条款都是预先设定的，是专线单方面的条款，没有遵循与客户平等协商的原则，存在霸王条款之嫌，当中的很多条款其实趋利于专线。

在整份托运单中，收货人信息栏和发货人信息栏的重要性视谁是货物的委托发运人而定，遵循谁委托对谁负责的原则，必须认真填写，仔细核对，避免出错。托运单是业务洽谈成果的体现。专线开单实行一货一单的原则，即每票货物一份托运单，保证货单一致。

第四节　配载装车

4.1　配载装车的含义及重要性

1. 对配载装车的理解

配载装车是专线对干线运输车辆进行货物配载及装车的过程。配载装车实际上分为两个步骤，即制订配载方案和实施装车，两者是一个连贯的过程，是卸货入库环节的延续，也是专线发运站货物出库的过程。配载装车是为干线运输做准备，装车完毕即进入干线运输环节。专线在配载装车环节的实施过程中，一般会先根据要装运的车辆的车型、车况及驾驶员情况制订合理的装车方案即配载方案，然后再付诸实施。配载和装车，两者紧密联系，装车其实是对配载方案的实施，配载方案也并非一成不变，它会在装车过程中不断得到完善，最终实现配载装车环节的最优化。

2. 配载装车的重要性

配载装车是专线盈利的关键，它在一定程度上决定着专线的生存和发展。在专线操作中，洽谈接单把运价谈得高，只是可能赚钱而已，真正要赚钱，只能靠配载装车。尤其是在市场竞争激烈、货物运价极度压低的情况下，配载装车的质量能最直观反映专线的盈利能力和盈利水平。

(1)配载装车的质量直接影响干线运输过程，并对到达站的卸货入库和分流出库速度产生影响。

(2)配载装车水平的提高，可减少货损货差事故的发生，降低经济损失。

(3)装车环节的实施情况直接决定着后续服务的提供。

4.2　配载装车环节的工作要点

配载装车过程是货物的出库过程，与卸车入库一样，其实际工作内容是装卸和搬运。在专线实际操作中，卸车入库和配载装车的操作人员是叉车工和搬运工，而且一般情况下是同一批人员或同一名主管负责，这就有利于配载装车环节的控制。对配载装车环节的控制，关键在于对环节要点的把握。

1. 重货泡货合理搭配

配载的核心点是重货和泡货的合理配置，既要把车辆的重量装到位，也要把车辆的体积装到位，以实现车辆配载效益的最大化。

2. 积压货先装，急货先走

积压货和急货优先配载装车是对客户负责的体现，也是对服务质量的保障。有时为了保障积压货和急货先走，专线不得不牺牲配载装车效益。

3. 小件货物、零散货物先走

零散客户是专线赖以生存的根本，每一票货物代表着一个客户。小件货物和零散货物先走，可避免大规模的客户投诉。

4. 货票相符，每货必清

配载装车应以货对单，凭票装车，避免配载装车混乱，对体积和重量失去控制，造成车辆超限。

5. 合理装车，避免货损

装车是一门学问，应该充分考虑车型、车况及车辆的行驶状态可能对车上货物的影响，同时应根据货物的性质、包装等合理安排货物的装车位置，采取必要的保护措施，避免货物倾斜及货损的发生。

6. 配载装车应充分考虑干线运输的安全

装车应考虑车辆的平衡，避免前重后轻或后重前轻，同时也要避免一侧偏重或上重下轻，以保证干线运输的安全，提高运输效率。

7. 配载装车应考虑到达站分货理货和卸货分流效率

配载装车时，应尽量把同一票货物装在同一台车上，把同一收货人的货物装在同一台车上，把同一票货物尽可能装在同一个地方。科学合理的配载装车，能有效提高专线到达站的劳动效率。

8. 配载装车后，应对留库货物进行盘点检查

配载装车后，应对留库货物进行盘点检查，避免少装漏装的情况发生，同时对干线车辆进行检查，评估装车质量，查看货物的高度、货物的捆扎及干线

车辆盖雨布的情况。

第五节　干线运输

5.1　干线运输的含义

干线运输是指干线车辆在发运站配载装车完成,办理完相关的交接手续后,从专线发出站开往到达站以进行卸货分流的过程。干线运输是专线操作流程中的节点性环节,是货物实体的转移。干线运输承接着发出站和到达站的工作,是货物到达收货人的保障。干线运输分为自有车辆运输和社会车辆运输,两者形式不同,但实际操作一样,都需要纳入专线的成本控制中。

5.2　干线运输控制要领

干线运输的控制主要体现在对车辆的选择和对驾驶员的管理上。车辆的车况是干线运输效率的基本保障,车况的好坏在一定程度上决定了运输质量的高低。鉴于专线运营的时效要求比较高,普遍要求干线车辆具有良好的车况。对驾驶员的管理主要体现在对驾驶员素质的要求上,一个好的驾驶员,往往会做好自己车辆的维修保养工作,使车辆始终保持良好的车况,同时会科学规划行驶路线,合理安排驾驶时间,保证按时、安全地完成干线运输任务。

专线对干线运输的真实诉求点在于运输的安全和时效。干线运输是以时间换空间的过程,对车辆的选择和对驾驶员的管理,其意义也是在于运输时效的保障。影响干线运输的因素如下。

(1)车辆自身状况,如动力传输、制动系统、货物保全设备设施等。

(2)配载装车情况,如货物重量装偏、货物倾斜、货物超高。

(3)驾驶员素质,如驾驶员的责任心及对运输时间的安排。

(4)其他情况,如天气情况、道路突发事故等因素。

第六节　卸车入库

6.1　卸车入库的定义

卸车入库是指干线运输车辆到港后,由到达站网点安排人员卸货的过程。

随着干线运输任务的完成，货物从发出站抵达到达站，专线操作的工作重心转移至到达站网点。到达站网点人员首先应交接随车货单，安排车辆停靠指定位置，然后按装车清单卸车并点货、验货入库。其中对那些需要中转或配送的大票货物，可以直接进行对车分驳，减去入库环节，以提高卸车效率。

卸车入库是专线操作流程中最为烦琐的环节，卸车入库不仅仅是简单的卸车，还要对货物进行分理和清点，以区分出每一票货物，同时对包装变形或损坏的货物进行整理，采取补救措施。相对于配载装车的集零为整，卸车入库是化整为零的操作，而且还必须从一大堆货物中清理出每一票货物，其工作量倍增。

卸车入库是专线到达站网点工作的开始，只有确定货物到达，到达站网点人员才能安排中转和配送工作。卸车入库实际上是搬运、卸货的过程，与发出站的卸货入库性质一样，只是卸车入库是专线操作中的内部环节，是专线的内部工作对接。在卸车入库环节中，对货物数量、货物状况等的沟通局限在专线发出站和到达站之间。

6.2　卸车入库工作内容及要求

卸车入库操作是一个连贯的过程，必须进行紧张有序的安排，同时也需要各操作环节的紧密配合。

（1）设立专门的管理岗位，负责货物的入库与出库，对仓库进行全面管理。

（2）安排干线车辆停靠，交接随车货单，同时查看车辆外围情况，如有异常及时向干线驾驶员核实，并按要求进行汇报。在实际操作中，有的专线把平板挂车的解雨布、松大绳工作也纳入卸车工作中。

（3）对卸车货物进行分理清点，对单入库，对批量大的零散货物，在卸车过程中可进行临时打托，以方便出库配送，同时寻求客服人员配合，对可不落地的货物迅速组织车辆对其转运。

（4）货物的堆码摆放应有利于货物清点及出库，对客户要求临时仓储的货物及时安排合理位置存放，代为保管。

（5）实时了解卸车情况，对卸车过程中发现的有关配载装车及干线运输的问题，及时反馈，如货损货差、货单不符、有单无货、有货无单、货物打湿等情况。

（6）卸车工作应高效、迅速。干线车辆大多体积庞大，占用位置较大，而且有时驾驶员急于装返程货物或有大票货物需干线车辆直接配送，同时也为了货物中转和配送工作的有序进行，卸车工作应快速开展，尽快卸下货物。

（7）及时处理损坏货物，采取必要的补救措施，减少经济损失。

6.3　卸车入库的重要性

卸车入库作为专线操作流程进入到达站操作的第一步，有着重要意义。卸车入库操作可对配载装车质量进行公正评价，同时也是货物分流出库的关键一步。

1. 卸车入库是对配载装车质量考核评价的重要依据

卸车入库的速度与配载装车的质量直接相关。货物配载好，卸车就快；货物装得好，卸车就容易。在专线的操作中，大部分的货损发生在干线运输中，即配载装车质量把关不严，由于野蛮装车和未采取有效的保护措施造成的。卸车入库时发现的诸如货差、货单不符、有货无单、有单无货等问题，基本上都是由发运站配载装车环节的疏忽造成的。发运站的混乱装车会严重影响卸车入库的速度，增加卸车难度。卸车入库实际上就是配载装车工作的反向操作，配载装车质量高，那么卸货入库的效率就高，反之亦然。

2. 卸车入库是分流出库的决定性环节

卸车入库是到达站网点工作的中心，到达站网点的所有工作基本上都是围绕货物进行。货物不到位，配送、中转、通知自提等工作就无法开展。在卸货入库环节中，货单不符、有单无货、有货无单、货损货差等都是货物不能出库的理由，只有在货物分理清楚之后才能进行下一步操作。卸货入库的效率决定了后续工作的进展，在专线实际操作中，一般在卸车入库工作开展一小时后，后续工作才能开启。如果卸车入库效率高，半小时后也可以进行，但做不到同步进行。当然可以提前作安排，如见单见货后可立即准备后续工作计划，或通知中转提货，或准备配送车辆。

第七节　分流出库

7.1　分流出库的意义

货物是物流服务介质，专线作为物流行业的市场主体，其提供的服务也是围绕货物进行的。货物的最终流向是其购买者或使用者，只有货物到达购买者或使用者，属于物流范畴的实物流通才宣告完成。因此，专线的卸车入库不是目的，分流出库才是专线操作流程在本专线中货物实体转移的最后一步。

分流出库是指到达站网点对所到站货物进行清点分理之后，按最终到货目的地和交货方式对货物进行中转分流、通知自提及安排配送的操作工作。在专线的实际运营中，很多专线由于自身原因，网点无法全面布局，因此普遍存在货物无法直接配送到收货人，需要中转，由中转商进行二次或三次分流，代为执行后续服务，最终完成货物的交付。所以，在专线本身的操作流程中，中转分流被纳入分流出库的操作中。大型的长途专线如上海到湖南专线、上海到四川专线等，其收货客户可能遍布全省，而自身网点无法全面布局或出于成本费用考虑，中心网点之外的货物就需要进行中转，交由省内短途专线进行二次或三次流转，代为提供服务。

7.2 分流出库方式

从严格意义上来说，分流出库的方式是按交货方式来进行划分的，而交货的方式只有客户自提和送货两种。但是在专线的实际运营中，很多货物是网点中心所在城市之外的，需要进行二次流转才能到达客户。因此，中转分流也是分流出库的方式，只是中转货物的交付由中转商代为提供，所以专线实际操作中的货物分流出库环节应分为客户自提、配送和中转三种方式。

1. 客户自提

客户自提货物的交付比较简单，一般是确认货物到达后，通知客户前来网点办理相关手续，提取货物。具体流程如下：

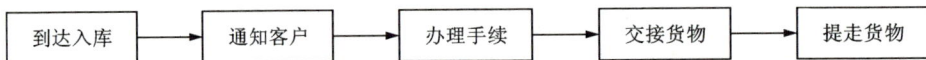

到达入库 → 通知客户 → 办理手续 → 交接货物 → 提走货物

客户自提货物操作虽然简单，但在实际操作中经常遇到以下问题。

（1）费用问题。

客户自提付费交付中，客户往往会对费用有疑虑：有的说运费太高，是不是中间有回扣；有的说运费发货方已付，为什么还要收钱，是不是乱收费；也有客户借口货物晚到，给自己造成了损失，要求免收运费；更多的是说货物外包装有变形或破损，要求减免运费。各种说辞都有，无非是想少付或拒付运费，有的甚至还要求专线赔钱。

（2）交货方式问题。

货物的交付方式是业务洽谈时与托运人协商确认的。有的发货人为省钱，不负责任地把送货改为自提，人为造成收货人投诉；也有的发货人不与收货人沟通好，想当然地将交货方式定为自提；当然也有开单人员不细心，把送货写成自提的情况。

（3）非人为过错变更。

应发货人要求把自提交货改为送货，把提付改由发货人付费，也有把发货人付费改为由收货人付费的；另外还存在应收货人要求由到达站代为请车送货上门的情况；有时从维护客户的角度出发，专线也会自行安排车辆，把货物送至收货人处。

（4）货物的签收问题。

自提货物的签收应认真核实提货人身份，避免提错货物的情况发生。在专线的实际运营中，经常有等通知放货和委托代理人提货的情况出现。因此，通知收货人提货时应注意托运单上的备注情况，核实收货人身份。

2. 配送

配送是指货物到达到达站网点后，由到达站人员安排车辆装车派送到客户并办理好货物交接手续的过程。配送是货物实体转移的最后一步，是货物流通过程的终结点，整个专线操作的前期环节都是为货物的最终交付服务。配送服务的效率和质量受前期操作环节影响，同时也是对前期操作环节评价考核的重要指标。

专线所承接的都是零担货物，每票货物的运费和送货费都是按票计收，因此专线配送环节的可操作性非常强，配送在一定程度上是专线的利润点。由于货物配送直接面对收货人提供服务，尤其是重要客户，所以配送工作的安排显得尤其重要。货物的集中配送是专线配送工作安排的突出特点。配送工作流程如下：

货物到站 —联系客户→ 装车 —配送→ 客户收货 —清点货物→ 货物签收

（1）配送环节应注意的问题。

配送是面对客户提供服务的过程，也是专线降费增效的一个重要控制节点，因此在配送过程中有很多细节问题需要重视。

①提前联系客户。确定货物到达后及时与收货人沟通，确认送货地址、收货时间和收货方式。托运单上填写的收货地址有时与收货人的实际收货地址不相符，因此送货前应与收货人核对收货地址、收货时间，避免货物送到后实际收货地址不对或无人收货的情况发生。收货方式涉及收货方卸货人员或卸货设

备的安排、收货人的收货要求以及是否需要提供上楼服务。提前联系收货人有利于货物集中配送的安排，也可避免无效工作的发生，从而提高配送的质量和效益。

②在配送工作实际安排中，当配送车辆安排不过来或配送任务执行的经济性较差时，应及时与客户沟通，约定后续配送时间，避免投诉。

③配送前应确定合适的车型，选择熟悉路线和了解收货人或收货单位的驾驶员执行配送任务。货物配送时，应办理相应的货物交接手续，做好货单交接和货物交接工作，避免单走货未走、货走单未随以及少装漏装或货物混淆的情况发生。应根据收货人要求合理安排配送时间和配送路线。

④在收货人处，执行配送任务的驾驶员的形象代表着专线形象，因此在卸车交货时，驾驶员应注意自己的言谈举止，遵守收货单位的规章制度，积极配合卸车和货物的清点分理，协助收货人完成货物的交接工作。

⑤签收单是收货人收到货物的凭证依据。一般情况下，收货人应如实进行货物的签收，配送人员应按签收单要求签收回单，需要签字盖章的，必须签字盖章，指定收货人签收的必须由指定收货人签收。

⑥在配送过程中，还经常会遇到其他的突发状况，如途中堵车不能按时送到，收货人处卸货等待时间过长，收货人因货物包装变形要求赔偿，卸货工人索要小费等等，配送人员都应及时与收货人沟通并向网点配送负责人及时汇报，妥善处理。

（2）货物配送原则。

①快速、高效原则。货物的快速配送出库能降低专线的临时保管风险，也有利于提高专线到达站仓库的利用率，为后续卸车入库工作留好位置，同时快速地配送货物，能使货物及时交付给收货人，提高客户满意度。

②轻重缓急原则。配送工作的安排应有优先方向，重要客户的货物应优先安排配送，客户急要和积压的货物也应优先安排配送。

③集中配送原则。集中配送是指同一收货人的多票货物或同一方向多票货物装在同一台车上一起配送的形式，是配送环节中的一个小短途的配载装车。集中配送可提高专线的经济效益，成为专线的一个利润增长点。

④安全效益最佳原则。货物配送不应过分强调集中配送的经济效益，应避免因忽视货物安全和车辆安全造成更大的损失，对不能集中配送的货物应严格执行专车直送。

3. 中转分流

中转分流是指货物到达专线到达站网点后再次转运装车，由中转供应商代为完成货物交付的分流出库方式。由于收货人不在到达站网点城市，专线无法直接提供交货服务或直接提供交货服务在经济上不可行，经托运人确认并支付相应的费用，由专线选择中转供应商完成货物交付。在专线实际运营中，大型的省际长途专线和省内地市级专线普遍存在货物中转分流操作环节。

中转相当于货物重新进入另一个专线操作流程，货损风险剧增，但对于托运人而言却是无奈的选择。由于货物发运没有直达专线可供选择，加上直接配送的费用巨大，托运人只能选择中转。也有的专线会为增加自身效益，擅自将托运人要求直送的货物，采取中转的方式由中转专线代为提供服务，当然这是暗箱操作行为。货物的中转选择往往是出于经济上的衡量，但不能以牺牲时效为代价。

承运中转货物是专线业务发展的需要，大量的中转货物能够扩大专线的货源，丰富专线的货物结构，从而提高专线配载装车效益。但是，由于货物中转需要再次进入另一家专线的操作流程，因此专线货物中转有许多的细节问题需要注意。

（1）货物的性质、尺寸规格、外包装材料等应有利于货物中转。

中转是货物重走专线操作流程，因此在洽谈接单时，洽谈接单人员应告知托运人中转流程，不能为省费用而将不应中转或不可中转的货物按中转方式办理发运，如大件笨重货物、包装易破损货物和易损坏货物等，此类货物建议托运人直接配送交付，以免得不偿失。

（2）中转供应商应能代为提供后续服务。

中转供应商的本质其实也是专线，其服务水平、服务能力应能提供托运人约定的服务内容，包括货物发运、配送、回单签收返回等服务的提供。

（3）中转供应商的收费与费用结算。

在货物的中转分流环节，到达站网点的角色转变成了货物的托运人，中转供应商成了物流服务提供方。中转费的协商及支付方式关系到专线本身的利益，因此在中转分流操作中，到达站网点通常会选择能提供上门接货服务且收费合理又能接受回单结算的中转供应商。遇到货物到付运费的情况时，最好中转供应商能先返回属于专线方的那部分费用。

（4）针对货物的特性及操作的安全性、经济性，在中转和配送两种分流出库方式中择优选择。

在分流出库时，通常会面临配送和中转分流两种方案可供选择，有时中转的费用甚至会高于货物直送的费用，而且中转的货损风险大、时效差，这时专线可以考虑选择配送方案。当遇到配送成本略高于中转分流费用的情况时，也可以选择直接配送方案，以规避货损风险。

7.3　分流出库的重要性

（1）专线到达站网点的工作重点是快速组织卸车入库，迅速安排货物分流出库。到达站仓库的大小配置关乎专线的成本费用，而且专线仓库本身的功能也只是临时存放货物，货物的快进快出能有效利用仓库面积，充分发挥仓库的功能。

分流出库的效率直接影响到后续干线运输车辆的卸车入库工作安排。

（2）分流出库是货物到达收货人前在本专线操作流程中的最后一个环节，高效的分流出库能有效保障货物及时交付。在专线运营过程中，托运人的关切点在于收货人什么时候能收到货物。关于发货人，行业内有句俗话叫作"我不管你怎么走，也不管你什么时候走，就看我客户什么时候收到货"。在货物发运正常的情况下，分流出库的效率直接决定着货物的交付速度，所以分流出库是对专线服务水平评价的一项重要指标。

（3）分流出库方式中的配送和中转环节涉及谈价、议价和成本费用问题。因此分流出库直接关系到专线的经济利益，是专线的利润把控点。合理高效的配送方案能降低配送成本，优质的中转供应商能以较低的中转费提供中转服务，所以分流出库是专线必须牢牢把控的操作节点。

（4）分流出库中的自提和配送，是专线与收货人面对面接触的环节，通过分流出库操作，专线可以深入了解收货人的状况。从逆向思维来分析，这也是专线开发客户、拓展业务的一个很好的切入点。

第八节　回单管理

8.1　回单管理的意义

回单是货物的签收凭证，在物流行业中，收货人的签收回执单统称为回单。回单管理是指专线对收货人的货物交接签收凭证进行分类整理，或交由发货人或存档保管的过程。回单管理是专线运营的延伸服务，属于信息管理的范畴。

在传统的运输服务中，货物送达收货人，经发货人确认完成送达任务即视为完成服务。随着物流行业的发展和服务水平的提高，信息管理逐渐运用到物流领域，回单管理应运而生。回单的基本作用是确认收货人收到货物，是客户收到货物的依据。回单签收的基本信息包括收货人收到货物的数量、收货时间及所收到货物的状况。回单的作用反映到经济关系中，它是商品流通实际发生的查实依据，是卖方向买方催收货款的凭证，更多的是对物流企业服务水平考核的依据。回单作为信息反馈载体，其返回走的是逆货物流通的程序。回单管理从货物交接签收开始，直到返回托运人手中，其中涉及存档保管、财务结算等环节。回单管理的实际意义更多是专线自身财务结算的需要，如回单付、月结都需要提供回单做结算依据。在专线操作中，回单管理工作通常交由发运站负责。回单返回流程如下：

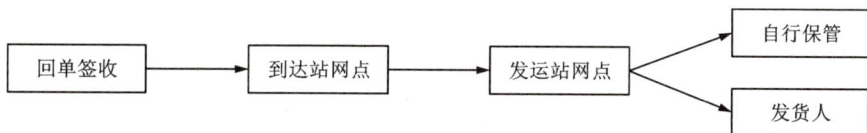

```
回单签收 → 到达站网点 → 发运站网点 → 自行保管
                                    → 发货人
```

8.2　回单管理应注意的问题

（1）在正常的货物交付过程中，回单应当按照托运人的签收要求如实签收。在货物交付存在异常如晚到、货物外包装有破损、货物有损坏等情况下，相关责任人应及时与收货人沟通处理，并告知托运人，以寻求恰当的处理方式，争取以最小的代价保证回单的完整签收。实际上，回单签收也是货物配送过程中应当注意的问题。

（2）回单管理需要专线发运站和到达站的通力合作。发运站在开单时，应注明回单数量、签收要求和返回时效，并随货同行，以便于货物交付时能及时签收回单。到达站网点应对分流出库货物的回单进行跟踪并有效返回，尤其是中转分流货物的回单，更要不断催促上交，及时返回发运站或归档保存或与发货人结算运费。

（3）到达站网点在收取回单的过程中，应仔细检查回单的签收情况，尤其是中转分流回单，如发现异常签收，应及时汇报，并要求中转供应商返回重签。

（4）回单是收货人收到货物的凭证，在回单付和月结的运费结算方式中，回单更是有"现金支票"的比喻，弄掉了回单就是弄掉了现金，可见回单管理必须认真仔细，避免遗失回单。回单遗失可能造成严重的经济损失，因为有的回单根本就不能补缺，而有的回单补签需要付出相当大的代价。

（5）回单从签收开始到返回托运人手中存在多个交接环节，每个交接环节都应该办理相应的交接手续，对回单的去向备案，以便后期查询。

第三章

公路零担专线质量管理

公路零担专线是物流的组织形式，也是物流行业的市场主体。作为市场主体的专线，其自身的生存发展需要质量管理，以提高运营质量和经济效益。质量管理是企业加强自身经营管理的行为，公路零担专线通过对人员的管理和对操作流程各环节的管理来实现质量管理目标。专线质量管理的目的是控制成本费用，提高操作流程各环节的操作质量，规避各种风险损失，提高自身的服务能力和服务水平，以提高经济效益。公路零担专线的质量管理内容很广，方法很多。本章着重从人员管理、专线操作流程各环节质量管理、财务管理和客户管理这四个方面来进行探讨。

第一节 人员管理

"事在人为"，员工是质量把控的第一责任人，质量管理首先是对人员的管理。专线人员管理先从人员招聘入手，选择录用实用的人员，制定企业管理制度和岗位责任制度，然后把录用人员按能力和岗位要求分配到各操作环节中去，在工作中不断对员工进行引导培训，提高员工的工作技能，以实现企业质量管理目标。鉴于专线家族企业的特性和工作时间的不确定性，专线在人员管理方面有着不同于其他行业企业的用人标准和管理要求。

1.1 人员的要求

专线处在物流行业服务链条的最底层，其实际的操作以货物为中心进行，而操作流程的各环节都会与货物接触，因此专线的人员需求重心在一线操作员工。

1. 人员素质要求

如果按操作流程的各环节来进行岗位配置，各环节对人员有共同的要求。

(1)吃苦耐劳品质。

专线运营的突出特点是操作工作的不确定性，人员的待工时间长。发运站的操作规律是上午卸货入库，晚上配载装车；到达站的操作规律是早上卸车入库，下午分流出库，有时晚上还要装车待送，其他操作环节因环环相扣而形成联动。因此，专线操作人员要具有比其他行业人员更高的勤劳品质，这样才能胜任专线的操作岗位。

(2)责任心。

同样是服务行业，但专线的直接服务对象不同于其他服务行业。专线的直接服务对象是货物，以通过提供货物流通服务的方式来完成对客户的服务承诺。为人服务和为货物服务是完全不同的概念，为人服务不到位的时候，会及时得到反馈，而为货物服务不到位时，就可能造成经济损失，影响各环节的操作，进而造成客户的不满意。专线运输的货物种类繁多，价值各不相同，有时货物的损坏或操作失误会造成巨大的经济损失，所以专线特别强调员工的责任心，因为对货物负责就是对专线负责，对专线负责就是对客户负责。

2. 人员能力要求

专线对人员能力的要求，按操作流程中各环节岗位职责的具体工作内容不同，侧重点并不一样。如配载装车环节要求员工能科学合理高效地配载，把货物科学安全地装上车；分流出库中的配送环节要求能制订实施经济合理的配送方案，能应对配送过程中的突发状况。在专线行业内，最受欢迎的是一专多能的员工，多能手往往擅长某一操作环节的工作，对其他环节的操作也非常熟悉，具有独当一面或多面的能力。全能手更是专线行业的人才，在某种程度上，可以称为行业精英。所以，专线对人员的能力要求最少应能胜任操作流程中某一环节的岗位工作。

1.2　人员的培训

通过人员培训可以提高员工的操作水平和操作技能，能提升员工的服务观念，加强员工的服务意识，从而有效提高专线的质量管理水平。

1. 培训内容

(1)操作流程内容培训。

专线操作流程的各环节是环环相扣的，有些环节甚至会影响整个流程。操作流程的培训可以使员工了解各环节的操作内容和操作要求，明白自身所处操作环节的岗位职责要求，知道所处岗位的重要性，从而做好本职工作。

（2）操作技能培训。

针对操作流程中各环节的岗位要求，对各环节的员工进行培训。如对洽谈接单人员的培训应着重于沟通交流、谈判技巧、专业知识等方面的培训，对卸货入库员工应着重于货物清点、码放、计量、操作安全和装卸货注意事项等的培训。

（3）应急应变能力培训。

专线操作流程中每一个环节的变化都可能会影响后续环节的操作，而且由于专线客户多，零散货物多，情况随时都会发生变化。因此，在员工培训中，应特别加强员工的应变能力培训，以便员工能随时根据变化情况制订应急方案。

（4）了解行业动态，学习新知识。

专线行业是相通的，各专线间的操作模式大同小异，很多操作经验都是用经济代价换来的。员工通过培训，可以学习别人的先进操作方法和先进管理经验，避免自己再犯同样的错误，付出同样的代价。

2. 培训方式

（1）现场实训指导。

这种培训方式在卸货入库、配载装车、卸车入库环节中运用最多，效果最好。看货卸车、看货装车、看车装货等，在实际操作工作中进行讲解能很好地达到培训目的。货物怎么卸、怎么摆放、怎么装车，货物的体积如何测量、重量如何计算等这一系列的问题，只要现场多指导就可以了。

（2）操作方案比较和实施结果对比。

在专线操作流程的各环节中，每个环节都有多种操作方案可供选择，可把各操作方案都罗列出来进行预案分析，选择最佳方案操作实施，再对操作结果进行评价考核。例如在配载装车环节中，配载方案有很多种，装车的方法也很多，通过对比，选择效率最高、效益最好的方案进行操作，然后对执行结果进行分析评价，这样可以对后续的配载装车方案进行优化，进而提高此环节的操作效率和经济效益。

（3）开会讨论总结。

开讨论会是很好的一种培训方式。通过讨论会，大家可以坐在一起，把各环节、各岗位的操作问题提出来，共同讨论分析，这样既可以解决实际问题，又可以加强各环节、各岗位的协同，把整个流程紧密衔接在一起，形成专线的大协作。

(4)组织员工向优秀的驾驶员学习。

在专线领域有句经典的行话："驾驶员是最好的老师。"驾驶员尤其是资历老的驾驶员，都有过找货配车的经历，而且经常同客户打交道，对谈业务、配载装车、配送等有独到的见解。所以员工向优秀的驾驶员学习，会是提高能力的一种很好的方式。

1.3　人员管理的原则方法

1.定岗定职定责，以岗定人

制定公司管理制度和岗位责任制度，对员工的行为进行规范，对岗位职责进行明确，实行以岗定人，责任到人。在岗位安排上，应尽量做到人尽其才。

2.制定各操作环节质量管理目标要求

质量管理目标是操作工作评价考核的依据。在专线的实际运营中，普遍实行量化管理的方法，如差错的发生率、造成损失的数额，以差错的发生次数或造成损失的数额为依据，对各操作环节的质量进行考核。

3.贯彻按劳分配，多劳多得的思想

专线各操作环节的工作尽量实行定量管理，以工作量的大小、业务量的大小来制定分配制度。各专线的运营情况已证明：只有实行多劳多得的报酬支付机制，才能真正调动员工的积极性。

4.奖优罚劣

参照各操作环节的质量管理目标，对完成目标较好或超额完成目标的操作岗位进行奖励，对完成目标差的岗位进行处罚，同时对造成重大损失的岗位，甚至要求其承担相应损失。奖惩制度的实施在一定程度上能规范员工的行为，增强员工的责任心。

5.人性化管理

人性化管理是大多数企业都重视的管理方法，鉴于专线行业的特殊性，人性化管理显得尤为重要。专线的搬运装卸人员大多文化水平较低，家庭经济条件较差，专线通过人性化的管理，对员工进行安抚，能充分激发其工作热情，

使员工找到归属感，进而达到留住优秀员工的目的。人性化管理往往能以较小的付出，获得较大的价值回报。

第二节　专线操作流程各环节质量管理

专线操作流程各环节的质量管理是对专线整个操作链条的细化管理和质量控制，是专线经营发展的需要。专线普遍对企业的职责进行大块划分，如一家专线通常把发运站划分为业务部、客服、搬运、财务四大块，到达站划分为办公室、搬运两大块，这种大块划分法比较笼统，不利于岗位安排和职责的明确。我们建议按专线操作流程的各环节进行岗位职责划分，这样按操作节点划分更有利于责任的明确和操作质量的管理。

2.1　洽谈接单的质量管理

洽谈接单作为专线操作流程的第一环节，其质量管理不仅关系到专线的发展，也对后续环节的质量管理有着重大影响。

1.洽谈接单质量管理内容

（1）客户。

客户即货物的托运人，是专线的衣食父母。洽谈接单时，接单人员应对客户提出的要求进行很好的把握。

①客户的素质。客户应能对所托运的货物进行清晰准确的描述，对所要提供的服务进行完整的表达，客户应诚实守信，如实告知货物的装卸和运输要求，如实提供准确的开单信息。在回单付和月结结算中，客户的信誉是一个硬指标。

②客户的性质。专线的客户各种各样，一般分为个人客户、同行客户和单位客户。不同的客户对专线的重要性不同，专线给的报价和结算方式也不一样。通常情况下，同行客户的报价最低，结算方式也最优惠，一般会给予回单付或月结结算。

③客户的服务要求。各种客户所要求提供的服务不同，有的要提供上门接货服务，有的有临时仓储要求，有的要提供送货上楼服务，有的对干线运输或送货的车型有要求，有的需要签收回单；在结算上，有要求回单付的，有要求月结的。针对不同服务诉求重点的客户，洽谈接单人员要区别对待，分别报价。

（2）货物。

货物是专线为客户提供服务的介质，把货物运好了，就相当于为客户服务好了。专线要想把货物运好，就要很好地认识货物，处理好货物与货物之间的关系，而且货物间的搭配关系到专线的配载装车、干线运输和货物配送环节，因此在洽谈接单时，洽谈接单人员应对货物进行很好的把握。

①货物本身的情况，如货物的性质、包装以及对装卸和运输的要求。在洽谈接单时，接单人员应充分考虑货物对配载装车的影响，这直接关系到配载装车的效益，如大件异形货物、无包装的机器设备、带货架的玻璃等，在洽谈接单时就要考虑其对配载装车的影响。

②货物与货物的关系。货物与货物的关系集中体现在配载装车环节，诸多货物装在同一台大车上，货物之间的堆码摆放会造成相互间的挤压，而且不同性质、不同用途的货物可能会产生化学反应，造成相互间的影响。所以洽谈接单时，应该看货接单，以避免配载装车可能造成的损失。

③货物与运输车辆的关系。货物对车型有要求，车型同样对货物也有选择，而且专线有车无货和有货无车的情况也经常会发生，洽谈接单人员应随时掌握货物与车辆之间的供求矛盾关系，做好洽谈接单工作。

④货物的运价。影响运价的因素很多，有货物本身因素的影响，有客户服务要求的影响，运价的最终确定是洽谈接单人员谈判的结果。运价的高低在一定程度上是洽谈接单人员能力的体现，但货物的运价并非接单的唯一标准。虽然货物运价高对专线有诱惑，但是还要看专线自身的服务范围和服务能力水平。

2. 洽谈接单质量管理考核指标

（1）业务量。

业务量是专线经营状况的一项重要指标，专线的货物零散，客户面广，业务量是客户量的体现。由于专线服务范围的区域性限制，只要是服务区域范围内有物流需求的客户都是专线的潜在目标客户。业务量的提升是洽谈接单人员市场拓展的结果，只有业务量做大，专线才能做强。

（2）货物的运价水平。

运价由洽谈接单人员与托运人洽谈确定，货物的运价水平是基于发运成本价来衡量的。货物的运价收得越高，表明洽谈接单人员的水平越高。当然货物的运价低，也并不代表专线的效益就差，关键还要看货物的需求重点，如专线当天的配载装车需要的是纯重货还是纯泡货的情况。很多时候，单票货物的运费差价收入在专线的整车配载效益中根本就不值一提，专线效益的侧重点在于配载装车，当然如果单票货物的运价收得高，那配载装车的效益一定会更好。

（3）客户的质量。

客户的质量是站在专线立场上对客户的一种评价，高质量客户群是专线发展壮大的保证。洽谈接单人员在业务洽谈中，应甄别客户质量，努力抓住高质量客户。按不同的评价标准，专线对高质量的客户有不同的定义。

①经常发纯重货或纯泡货、货物好装好卸好分流的客户。

②运费支付现金，不做回单付或月结的客户。

③货物好、运价高的客户。

④行业内口碑好，诚实守信，按时结算运费的客户。

（4）客户的维护管理。

专线的长期稳定经营需要长期稳定的客户。在专线市场竞争日益激烈的情况下，客户的选择增多，洽谈接单人员应实时了解市场动态，抓住客户心理和诉求重点，做好客户服务工作，同时要定期回访客户，与客户建立良好的合作关系，维护客户群的稳定。另外，专线还应该建立重要客户档案，对重要客户进行管理，为客户提供优质的服务。专线的重要客户包括发货频率大的客户、单次发货量大的客户、利润高的客户、合同客户等。

（5）配载装车的效益。

专线通常以干线运输车辆的单车配载装车总价来评定收益，洽谈接单承接的货物最终都要配载装车发运。虽然专线配载装车效益与配载装车方案的确定和实施有很大关系，但是配载装车方案的确定和实施必须以业务量为前提，专线要有货可配才行得通。专线如何配载、如何装车都要根据所承接的货物来进行。

（6）分流出库环节的效益。

分流出库费用的高低与分流出库环节的操作水平有关，但通过费用与货物运价的对比，可以体现出洽谈接单人员作为专线人的素质和对业务的熟悉程度。分流出库的效益与货物运价相关联，因此分流出库的效益也应纳入洽谈接单质量管理考核体系。

2.2　卸货入库的质量管理

卸货入库是开单和配载装车环节中的承接环节，起承上启下的作用。对卸货入库环节进行质量管理，有利于后续操作环节工作的顺利开展。本环节的责任主体是库管和搬运装卸工人。

1.卸货入库质量管理的内容指标

（1）卸货服务质量。

卸货入库面对的是车到人到货到的局面，卸货员工面对货物托运人，应端正服务态度，提供优质的卸货服务。

①面对送货车辆。及时指挥车辆进入卸货位置，迅速安排人员卸货，如需排队等待，则应安排车辆停靠于等待位置。因送货车辆大多是营运车辆，专线切忌让送货车辆长时间等待卸货。

②面对托运人。货物的托运人可能是受委托的驾驶员，也可能是客户本人。面对托运人，卸货员工应有基本的礼貌，尽量按托运人的要求卸货。在卸货过程中出现异议时，应及时与托运人有效沟通交流，切忌争吵。

③面对货物。根据货物的性质要求，科学安排卸货，不应带着情绪干活，即把对客户的不满发泄到货物上，把对货物的不满发泄到客户身上。搬运装卸工人情绪发泄最直观的表现是野蛮卸货。

（2）卸货过程情况管理。

①卸货工作的组织安排，如卸货的速度、货物的交接以及客户对卸货工作的评价。

②清点货物数量，检查货物的外包装及货物的完好程度。

③计算货物的重量体积，对大票小件货物和零散小货打托。

④将货物信息参数反馈给开单员。

（3）仓库管理。

①货物的分类贴标签识别。

②货物的堆码摆放和仓库的使用情况。

③仓库的环境卫生和货物的安全管理。

④货物配载装车出库之后对留库货物的清点盘查。

2.卸货入库质量管理方法

（1）岗位责任制。

制定明确的岗位责任制度，严格落实责任到人的原则。每个员工都要明白自己的岗位职责、负责什么工作，以及工作失误可能带来的后果。叉车工负责开叉车，如果工作失误造成货物损坏，就要承担相应的责任；搬运工不小心摔坏货物，也要进行相应的赔偿。

（2）精细的量化管理。

明确的岗位责任制有利于精细化管理，对卸货入库环节的工作问题点，可以次数计算，有的可以确切的损失数额计算。专线通过对工作的定量定额，可以用经济的手段来规范员工的行为，达到提高质量管理的目的。

（3）综合评价考核。

对卸货入库环节制订总的质量管理目标，分半月和月度进行考核，检查目标的完成情况，通过与目标对比来分析工作中出现的问题，提出改进方法。

3. 卸货入库质量管理目标

（1）提升客户的满意度。

卸货入库是客户与专线的亲密接触环节，仓库的大小、员工的素质、仓库的管理等专线的软硬件设施都会呈现在客户面前。从卸货服务就可以看出专线的管理和服务水平，因此卸载入库环节是专线形象的展示平台。

（2）减少因为可能的失误造成经济损失。

卸货入库环节中可能造成经济损失的节点很多。

①货物清点错误造成的货差，查验失误或堆码不科学造成的货损，野蛮及不科学卸货造成的货物损坏。

②计算重量或测量体积不准确，造成实际发运损失。

③露天堆放造成的货物丢失或受潮。

④仓库人员的监守自盗。

以上几点中有人为的也有非人为的因素，但总体上可控，只要加强质量管理，就可以减少这些可能损失的发生。

（3）优化仓库管理，提高仓库使用效率。

仓库成本占专线固定成本中很大一块，很多专线都会基于成本问题而租用刚好合适的仓库，如遇到业务量突然增长，仓库就很紧张，因此专线对入库货物进行合理堆码摆放和优化仓库管理显得相当重要。

（4）提高劳动效率。

有组织、有计划、科学地卸货可以提高卸货效率，降低搬运装卸工人的劳动强度，缩短劳动时间。另外，对大票的小件货物和零散小件货物进行临时打托运输，能提高后续操作环节的工作效率。（图 3.1）

图 3.1　待发运货物直接装运干线大车可以免去落地环节操作，减轻工人劳动强度，但是必须做好货物的分类清点和识别工作，同样按货物入库环节操作对待

2.3　开单的质量管理

托运单是货物的"身份证"，关于货物此次流通过程中的所有信息都在托运单上面。开单是一个严谨的过程，任何一个细微的疏忽都可能造成后续操作环节的失误，甚至造成经济损失。如收货人电话写错会增加分流出库时的工作量，重量或体积写错会影响配载装车质量，甚至造成干线运输车辆超重和货物运价过低等，因此开单质量管理也是不可放松的工作。在目前专线运营中，普遍采用物流软件系统，实行电脑开单。

1. 开单环节质量管理内容

（1）提供正确的货物运输服务信息。

货物的运输服务信息提供是开单的基本条件，托运单的每一项必填写项都是本次物流服务提供的信息依据，专线的后续操作环节都是根据托运单来进行操作的。开单信息的采集来源有以下几种渠道：

①客户。提供货物的目的地信息、托运人信息、收货人信息以及货物的运输要求和服务要求信息。

②库管员。提供经与发货人核实一致的关于货物的数量、重量、体积、包装等信息以及卸货入库过程中发生的异常情况信息。

③洽谈接单人员。提供经客户认可的货物保价、运价、结算方式、交货方式以及其他约定服务信息。

（2）开单。

托运单的开具必须严谨细致，其中的项目必须逐项核实、认真填写。开单过程中遇到信息间相互矛盾时，开单员应及时与相关人员复核确认，以保证托运单能为后续操作环节提供真实有效的信息。开具托运单时，应向客户宣讲部分重要合同条款，建议发货人为货物投保，这样一来可以增加保费收入，二来可以在货物出现异常状况时，作为理赔的依据。

（3）核单。

核单是指对所开托运单内容进行复核的过程，是为了保证托运单填写的内容真实有效，避免因开单失误而给后续操作带来麻烦或造成经济损失。

①开单人自查。开单人对托运单填写内容逐项核实，避免工作失误。

②客户核对。托运人应本着对自己负责的态度，认真复核托运单信息，确定约定服务内容，确保专线有效提供托运单约定的服务。作为服务合同形式，托运单也是托运人对专线服务进行监督的凭证。

③洽谈接单人员复核。托运单在一定程度上是洽谈成果的体现。货物运价、交货方式、结算方式等都在业务洽谈中确定并在托运单中体现，因此洽谈接单人员有必要对托运单进行复核，确保托运单与洽谈结果一致。

2.开单质量管理原则方法

（1）专人专责。

本着谁开单谁负责的原则，开单员应对托运单填写的内容负责，对托运单给后续工作带来的影响负责。在托运单的开具中，通常要求开单员署名，通过开单员署名可以及时找出开单责任人，以核实开单情况，进而追责。在电脑开单中，开单员应登录个人专用系统开单。

（2）开单信息一致性原则。

托运单填写的内容信息应与客户、库管和洽谈接单人员提供的关于货物和服务的信息一致，这样才能保证托运单的真实有效。托运单信息应与货物及其服务信息相符。

（3）一单一证，货单相符。

一份托运单代表着一票货物，托运单是分货、理货的依据。在后续操作环节中，操作员工通常会采取以单找货、按单提供服务的方式进行操作，因此托运单开具应严格实行一单一货、货单相符的原则，避免重复开单，以免造成后续工作混乱。

（4）授权管理原则。

在系统开单中，开单员只负责把真实的信息完整地录入系统。托运单一旦生成，其中的部分核心内容便不能随便更改，必须由专门负责人授权改动或由负责人自行改动，如运价信息、结算信息等。这是专线管理的需要，可以避免管理上的某些漏洞和操作混乱。

2.4 配载装车质量管理

配载装车是专线效益的重要控制环节，也是做好客户服务的保障性节点。加强配载装车环节的质量管理，可以提高专线的经济效益，为客户提供安全高效的服务，同时也可以提高后续干线运输和卸车入库环节的效率。

1.配载装车质量管理内容

（1）配载装车方案的制订选择。

配载装车方案要根据干线运输车辆的车型、车况和卸货入库的货物情况，以及货物运输服务要求来制订，从中选择效益最佳的方案来实施。配载装车方案的制订，应坚持客户服务优先原则、散货先走原则、货物装车安全原则、干线运输安全原则、卸车入库和分流出库方便原则及经济效益最佳原则。

①客户服务优先原则。客户对专线服务最根本的要求是把货物走好，因此制订配载装车方案时，应首先考虑积压货物先走、当天必须发运的货物先装车、重要客户的货物优先安排发运。

②散货先走原则。散货是指小票的零散货物，专线实行的是一单一货一客户，零散货物多，客户面广。坚持散货优先原则，能有效避免未按时发运情况下的大面积客户投诉。

③货物装车安全原则。货物的装车安全包括货物装车时的安全和货物在车上的安全，如大件设备装厢式货车时应该考虑装车过程中的风险，食品应该避免与农药、化工产品等有毒、有异味货物混装。干线运输过程中的货损风险是专线配载装车环节必须认真考虑的核心问题。

④干线运输安全原则。制订配载装车方案应避免超重和超方，专线实施超重超方方案可能会造成超限罚款，得不偿失，严重的可能造成干线运输安全事故。

⑤卸车入库和分流出库方便原则。配载装车方案应考虑货物的完整装车，以方便到达站的工作安排，同时要避免货物的混装给到达站增加分货理货难

度，甚至造成货物压仓，挤占仓库资源。

⑥经济效益最佳原则。专线的最大利润点在于配载装车环节，最佳的配载装车方案能创造最高的利润，尤其是在当下市场竞争激烈、货物运费差价收入变小的情况下，配载装车环节已成为专线的最大利润源泉。

（2）配载装车过程的管理。

配载装车实际上是货物出库装车准备发运的过程，是卸货入库和干线运输之间的联动。配载装车需要体力劳动和脑力劳动相结合，如何把货物配载好、把车装好是一门学问，见图3.2、图3.3、图3.4。配载装车过程的质量把控节点如下。

图3.2　配载装车过程中的货物隔离防护措施要做到位，避免货物间的挤压、重压、磨损等，从而造成货损。在货物的堆码加高时，垫甲板是一种很好的保护货物措施

图 3.3 配载装车应考虑货物错位码放，以形成整体的受力面积，避免货物单件叠加而压坏底部货物或货物倾斜倒塌，同时也可以使车辆底板的重量均匀分布而不至于车板左右重量失衡

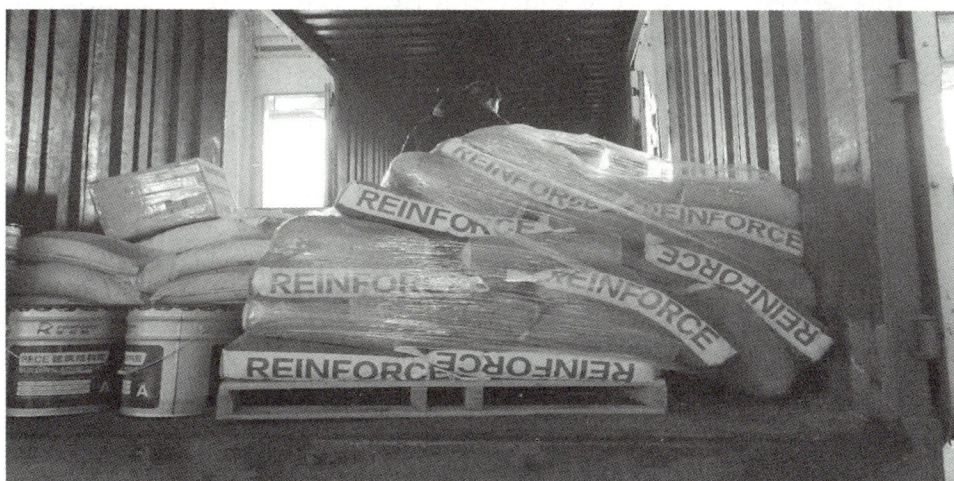

图 3.4 车上货物未紧凑装运而倾斜倒塌，极易造成货物损坏

①逐票货物清点出库装车，避免货物漏装；单票货物应集中装车，方便到达站卸车找货；对部分未装完的单票货物，应及时清点记录并反馈给相关负责人。

②坚持重货打底、泡货在上的原则，避免货物压坏变形；车上货物的摆放堆码应科学，同时应采取必要的隔离保护措施，避免货物的垮塌和相互挤压。

③科学叉装搬运货物，注意货物和人员的安全。

④遵循车辆的力学原理，均匀装载车辆上的货物重量，避免车辆的前后或左右重量不均衡，给干线运输带来安全隐患；大件货物应及时捆扎固定，采取必要的保护措施；对平板挂车应交代干线驾驶员盖雨布和解雨布时的注意事项。

⑤合理安排干线车辆的停靠，以方便装车操作作业；按配载装车方案，对入库货物进行腾挪移库，为装车工作做准备；尽量将货物移至装车点位置，以缩短叉装搬运距离，提高装车效率。

2. 配载装车质量管理原则

（1）安全性原则。

配载装车作业是装车机械与人工搬运相互协作的过程。装车现场的人员和设备集中，情况比较复杂，装车工作应科学安排，做到井然有序，避免安全责任事故的发生。在叉装搬运货物装车的过程中，应合理规范，杜绝野蛮装车，保证货物的安全。货物装车也应有利于干线车辆的安全运输。

（2）效益原则。

配载装车应在保障安全的前提下，追求配载装车效益的最大化。配载装车效益体现在两个方面：一是所装车辆配载装车利润，这是配载装车方案实施与装车结果的体现，是专线最直观的短期营业利润；二是优化的配载装车方案与科学安全的装车操作为客户提供优质发运服务所产生的长期效益，专线发运安全快速，自然口碑就好，效益也就高。

（3）效率原则。

配载装车本身是一个劳动过程。提高配载装车效率能缩短劳动时间，提升员工对岗位工作的满意度。配载装车也是货物地出库过程，高效装车有利于货物快速地出库，能极大地支持卸货入库工作，同时车辆及时装好，也有利于干线车辆准时发运，提高干线运输效率。另外，效率原则还体现在配载装车对到达站卸车入库效率的影响。

3. 配载装车质量管理方法

（1）目标管理法。

配载装车方案的制订选择，其实就是目标的制订选择，每一台干线车辆的装运都应制订相应的配载装车方案。车辆装什么货物，货物怎么装，需要达到多大的效益等，这些都是配载装车方案制订选择的问题，然后在装车过程中实施配载装车方案，并不断对方案进行改进完善，最终完成干线车辆的装车待运工作。通过最终的完成结果与所选择执行的配载装车方案进行比较，检验配载装车目标的完成程度。

（2）风险规避法。

风险规避法实际上就是采取相应的措施，预防风险的发生，避免造成损失的方法。在配载装车环节中有很多的风险点，诸如货物漏装少装风险、货物损坏变形风险、人员和设备安全风险、干线车辆装车不科学风险等，应提前找出各种风险点，分析风险危害程度和可能造成的损失，制订相应的预防措施和应急预案，从而达到避免风险发生的目的。

（3）质量考核法。

质量考核法就是对整个配载装车结果的一种考评。配载装车质量考核分为三个环节的考评：一是配载装车环节的自我考核，参照目标管理法进行；二是干线运输环节对配载装车质量的考核，包括装车货物的重量、高度和车辆满载平衡情况等；三是卸车入库环节对配载装车结果的检验性考评，包括车上货物损坏情况、卸货操作难易程度、分货理货效率等。

2.5　干线运输质量管理

干线运输是货物的运输过程，也是货物的位移过程，在这个过程中，货物离开专线发运站尚未到达到达站，因此专线的可操作性不强，操作意义不大。专线对干线运输的质量管理，往往通过对干线运输的跟踪反馈，再辅以相应的管理方法来实现，其目的在于保障干线运输过程的安全，保证货物及时到达到达站，有效完成干线运输任务。干线运输涉及运输车辆的选择问题、干线运输成本问题和驾驶员素质问题，其中运输车辆的选择问题和干线运输成本问题在配载装车操作前就已确定，但实际上是属于干线运输环节的问题。

1. 干线运输质量管理内容

（1）干线运输车辆选择。

①对车型的选择。专线通行以货定车的原则，按有什么样的货物选择什么样的车型来进行。车型的选择直接影响装卸车的效率和装卸车时货物损坏风险，同时也会影响干线运输过程中车上货物损坏发生的概率。

②对车况的把握。车辆的新旧和车辆的维修保养水平是评价车况好坏的依据，车况直接影响干线运输的时效，如车况差的车辆在运输过程中可能跑不

动，而且极有可能发生抛锚事故，造成货物不能及时到达，从而引发大面积的客户投诉，因此在干线运输中，专线应选择车况好的车辆执行运输任务。

③对驾驶员的要求。驾驶员应具有合法的手续和勤劳敬业的品质，责任心强，做事认真负责。

（2）干线运输费用。

干线运输费用是货物的发运成本，也是专线的营运成本控制点之一。专线的干线运输是固定的两点一线模式，干线运费通常比较固定，同向专线的干线运输成本差不多，但是由于在专线行业中也存在季节性车源供需矛盾，如上海到湖南专线，每年的春节前几个月，干线车辆供应紧张，市场运价上涨。因此，专线应提升自身形象，吸引社会车辆加入，把控好干线车源，建立自己的干线运输队伍，从而达到控制干线运输成本的目的。在专线的实际运营中，也可以好好把握捡漏机遇，适当使用低价回程车辆。

另外，影响专线干线运输成本的因素还有很多。

①专线实力。专线实力强、货源充足，能保证车辆的及时发运，就能吸引社会车辆的加入，从而掌握定价权。有实力的专线只要能做到干线运输车辆双向对开，就可以很好地掌控车源。

②专线装卸货速度。专线的装卸货速度对干线车辆的运营有重大影响，装卸货速度快的专线可以减少干线车辆的停车等待时间，增加车辆的营运时间。

③运费结算速度。社会车辆都是以车辆的营运为生，干线运输运费的结算速度对驾驶员的影响很大。驾驶员普遍喜欢运费结算速度快的专线，即使运费总价相对低一点也没关系。

（3）随车单证交接，单随货走。

托运人发运货物时一般都有单据或资料需要随货同行。干线车辆发运前应办好随车单据的交接，避免单证落下，以免对后续到达站的货物分流出库造成麻烦。

（4）驾驶员管理。

干线驾驶员是干线运输的责任主体，是保证干线运输任务顺利完成的执行人，对驾驶员的管理是干线运输质量管理的核心。干线运输对驾驶员来说只是干线运费的问题，但对专线来说却是整个公司的希望，是公司的命脉，也是发货人的希望寄托，因此干线驾驶员身上的责任重大，对驾驶员的管理意义深远。驾驶员管理应从以下几个方面加强：

①加强驾驶员的文明安全驾驶宣教工作，强调安全驾驶的重要性，督导驾驶员严格履行干线运输合同中的责任义务，照章办事。

②加强驾驶员责任心教育，本着对自己负责、对车辆负责、对专线负责的

态度，执行干线运输任务。

③实时跟踪执行干线运输任务的驾驶员，全面掌握干线运输情况。

（5）制订异常情况下的干线运输应急预案。

干线运输环节的异常状况包括车辆的故障抛锚，车辆的追尾、翻车重大责任事故，非人为因素如天气造成的堵塞等原因造成的干线运输任务不能按时完成的情况。专线应根据不同异常状况制订相应的应急策略，以减少损失，降低负面影响。

2.干线运输质量管理原则

（1）安全原则。

安全是干线运输重点强调的原则。虽然干线运输安全事故发生的次数较少，但概率较大，而且一旦发生安全事故，损失往往巨大，甚至可能造成专线倒闭关门，所以干线运输质量管理应着重强调安全原则。

（2）效率原则。

效率原则是对除人为因素外造成的由驾驶员的主观因素对干线运输效率产生的影响的评判原则，包括驾驶员在遇到可能造成运输延误时采取的积极补救措施。如遇到车辆抛锚，驾驶人积极购买零件，及时修车；遇到前方发生事故封路时，选择绕路避开拥堵路段，保障运输任务完成。干线运输效率的高低决定后续操作环节的顺利进行。

3.干线运输质量管理方法

（1）签订干线运输合同，严格执行合同条款。

运输合同是对驾驶员和专线双方责任和权利的明确，也是对双方权益的保障。签订有效的运输合同并严格执行，是实施干线运输质量管理的必要基础。

（2）择优弃劣原则。

专线把车况好的车辆和责任心强的驾驶员保留下来执行干线运输任务，把车况差的车辆和不负责任的驾驶员淘汰掉，同时组建一支优秀的干线运输队伍来保障干线运输任务的顺利进行。

2.6　卸车入库质量管理

卸车入库的工作内容与卸货入库环节相同，都是涉及货物的分理清点和入库管理。卸车入库在操作程序上与配载装车工作刚好相反，配载装车是货物集零为整，卸车入库是货物的化整为零。卸车入库从表面上看是卸货入库和配载装车两个环节内容综合的反向操作，但实际上卸车入库的操作内容更加烦琐，质量控制要求更高。专线的卸货入库质量、配载装车质量和干线运输质量直接影响着卸车入库的质量和效率。

不同于卸货入库，卸车入库是专线内部操作环节，是纯粹的专线内部管理的事情。鉴于卸车入库是分流出库的控制性环节，对卸车入库的质量管理是专线自身硬实力的真实体现，加强卸车入库质量管理的意义重大。

1.卸车入库质量管理内容

（1）卸车入库的组织准备工作。

卸车入库的组织准备工作是提高卸车入库效率的保证。干线运输车辆到站前，专线到达站应提前进行卸车前的准备工作，以便车辆到达后有效地组织卸车，提高卸车入库效率。

①提前准备好叉车、拖车和托盘等卸车操作工具，安排干线车辆停靠在离仓库尽可能近的位置，尽量缩短叉卸货物和搬运货物的距离。

②对仓库内货物进行清理，腾挪出空闲位置，以便入库货物的摆放；及时办理随车同行货单的交接，确认随车货物单证同车到达，以便于货物分流出库操作。

③卸车操作前，应仔细查看车上货物情况，如有异常及时汇报。在平板挂车解雨布和厢式车开门的过程中，应注意安全，避免货物倒塌或滑落，甚至发生砸伤人员的事故。

④与分流出库环节操作人员及时沟通，形成联动，避免重复叉卸搬运作业，提高卸车效率（图3.5）。

（2）卸车过程的质量管理。

对卸车入库过程的质量管理，主要体现在对卸车入库过程中发现的问题及时采取措施加以解决。卸车入库过程中的问题点有很多，针对不同的问题，应采取不同的处理方法。

①针对干线车辆上损坏的货物和车上打湿受潮的货物，应及时拍照取证并汇报情况，明确责任主体。

②针对货物散乱、无法快速识别清理的情况，应坚持大部分先清理的原则，等卸车完成后再仔细核对分清。

③针对少货、货单不符、有单无货、有货无单的情况，应及时与发运站沟通落实，并采取相应的措施。

④针对标签标识不清楚的情况，应先行卸车，后续与发运站卸货入库环节人员确认，努力理清每票货物。

⑤针对叉卸搬运过程中的货损和人员安全问题，应有相关的操作规范、操

作流程和管理制度,遵循科学的叉卸搬运要求,避免安全事故的发生。

⑥针对大货、急货和不必落地货物,应与干线驾驶员或分流出库人员及时联动,避免重复叉卸搬运作业。

图 3.5 对车驳卸大票货物可以大大地提高卸车效率,避免重复劳动,同时也能提高仓库的利用率,加快货物的分流,但必须做好货物的分理清点工作。

(3)仓库管理。

到达站仓库的管理内容与发运站仓库管理的内容和方法大体相同,只是到达站仓库管理的货物处在专线操作流程的末端,所以其内容更丰富,要求也更高。

①及时分理清点货物,理清每一票货物,积极配合分流出库环节操作工作;认真记录卸车入库货物,同时对损坏货物进行分理,并采取补救措施。

②合理摆放货物,准确找到货物位置;入库货物的堆码摆放应有利于后续卸车的安排和货物的快速分流出库。

③对临时存放货物采取必要的安全措施,避免货物遗失或受潮损坏。

④核单核货,见单放货,配合出库。

2. 卸车入库质量管理的原则

(1)安全性原则。

卸车入库也是以货物的叉卸搬运工作为主的操作环节,货物安全和人员安全同样必须着重强调。车上货物倒塌损坏、野蛮叉卸搬运损坏、液体货物倒置渗漏、仓库货物失窃等货物受损、遗失的风险时刻存在，员工高空作业摔伤、货物摔落砸伤人和叉车伤人的风险也随时都有，因此卸车入库的质量管理必须坚持以安全为主的原则。

（2）效率原则。

对卸车入库进行质量管理的目的，无非是为了提高卸车入库的质量和效率，高水平的卸车入库是高质量和高效率的一体化总称。影响卸车入库效率的因素很多，包括配载装车质量、卸车入库操作的组织安排、分流出库环节的协调程度、仓库的管理水平等，其中最主要的是卸车入库操作环节的组织安排即卸车入库人员的组织协调和劳动效率，这是决定性因素。卸车入库的效率，最直观地体现在卸车的速度和分货理货的速度上，两者都快，则卸车入库的效率就高。

（3）以分流出库为主导的原则。

进行卸车入库操作是为了货物的分流出库，加强卸车入库质量管理，能提高分流出库的效率。因此，从逆向思维来看，要想提高分流出库效率，必须加强对卸车入库的质量管理。在分流出库过程中出现的有关货物的问题都与卸车入库有关，分流出库质量是卸货入库质量考核的依据之一。

3. 卸车入库质量管理方法

（1）责任任务包干法。

专线组建专门的卸车入库作业团队，对指定的干线车辆进行卸车入库操作，由团队对整个卸车入库的过程负责，包括卸车入库工作的组织安排、分货理货直至货物分流出库的整个过程。这种方法管理方便，专线只需把操作指令传达到团队，由团队负责人带领团队执行。

（2）量化细分法。

专线对卸车入库操作人员的岗位进行细分，制定相应的岗位责任制度，员工各司其职，由专人进行组织管理、协调监督，实行责任到岗到人。量化细分法对岗位责任的明确便于进行质量管理，但各岗位间的协调一致比较困难，往往对提高卸车入库效率不利。

（3）逆向考评法。

鉴于卸车入库对分流出库环节的重大影响，可以按分流出库的要求对卸车入库设立相应的质量考核标准，加强对卸车入库质量的管理。如分流出库中对货物的清点清理要求、对卸车入库的速度要求、对货物的摆放要求等，都可作为卸车入库质量管理的考核依据。

2.7　分流出库质量管理

分流出库是货物在本专线停留的最后一个环节，也是货物交付收货人的过程。分流出库能直面收货人，向客户全面展现专线的服务意识、服务水平，也是专线降费增效的重要控制环节。加强分流出库的质量管理不仅可以提高分流出库效率，展现专线形象，也可以降低成本费用，提高经济效益。

分流出库不是简单的货物分流，而是与货物分流操作有关的一系列工作。在专线实际操作中，因为普遍存在中转分流的现象，所以我们将中转分流也一并纳入本书中进行探讨。

1. 客户自提质量管理

客户自提货物在操作上比较简单，但是由于是面对客户提供服务，而且涉及面对面办理交付手续和货物的交接，所以对客户自提的质量管理也不可松懈。

（1）客户自提质量管理内容。

①通知提货。专线到达站确认货物到达，及时通知收货人提货。库管员核单核货，确认货物到达后方可通知收货人提货，避免因有单无货而造成收货人白跑，引发投诉。如有货无单则应及时与发运站确认，视情况决定是否通知收货人。

• 态度端正，文明礼貌，耐心地与收货人交流。针对收货人关于提货地点、货物重量和体积等方面的问询，专线分流专员应耐心细致地回答，针对货物费用、交付方式等方面的疑问，应及时与发运站确认，并及时回复收货人。

• 建立货物自提收货人档案，对收货人进行管理；记录通知收货人情况，对未及时提走的货物应再次通知收货人提货。

• 针对托运单备注的特别提示信息，如等通知放货、指定时间放货、收货人看货付款放货等，应严格按要求处理，酌情通知收货人。

②办理提货手续。办理提货手续的重点在于核实收货人的身份，避免货物被冒名提走而造成损失。货到付款的货物还应办理相应的运费结算手续。

• 收货人本人提货。核实收货人的有效证件并登记，再由收货人签字确认，如需收货人支付运费的，应办理相应的结算，然后通知仓库放货。

• 代理人提货。严格意义上的代理人提货程序应是代理人持收货人的有效证件复印件或单位介绍信来办理提货事宜，同时代理人也应提供本人的有效证件，客服人员收取证件复印件和介绍信存底，登记代理人证件信息，并由代理人签字确认，需要支付运费的则由代理人代为支付。在实际操作中，很多专线通过代理人准确报出托运单中收货人的电话来确认代理人代为提货身份，并由代理人提供有效证件办理提货手续。

③交货。客户提货通常先到办公室办理提货手续，再去仓库找货验货，然后交接提取货物。正常的交货程序是库管人员凭放货通知单核单核货后，安排人员装车放行，但在专线实际运营中，经常会碰到一些异常情况需要处理。

- 入库货物与收货人所订货物不符的情况。应再次核单核货，确认无误后，及时与发货人沟通汇报情况，并由发货人给出处理意见。
- 批量货物中部分损坏或单件货物局部损坏情况。应与收货人现场沟通协商理赔事宜，如收货人要价过高，可与发货人沟通，了解具体损失金额，通过有效沟通，最终决定采取向发货人赔付或向收货人赔付的方式解决。当损失金额过大时，应在卸车入库时通知保险公司走保险理赔程序。
- 货物外包装变形而货物未损坏情况。应与收货人友好协商，争取得到收货人的谅解，不需要做出赔偿。如果收货人坚持要求赔偿或以货物外包装变形为由拒收，应争取以部分小额赔偿的方式，换取完整交货。货物的拒收会造成不完整的签收及留给发货人不良印象乃至造成较大的经济损失，其中包括拒收造成的赔偿和货物再次往返的运费损失。
- 货物外包装完好，里面货物损坏情况。在专线实际运营中，收货时通常不开箱验货，因此除玻璃制品等易碎易损物品外，普通货物外包装完好，视为货物完好。针对这种情况，如果是普通货物，专线可不予以理赔，但签收时应特别注明"货物外包装完好，里面货物有损坏"。
- 货物交接完成，完整签收之后，收货人告知货物有损坏的情况。完整签收视为货物的完好交付，收货人的这种诉求不合情，也不合理。
- 装货过程中损坏货物的情况。专线员工装货时造成的货物损坏由专线负责赔偿，收货人自行装货造成的货物损坏由收货人自行承担损失。
- 货物丢失的情况。大额的货物丢失造成的损失走保险程序，小额的货物丢失损失可与发货人或收货人协商解决。

以上多种情况，在配送交货过程中也经常遇到，同样也应采取相应的应对措施。

（2）客户自提质量管理原则。

①以客户为中心，服务至上原则。在自提货物的交付过程中，收货人有很多的问题需要确认，如对专线提货地点的确认、对货物的确认、对运费的确认、对交付方式的确认等，客服人员应端正服务态度，热心为客户服务，一一解答客户的问题。同时，库管员应及时查找货物，安排货物出库，协助客户提货装车，做好货物的交付工作。

②细心细致原则。通知客户提货前，应认真查看托运单信息，按照托运单要求进行操作；办理提货手续时，应仔细核对提货人身份，避免货物被冒提，同时应核对付款方式，保证提付运费及时收取，避免漏收运费，造成经济损失；仓库出货时，应核单核货仔细清点，避免漏提或提错货物。

③及时、有效沟通原则。及时有效的沟通能有效杜绝客户的投诉，同时能快速地解决客户提货时碰到的问题，保证货物及时分流出库。

（3）客户自提质量管理方法。

①岗位责任制。设立自提货物管理岗位，由专人进行操作，负责从通知客户提货、办理提货手续到协助仓库找货、装货的整个交付过程。要求岗位责任人本着为客户服务、对专线负责的态度做好岗位工作。

②差错率考核法。在客户自提货物交付方式中，可能出现的问题有：未按托运单要求发货、未核对提货人身份造成货物冒提、未按托运单要求收取运费、未核单核货而发错货物等。以上问题的发生都可能给专线造成经济损失，甚至造成巨大的损失。因此，专线应制定严格的考核办法，避免操作失误的发生。

③客户投诉考评法。客户的合理投诉涉及操作人员的服务态度、办事效率及处理问题的能力。客户投诉是对岗位责任人进行量化考核的指标之一，加强客户自提质量管理，能有效避免客户投诉。

2. 配送出库质量管理

配送涉及配送费的问题，是专线成本费用控制的重要节点。通常情况下，送货费由发运站在洽谈接单时确定，实际产生的送货费由到达站安排配送工作，直至货物送达收货人并完成货物签收后确立。配送成本的高低与配送车辆选择、配送距离、收货人的收货状况、收货地点位置等相关，但最终由配送工作安排决定。因此，加强配送出库质量管理能优化配送工作安排，达到降费增效、增加专线经济效益的目的，同时也能提高配送效率，降低到达站仓库库存压力，方便后续卸车入库工作的顺利进行。加强配送出库质量管理是专线提升自身经营管理水平的需求，高效的配送分流能提高专线的服务水平，增加客户的满意度，所以加强配送出库质量管理操作意义重大。

（1）配送出库质量管理内容。

货物配送看似简单，实际上是一项系统的工作。为提高配送效率，我们把配送分流细分为通知客户、调度装车、送货、卸车交货、签收五个步骤来进行分析。

①通知客户。货物到达后，通知收货人货物已到达，同时跟收货人确认收

货地址、约定收货时间，以方便配送工作的安排。原则上货物到达后，专线都应第一时间通知收货人，确认收货地址、约定收货时间。在通知客户时，专线应落实收货人的配送要求和卸货要求，如对送货车辆的要求、是否需要落地或提供上楼服务等。

货物配送时通知客户应讲究一定的技巧：

● 充分考虑卸车时间、装车时间、送货距离等，适当顺延约定收货时间。

● 参照集中配送要求，分别预约收货人安排收货。

● 按托运单上的配送交货要求与收货人进行确认，如有额外的服务要求且会增加费用，应及时向发运站汇报。

● 在当天配送安排不过来或货物的单次单独配送在经济上不可行时，应礼貌征求延迟配送答复，获取客户的理解。

● 当实际收货地址与托运单上的地址不符且配送距离较远时，及时与发运站联系，要求追加送货费，而不应粗鲁地回绝收货人的送货要求。

②调度装车。配送车辆的安排应根据客户所要求的车型和货物的状况来选定，装货应按集中配送时的卸车顺序来操作。车辆调度要科学合理，遵循急货先送原则，切忌小车大用或大车小用的不合理配送行为。配送装车应核单核货，避免少装漏装，同时库管人员要与送货人员做好数量交接，并交代相关注意事项。

调度装车注意事项：

● 配送车辆调度应配合卸车入库操作，大票配送货物应提前安排配送车辆，争取做到对车驳装，避免重复装卸。对需要单独派车配送客户，应酌情选择配送方式，同时要根据通知客户的情况安排车辆执行配送任务。

● 看单看货确定配送车辆，避免无效工作的发生，如托运单上标注为二十千克纸箱包装的配件，其实际上可能是一根长六米的不锈钢管，这种情况下，不查看货物就无法确定合适的配送车辆。

● 根据道路交通状况选择合适车辆，如送市区货物应考虑禁行情况，进地下停车场应考虑限高要求等。

● 车辆调度应坚持装货有余原则，特别是厢式车辆，计算体积刚好可以装下而实际装车时可能装不完，从而造成换车重新装车或二次配送的情况。

● 货物装车出库应做好交接工作，核单核货清点数量，避免错装或少装漏装。

● 配送装车应遵循配载装车原理，保证货物安全、车辆安全和人员安全。

③送货。送货是干线运输的缩影，是货物从到达站仓库送往收货人处的过程。送货的过程比较简单，只需要按配送任务要求运送货物可以了。但是在送

货过程中,应保持沟通渠道畅通,随时与收货人保持联系,遇到突发状况应及时汇报。同时,配送人员应按照配送要求和装货顺序合理规划配送路线,以保证配送效率和配送的经济性。

④卸车交货。卸车交货是货物送达收货人处的卸货和与收货人办理货物交接的过程。卸车交货工作的顺利进行,与收货人的卸车准备工作和配送人员的配合程度相关。卸车交货是货物流通的终极,货物交付收货人即宣告实体物流的结束。

配送交货与自提交货在形式上是一样的,但在具体操作中,两者有很大的区别。自提交货是在到达站网点进行,具备主场优势,可据理力争,而配送交货是在收货人处交接货物,碰到问题只能有礼有节地进行解释说服工作。大多数时候,配送人员需站在收货人的立场来解决交货时碰到的问题。卸货车交货过程中有很多的细节问题需要注意。

- 配送人员在外代表着专线的形象,因此配送人员应遵守收货人处的管理制度,注意自身形象,遵从基本的文明礼貌。
- 积极配合收货人进行卸车,协助收货人员清点分理货物。
- 监督整个卸车交货过程,避免收货人员的不慎造成货物的人为遗失以及发现收货人自行卸车过程中造成的货损。
- 积极与收货人员接洽,处理好与收货负责人之间的关系,以便能及时安排卸车,同时在遇到小问题时,也能有助于顺利解决问题,保证完整签收。
- 如果卸车等待时间过长,应及时向配送主管汇报,切忌与收货人争吵。
- 卸车交货过程中发现的问题,应及时向配送主管汇报,争取现场解决,避免造成更大的损失。

⑤签收。货物在收货人处卸车完毕,经由配送人员和收货人共同清点交割,收货人应就收到的货物,按货物交接签收要求出具收货凭证或签收回单,以作为货物完成最终交付的依据。货物签收即宣告配送工作的完成,同时也宣告货物实体本次流通过程的终结。货物签收单的形式有收货人出具收货凭证、专线自行提供签收单和收货人提供随货签收回执单三种形式,这三种签收凭证都可作为收货人收到货物的法理依据。但在实际操作中,专线应按照发货人的要求,根据托运单约定的签收方式进行签收,通常情况下是由收货人按货物交接要求填写发货人提供的随货同行回执单。大部分的供货商都会提供随货同行的货物清单或回执单,由收货人签收并返回,主要是作为货物签收的依据,也是收货人对物流供应商服务的反馈,以此作为对物流供应商的考核依据,达到优化自身服务的目的。

货物签收是一个细致的过程,并非收货人大笔一挥就完事,在某种特殊情况下，甚至会有玩文字游戏的风险。回执单的非正常签收，可能会给专线造成巨大的经济损失，因此配送人员在做好货物交接的同时，应保证做好货物完整有效的签收。配送人员在货物签收时应注意以下细节问题：

● 正常的交货情况下，签收回单应如实反映收货状况，而且越简单越好，如"货已收"或"货物完好"。如有发货人的专用回执单或物流信息反馈表，则应严格按格式填写签收。

● 监督回单的签收过程，及时指出有问题的签收表达，尤其是在交货过程中与收货方有争执时更要引起注意。

● 由于专线本身原因造成货物的非正常交接，如货物破损、丢失、迟到等情况，配送人员应及时反馈，并与收货人友好协商，尽量以最小的代价做到完整签收。

● 装车配送前应对货物进行清理，把外包装变形或轻微破损的货物加以修复，保证正常交接、完整签收。

● 因零担运输普遍以外包装形式交付货物，箱内货物不开箱验货，因此在交货时，如有货物破损而外包装完好，应尽量标注"货物外包装完好、内物有损坏"，以此达到规避专线责任的目的。

● 收货人收货时自行卸货造成的货损，应由收货人自行承担，不应非正常签收。

● 对不正常签收的回单，送货人应及时汇报专线，并要求收货人先行出具收条以做后期回单补签的凭证依据。

（2）加强配送质量管理的细节问题。

在专线的长期配送工作安排中，经常会碰到方方面面的问题，主要有以下几个方面。

①二次配送或多次配送。造成这种情况的原因通常体现在两个方面：一是专线未及时与收货人沟通，盲目安排配送工作，送货时或收货人不在或收货人非上班时间，无法正常收货，由此增加的配送成本由专线承担；二是发货人鲁莽发出送货请求，但收货人却以各种理由拒绝接收，或收货人同意收货，却以时间节点的不合理拒绝接收货物，如送货车未按时到达、已经下班等，如此情况可向发货人要求追加配送费。

②货物压车。货物压车是指对需要第二天配送的货物在当天装好，把货物装在配送车辆上过夜。压车可以减轻专线的仓库压力，为后续干线车辆卸货提供空余仓库，同时也可以利用客户上午的时间收货，提高配送效率。

③费用增加诉求。如收货人的实际收货地址与托运单上载明的地址不符，而且配送距离变远，此时应及时与发货人沟通，要求增加配送费用；收货人要

求专线提供卸货服务或上楼服务；收货方的排队卸车等待时间过长或延迟卸车，等等。

④压货不送。压货不送通常是由于专线的配送任务繁重，无法及时安排配送，也可能是收货人位置偏僻，无法达到集中配送效应，造成货物延迟送达。专线在压货不送时，应及时与收货人沟通、协商约定送货时间，避免客户投诉。

⑤配送成本费用。配送成本的核算应参照配送车型、送货距离、送货区域、装卸车时间和票数、收货方要求等因素，制定合理的配送费用标准，对配送费用进行量化管理。

⑥及时纠错。在货物配送过程中经常会有送错货的情况。因此，专线在发现货物错送时，应及时进行货物调换，减轻或避免损失。

（3）配送出库质量管理原则。

①优先配送原则。在货物配送工作安排中，应严格坚持急货先送原则、重要客户先送原则，精准掌握货物的轻重缓急，同时对装卸难度大、装卸耗时长、不易堆码摆放的货物应优先安排配送。坚持优先配送原则能减轻工作强度，提高工作效率，同时也能提高客户满意度。

②配送质量第一原则。配送质量体现在配送效率和配送效益的有机结合上，配送质量第一，是配送效率和配送效益最佳的体现。科学的集中配送方案是配送效益提升的关键。因此，在货物集中配送时，应在坚持货物配送质量第一的原则要求下制订最佳的配送方案，在追求配送效益的同时提高配送效率，进而配合卸车入库环节操作，提升客户满意度。

③客户至上原则。货物配送是专线直面收货客户的服务环节，尤其是那些重要客户和大型客户如大型生产企业、大型商贸公司等。坚持客户至上原则、提供优质的配送服务，能为专线收获良好的口碑，树立积极的形象，有利于专线稳定客户和拓展业务。

（4）配送出库质量管理方法。

①目标管理法。针对专线的配送工作量设定配送工作目标，按不同客户的配送要求制订相应的配送计划，把配送成本费用纳入配送质量考核。在兼顾配送效益的同时，融入配送效率、客户满意度、与卸车入库的衔接情况、配送意外处理等评价指标，对配送工作目标进行量化管理。采用配送目标管理法能优化配送方案，提高配送效率和配送效益。

②综合考评法。配送出库是卸车入库的后续操作环节，两者的高效衔接可提高专线的生产效率，同时配送效率和配送效益是一对矛盾体，而且在配送过程中，经常有一些突发状况需要处理，以保证货物的正常签收。因此，在进行配送出库质量管理时，应综合各方面的因素，执行最佳的配送方案。

③满意度考评法。配送出库环节的操作涉及的人员比较多，有相关操作环节的员工、配送司机和送货员、专线老板、发货客户和收货客户，各相关人员都影响着配送工作的安排和开展。一个好的配送方案，可以收获大家的好评，所以满意度可以作为加强配送出库质量管理的重要考核指标。

3. 中转出库质量管理

在专线操作中，业务接单通常采取一票到底的方式计收服务费，即专线发运站在计费时，已经把货物的中转费用记入其中，因此专线在操作时，如果能把货物的中转费降低，就可以赚到中转费差价，获取经济利益。中转供应商所提供的相应服务是专线服务的延伸，可以转嫁成客户对专线服务的评判，所以专线有必要加强对中转出库的质量管理。

（1）中转出库的质量管理内容。

①选择中转供应商。中转供应商的本质是专线实体，用行话来说"大家是同行"，只是专线的角色转变成了发货人。专线在选择中转供应商时，参考的依据主要有收费水平、服务意识、服务能力、结算要求等。有时中转供应商只有一家，别无他选；但是在有选择的情况下，专线一般会选择一家费用合理、能提供相应服务的中转供应商合作。

专线在中转供应商选择上有些细节问题需要注意。

● 由发货人或收货人指定中转供应商承运中转货物。

● 中转供应商提供相应服务的收费水平。中转收费的高低可以参照中转商同行的报价对比，也可以征询专线同行在同一中转供应商发运时的费用，以此对比。

● 中转供应商的市场口碑。中转供应商的服务意识、服务能力等都会在其运营过程中反馈到行业中，形成其市场形象。专线在选择中转供应商时，应根据其市场口碑加以取舍。

● 甄别中转供应商的虚实，选择合适的合作商，避免货物的二次中转，降低货损风险。发往三级城市或小县城的货物，应尽量选择直达专线，以规避再次中转的货损风险。

● 与中转供应商的结算应由专线制订结算方式，选择能接受专线结算方案的中转供应商进行合作，从而达到掌控中转服务风险的目的。

● 中转供应商应在货物到达前选择确定。如今信息发达，专线发运站的货物只要一经装车发运，到达站就可以知道货物信息，到达站即可按托运信息对中转供应商进行选择确定。

②通知中转。确定货物到达并且货单一致，应及时通知中转供应商上门提

货或由专线送至中转供应商处。如需临时洽谈，应在通知中转时，把服务要求、费用、结算方式等落实清楚。

③办理交接。中转交接有单证交接和货物交接两块。单证交接是由中转供应商开具货物托运单，同时专线中转负责人向对方交付货物的相关单证，交代注意事项。单证交接时应明确中转费用、服务要求、结算方式。货物交接是由中转供应商负责人对所提货物进行清点查验并办理货物交接，专线中转货物交接时，应协助清点货物数量，交代货物装卸要求和注意事项，并协助装卸中转货物。货物交接之后，中转货物随即进入中转环节。

④货物跟踪。中转出库的本质是由中转供应商代为提供物流服务的过程。货物的跟踪从中转货物出库开始，直到收货人收到货物，是专线对中转服务的监督。货物跟踪的目的是督促中转供应商按托运单约定，提供及时有效的服务，以保证中转服务与专线向客户承诺的服务相匹配。

中转货物跟踪一般倾向于重要货物或重要客户，有时对不太信任的中转供应商和特殊服务要求的货物，也应实时跟踪服务，以保证与发货人约定的服务的有效提供。

⑤回单的收取和费用结算。中转货物到达收货人后，应督促中转供应商及时返回签收的回单，并按结算要求与中转供应商结算费用。

（2）加强中转出库质量管理的重点问题。

①专线与中转供应商的协同合作是提供优质物流服务的保证，因此专线应选择那些有实力、服务能力强的中转供应商进行合作。

②准确掌握中转货物的外包装尺寸、性质及客户的服务要求，明确货物中转的注意事项，避免货物中转造成货损、货差或客户投诉。

③对中转货物的费效进行综合评析，结合中转费用、货损风险、返货因素和客户投诉风险等，参照货物直送成本，选择最佳的操作模式。在某些情况下，货物中转并不比专车直送更有经济效益，如对于地理位置相近的中转货物，可在经济上和时效上进行综合衡量，选择采用集中配送方案操作。

④中转供应商的本质是专线同行，是代为专线提供货物流转的后续服务，因此为做好货物的后续服务，专线与中转供应商应以诚相待，如实做好中转货物的单证交接和货物交接。

⑤考虑到中转环节的风险增加，专线应对重要货物或重要客户的原件回单进行备份，以免因中转环节的过失而丢失原件回单，造成回单结算上的麻烦。

⑥为维护自身形象和良好信誉，专线应及时如约与中转供应商对账，结算中转费用。

（3）中转出库质量管理方法。

①建立中转供应商档案，实行分级管理。专线的同质化竞争相当激烈，一条营运线路往往有多家专线经营，同向专线的实力、服务能力和经营水平各不相同。建立中转供应商档案，可以按专线自身的服务要求，有选择性地确定合作伙伴，以便在有某些特殊物流服务要求（如必须厢车配送、约定时间交货、返货带回）时，能确保及时找到合适的中转供应商。

②风险预估。货物中转服务由中转供应商提供，专线本身不可控，只能对服务进行督促。由于货物的性质、外包装及中转供应商的服务意识、服务水平等因素的影响，中转服务存在着诸如货损货差、未及时发运、延迟送货、回单遗失等异常情况，因此专线在中转货物时应充分预估中转风险，选择合适的中转供应商，尽可能规避中转服务风险发生。

③效率、效益综合评价。中转出库效率有两个层面的意思：一是专线本身中转分流的速度，即中转货物及时中转，不积压在专线到达站仓库；二是中转供应商所提供的货物中转服务效率。而中转出库效益则直观地体现在货物中转费用的高低上，即经济效益。对中转出库质量管理的目的在于提高中转出库效率，降低中转费用，提升专线的服务水平。

2.8 回单管理的质量管理

在常规的物流理解中，货物送达收货人后，即可视为物流活动的终结。但是在专线的实际操作中，回单作为收货情况的反馈，以信息流的形式成为物流服务的延伸，构成了专线操作流程中的一环。回单是收收货人收到货物的凭证，通常作为专线在回单结算方式和月结结算方式中与客户进行费用结算的依据。回单也是发货人在后期对收货有异议时进行查实的凭证，如客户对货物数量、货物短缺、破损等的异常状况的反映都必须用回单来加以佐证。若在某一特殊查询中没有回单来证实，可能会给专线造成巨大损失，因此对回单管理的质量管理也是专线质量管理不容忽视的重要环节。

1.回单管理的质量管理节点

（1）回单正常正确签收。在自提出库交接签收、配送出库交货签收、中转供应商代为交货签收的过程中，正常的运输、交货程序应做到正常正确地签收回单。在非正常的运输、交货过程中如货物晚到、货损货差等情况下，应有相应的应对预案，努力做到正常签收回单，如不能做到正常签收，应及时与相关人员沟通确认，争取损失最小化。（图3.6）

（2）回单的核对回收。鉴于分流出库有三种方式，相应的货物回单分别在自提负责人、配送负责人和中转供应商手中，到达站回单负责人应及时向相关

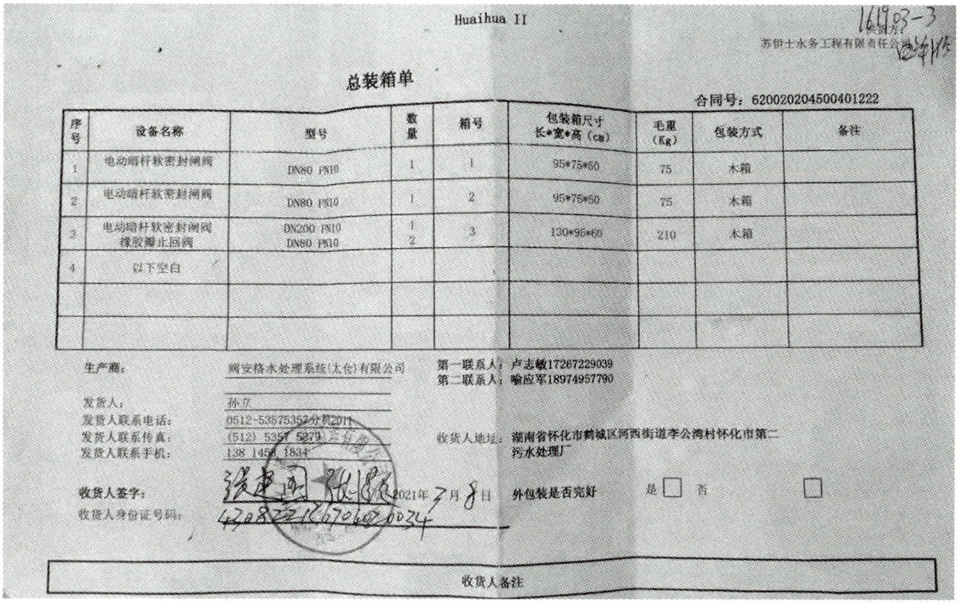
Huaihua II

苏伊士水务工程有限责任公司

总装箱单

合同号：620020204500401222

序号	设备名称	型号	数量	箱号	包装箱尺寸 长*宽*高（cm）	毛重（Kg）	包装方式	备注
1	电动暗杆软密封闸阀	DN80 PN10	1	1	95*75*50	75	木箱	
2	电动暗杆软密封闸阀	DN80 PN10	1	2	95*75*50	75	木箱	
3	电动暗杆软密封闸阀 橡胶瓣止回阀	DN200 PN10 DN80 PN10	1 2	3	130*95*60	210	木箱	
4	以下空白							

生产商：阀安格水处理系统(太仓)有限公司　　第一联系人：卢志敏17267229039
第二联系人：喻应军18974957790

发货人：孙立
发货人联系电话：0512-53575352分机2011
发货人联系传真：(512) 5357 5279
发货人联系手机：138 1458 1834　　收货人地址：湖南省怀化市鹤城区河西街道李公湾村怀化市第二污水处理厂

收货人签字：　　2021年7月8日　　外包装是否完好　是☐　否☐
收货人身份证号码：

收货人备注

图 3.6　回单正常签收应有收货人签名、收货日期、货物数量及所收货物的情况，如有收货单位的公章最好。对专线来说，回单签收越简单越好

人员催收回单，同时在收取回单的过程中，要认真核对回单签收内容，当发现问题回单时，应及时记录并询问原因。如果收货人无故非正常签收回单，应责令相关人员重新补签回单，另外还应做好回单的收取记录。

（3）回单交接。回单签收工作一般是应发货人的要求而做，所以回单通常由发运站负责归档保管，以方便发货人收取回单和发运站结算运费。到达站收取回单后，要以清单的形式同发运站交接回单，以明确回单管理责任，发运站回单负责人在收取回单时，应再次核对回单签收情况，按交接清单逐一核实做好相应的收取记录并对回单进行分类管理。

（4）回单的分类管理。从回单的用途来看，回单可分为两大类：一是专线备查自用回单，通常由专线自行存档保管，以备货物查实之用；二是发货人需要的回单，这类回单又有已结算类和未结算类的区别，发货人需要的回单，要认真保管、做好记录，尤其是未结算类回单，应避免遗失，以免造成经济损失。

2. 加强回单管理的质量管理方法

（1）专人负责制。鉴于回单的重要性，在回单返回的各个环节中都应有相应的责任人，各自做好回单的收取和流向记录。

（2）做好回单的交接记录。回单交接有三个环节：第一个环节是到达站收取回单的过程；第二个环节是到达站跟发运站之间的回单交接；第三个环节是发运站向客户交付回单。回单交接的各个环节都必须做好交接记录，以便后期查证。

（3）把回单管理纳入财务管理范畴。由于回单付和月结结算类回单有着现金支票的意义，因此专线应该把这类回单交由财务人员管理，纳入财务管理的范畴。

第三节　财务管理

加强专线人员管理和专线操作流程各环节的质量管理是提高专线服务质量、提升专线经营管理水平的重要环节。可以说，如果把专线操作流程各环节的质量管理好了，那么专线就做好了，这是基于专线操作上的一种说法。而专线不仅仅是物流的组织形式，更多的是市场主体的表达，我们通常所说的专线其实是无数专线个体的一种总称。作为企业实体，专线的经营必须施加财务管理，并把财务管理深入到专线操作各环节中，只有这样才能算是真正意义地把专线做好了。专线财务管理是针对专线自身经营管理和生存发展需要而进行的管理，大多数的专线财务管理以做企业内账为主。

3.1　专线财务管理的重要性

专线的财务管理是专线自身生存发展的需要，是专线存续的需要。财务管理的目的在于保障专线的正常收入项目，降低成本费用，维持专线的正常运营和发展。专线财务管理对于专线本身的意义十分重大。

（1）明确收入项目，对专线的应收账款进行有效管理。专线的收入是专线经营规模、经济实力的重要体现。财务管理通过结算方式分类入账，对各收入项目进行管理，尤其是应收账款的管理和催收。

（2）财务管理可以监控费用支出流向，通过费用支出管理降低成本费用。专线的费用支出项目繁多，很多地方都可以通过及时的询价议价来降低费用或者通过方案的优化比较来控制成本。财务管理可以提供费用支出参照，通过议价或方案比较来降低成本。

（3）通过把财务管理融入专线操作流程中来监督管理操作流程的各个环节，从而提高操作效率和操作效益。专线操作流程各环节的顺利进行，都需要财务的支持，同时鉴于操作流程各环节的特点各不相同，财务管理能起到很好的监督管理作用，从而达到降低成本费用的目的，如干线运输费用的控制和支出。

（4）监督员工，为考核评价员工提供依据。员工的做事水平和做事能力不只是体现在做多少事和做事的速度上，更多的是体现在能创造多大的经济效益或能降低多少成本费用及挽回多大的经济损失上。在专线领域，员工的价值真实地体现在操作过程中能降低多少服务成本或挽回多大的经济损失上。

（5）监督管理客户，为业务洽谈提供支持。客户的运费结算方式、结算要求和结算速度，在很大程度上体现了客户的质量，特别是对于回单结算和月结算客户，同时送货费用的高低和送货额外支出的多少体现了收货客户的质量。财务管理能有效地评价客户的质量，为业务决策提供依据。

3.2　专线财务管理内容

财务管理的概念比较简单，无非就是对经济实体的收入和支出进行详细记录，对收入和支出进行监督管理的过程。财务管理的概念理解起来容易，但是真正做起来却比较复杂，财务管理对于任何一个经济实体来说都是一门很深的学问。鉴于专线两点一线的经营模式，其主要收入和主要支出的发生地不同，在管理上比较困难，而且由于业务的特殊性，专线每天都有大量的收入项和支出项，因此专线的财务管理是一项具有较大挑战性的工作。

1.收入项

专线的收入项以托运单为记账依据，每一票货物都必须开单计费，包括额外费用收入如卸货费、代收款等通常也要录入托运单中。有的时候，代发货人支付不能及时平账的费用，如代发货人支付的提货费、装车费等款项，为方便后期收取，避免漏账，也会计入托运单中，以收入项入账。

（1）运费。

运费是货物物流服务费用的总称，包含运输费、提送货费、上楼费、包装费等，是专线的主营业务收入。专线的运费收入按托运单中的付款方式分为以下几种。

①现付。现付是最简单的收入计账方式，是一种预付费用形式，即在发货人办理货物托运、开具托运单时，由发货人以现金方式支付货物的运输服务费用。通常情况下，专线会尽量要求发货人采用现付结算方式，有时甚至会通过费用优惠来换取现付结算，以达到规避结算风险的目的。现付是专线最为推崇的一种结算方式。

②回单付。回单付是指货物实体运输任务完成，以收货人的签收回单为依

据同发货人结算运费的结算方式。回单付是基于发货人同专线相互信任的基础上的信用结算方式，对专线来说，回单付有垫付资金的压力，同时也存在账务风险，可能产生延迟结算或坏账现象。

③月结。对于一些大客户或经常发货的重要客户，专线往往会给予结算方式的优惠，即采取月结的结算方式。月结有一个月一结和几个月一结，通常由发货人与专线洽谈确定。月结客户一般会与专线订立运输合同，以合同形式来维系合作关系。月结对专线的资金要求高，往往会对专线产生很大的资金压力。月结客户对专线的生存发展比较重要，而且利润也相对要丰厚一些，但财务风险也最大。在专线领域内，发货人以某种理由来拖延结算运费的现象普遍存在，由于专线操作环节多，这种拖延结算的理由很好找，专线却又很难反驳。

④提付和送货收款。这两种结算方式可统称为到付，即货物到达后，由收货人支付运费，到付结算在财务管理中可视为现金结算。不同于现付结算方式，到付是一种服务完成后的结算方式，由专线到达站收取。针对一些重要客户，专线也可能会以月结的方式结算到付运费。

⑤其他结算方式。运费的结算一般由发货人或收货人中的一方结算，但在收货人与发货人之间达成运费分摊协议时，运费的结算方式就有可能变成现付加到付、回单付加到付、月结加到付等方式。

（2）记账收入。

托运单中的总费用收入构成中包含代收款、佣金等代收性款项。专线的收入与支出在专线的两个站点之间发生，存在收入支出的不同地点、不同时间，这是专线财务管理的最大特点。因此，为了方便管理代收费用，专线的代收款项也应一并记入收入项，以免漏账。这部分收入以假性收入的形式存在，为后期查账用，以平衡收支项目。另外，一些临时性代发货人收取的现金，因为不能及时平账也应该记入收入项。

（3）营业外收入。

专线的一些自由资产的处理所取得的收入和少量的第三方业务收入，这些都是非主营业务收入，应以营业外收入的形式记入收入项。第三方服务是专线横向发展的方向，指的是专线所经营的第三方物流业务，可以作为专线的单独子系统，以项目的形式进行操作。

2. 支出项

专线作为生产经营活动主体，其所提供的是系统性的物流服务。为保证系统性服务的提供，也为维持服务系统的正常运转，专线必须要有充裕的资金支持。专线的支出是专线正常运营的基础，专线的支出项名目繁多，主要分为以下几类。

（1）固定性经营支出。

固定性经营支出是指专线设立时，即使没有发生任何的生产经营活动也必须进行的支出，这些支出是专线开设的先决条件。固定性经营支出包含仓库租金、人员工资、员工食宿费、工具设备费、办公设备设施购置费等。

①仓库租金。专线两点一线的经营模式要求其必须在发运站和到达站分别租赁相应的仓库。仓库租金是专线的大项支出，因此专线应根据自己的经营规模来确定仓库大小，从而减少资金支出，降低成本费用。

②人员工资。专线实体属于劳动密集型企业，专线的装卸车操作需要一定数量的搬运工和叉车工，运营也需要文员、财务、业务员和操作管理人员。专线存在一人一岗和一人多岗的情况，人员规模的大小视业务量而定。随着人力成本的日益上涨，专线人员工资也是一笔巨大的开支。因此，专线在人员安排上必须做到人尽其才，合理配置，尽量降低人力资源成本。

③员工食宿费。在专线行业里，员工的食宿通常由专线解决，也就是社会上通称的"包吃包住"。

④工具设备费。虽然在专线领域无法实现全机械化和自动化操作，但为节约人力成本，提高劳动效率，半机械化的操作仍然需要相应的设备辅助。因此，专线运营需要购置托盘、拖车、叉车等装卸设备及相关工具。

⑤办公设备设施购置费。办公场地的建设、办公设备的添置，包括标签、托运单等印刷品的印刷费等。

⑥其他固定费用，这部分费用包括专线经营税费、员工保险、货物保险等。

（2）营运支出。

营运支出是专线在实际运营过程中的可控性支出，这些支出都包含在货物的运费中，可通过财务管理对支出进行干预，实现降费增效，提高经济效益。营运支出包括干线运输费用、提送货费、中转费等。

①干线运费。干线运费占专线营运支出的大头，通常货物的托运费的一半以上用于支付干线运费。干线运费的高低跟专线的实力规模和专线对车源、货源的控制力有关，同时也受车源季节性供求的影响。干线运费一般采取发运站支付一部分，余款由到达站支付或返回发运站支付的方式进行结算。

②提送货费。不论是专线提供的有偿提送货服务，还是基于自身经营目的而提供的免费提送货服务，作为服务本身其提供都会产生成本费用。提送货费产生于每票货物，应以托运单为依据记入支出项。

③中转费。中转费是中转货物再次转运的成本，其本质是专线为发货人的代为支出行为。中转费一般采取单票计费审核的方式记入专线成本费用。

④其他经营支出。这些支出包含水电费、通信费、装卸工具和设备维修保养费、上楼费、货损货差理赔、货物运费税金等等。

（3）代收款支出。

代收款主要是代收货款和佣金。这些款项的支出在操作上应以收货人已支付为原则，做到先收款后再支付，避免出现代收款已支付，而收货人却少付或拒付，从而出现扯皮现象，不得已重新向发货人追回已支付的款项。

（4）临时性代垫费用。

临时性代垫费用是指那些未记入托运单中的应发货委托人要求而代付的费用，包括代客户支付的提送货费、卸货费、上楼费、出口货物进仓费等，这些费用应分类记账，与货物运费一起凭托运单向发货委托人收取。

3.3 专线财务管理目标

作为企业实体，专线财务管理的目的在于维持专线的正常生产经营活动，保障服务的持续提供，降低经营成本，提高经济效益。

1. 管理业务收入，保障专线现金流的正常

专线的运营需要强大现金流的支撑。专线的干线运费、配送费、中转费等大都是现金支出项目，因此专线财务管理应做好应收账款的催收工作，及时催交回单，收取回单结算款项；整理月结账目，实时与客户结算月结运费，避免坏账发生，保障专线运营的现金需求。

2. 建立专线费用标准体系，调动员工的降费增效积极性

费用标准的制定可以为员工的操作提供参照，财务管理的监督介入能对员工操作水平和操作结果作出评判。此外，鼓励员工积极地询价、议价工作及操作方案对比，是实现专线降费增效目的的有效途径。

3. 明确收入来源，明白支出去向

专线的每一笔收入都有相应的收入项，每笔支出也有对应的支出项。专线财务管理应对收入支出进行分类记账，明确每一笔收入来源和支出去向。专线的日常收入和支出大都以托运单为计收计付依据，凭托运单计收，凭托运单分担支出。

4. 优化客户管理、员工管理和干线运输管理

（1）优化客户管理。

通过财务管理，可以对客户质量作出评价。基于运费结算速度区分出专线客户的优劣，划分出专线的优质客户、一般客户和劣质客户，从而对客户进行选择管理。专线对客户的优劣评价一般是从客户所发运货物的好坏和客户的信誉度着手。货物的好坏并非指货物本身的好与坏，而是指货物是否便于装卸、运输及配送。客户的信誉度是指客户对自身承诺或协议的遵守程度，尤其是对运费结算的承诺。财务管理是评价客户的一项重要指标。

（2）优化员工管理。

"人尽其才，才尽其用。"通过成本费用管理，发现员工的工作潜能，进而合理配置人力资源，优化员工组合，做到人尽其才，使员工充分发挥才能，提高工作效率。

（3）优化干线运输管理。

财务管理对干线运输干预最直接的体现在于对干线运费高低的审核和对干线运费支出方式的确定上。专线财务管理通过参与干线运费的协商确定及支付过程来实现对干线运输的管理。

5. 实现对营运支出项目的标准化管理

专线的经营性支出项目有送货费、干线运费、中转费等，这些支出项发生频繁，累计金额占比大，而且费用有波动。财务管理可以通过对经常性支出项目制定费用标准来进行有效管理。

3.4 专线财务管理方法

专线的收入支出项目繁多，有面广量大的特点，因此专线在进行财务管理时，应建立一套行之有效的管理方法。

1. 建立一整套的财务管理规章制度，对收入支出进行规范管理

（1）建立收入支出台账。原则上专线的手工台账和电脑台账应当同时设立，以规避系统故障风险。

（2）建立报表制度，专线应执行严格的报表制度，建立日报表、周报表、月报表，同时应设立现金日报表和应收账款报表，对各收入支出项目进行细化管理。

（3）及时入账销账，避免漏账发生。

（4）制定财务报销流程和报销标准，为费用产生和报销提供依据，同时实行费用报销责任制，监控费用产生，以降低成本费用。

（5）建立应收款责任制，实行业务到人，谁的业务谁负责，谁开单谁负责，

确保应收账款及时收回。

（6）加强财务监督，确保运费收入的及时收取和费用的合理正确支出。

2.设立费用支出标准，对经常支出项目进行管理，特别是对可变经营成本的监管

专线的大项可变支出包含干线运费、送货费和中转费，这些费用的增减直接影响到专线的利润。专线加强对这部分费用开支的管理，可以达到降费增效、提高经济效益的目的。

3.设立风险准备金，及时化解经营风险

专线经营过程中的风险很多，常见的有货损货差风险、干线运输风险、员工意外伤害风险、配送额外支出等，风险准备金可在风险发生时及时动用，从而化解风险，规避风险损失。当然，风险损失的分担可在财务制度中明确，实行责任主体风险分担原则，如货损风险，专线可以设立公司和员工"六四开"的风险分担原则，通过这种惩罚性的措施来降低货损风险，约束员工的行为。

4.财务追责，奖优罚劣

财务监督职能最集中体现在对应收账款的回收和对费用支出的监管上。专线应收账款的回款速度、经营成本的高低及费用支出的把控都要有相应的标准，以对操作人员的行为进行规范，做到表彰先进，惩罚低劣。

5.使用正确的财务核算方法，建立科学的财务管理体系

专线的托运单收入并不算严格意义上的收入，大的统收统支很难及时准确反映专线的经营状况。在大的统收统支账基础上引入单车效益核算管理方法，把单车毛利润作为专线真实的收入入账来进行财务核算，这样又快又准，最能及时反映专线当天的经营状况。

第四节　客户管理

物流是服务的双向提供，每票货物都有发货人和收货人，为发货人服务的过程，对应的也是在为收货人服务的过程，因此发货人和收货人都是专线的客户，这是物流与其他服务行业的最大区别。专线作为物流的组织形式，处在物流的终端服务提供阶段，由于专线独特的两点一线运营模式，其所拥有的客户

量巨大，所以客户的管理也是专线质量管理的重要内容。

4.1　客户管理的内容

专线的客户分散，涉及面广，从个人到企业再到行政事业单位都有可能是专线的客户，而且每票货物都代表着两个客户的同时存在。专线在为客户提供服务时，要实现发货人和收货人的双方满意，才能叫作满意的客户服务。客户管理必须从客户对专线的生存发展意义和为客户提供服务的角度来探讨。

1. 专线客户分类

客户分类可按不同标准划分，各专线实体可根据自身的经营管理需要进行客户分类，以方便客户管理。

（1）按结算方式分类。

在托运单开具中的结算方式主要有现付、回单付、月结、到付。为方便客户管理，我们可按即时结算、回单付、月结三种形式进行划分。

①即时结算客户。即时结算是指在托运货物时就由发货人支付运费或货物送达时即由收货人结清运费。这类客户主要是个人或小公司，单次发货量少、发货频率低，有的大客户在追求价格优惠的时候，也可能会接受运费的即时结算要求。随着客户业务量的增加或客户与专线信用关系的建立，即时结算客户也可以转变为回单付或月结客户。

②回单付客户。专线给予发货人回单付的结算优惠，是基于双方的信任关系。专线从保护自身利益的角度出发，一般不会第一次发货就给发货人回单结算的待遇，通常会给发货人一个考察期，先从现付结算开始，然后做到部分现付加部分回单付，等到多次的现付加回单付结算中的回单付能及时守信时，双方便建立了一定程度的信任关系，后期便可能达成全部回单付的共识。当然，要求专线给予回单付的客户，在发货量和发货频率上要有所保障，给专线一种不可失去的感觉。从账务风险的角度来说，即使在缺货的情况下，专线也不应该给予第一次发货的客户以回单付，最多是80%的现付和20%的回单付，以避免因不熟悉客户而造成坏账损失风险。

③月结客户。月结客户分为发货人月结客户和收货人月结客户。月结客户对专线的生存发展有着重大影响，享受专线月结待遇的都是一些大客户或专线的重要客户。专线与月结客户的合作通常有合同的约束，双方有着良好的相互信任关系，即使月结客户对专线的经营造成巨大的资金压力，但是鉴于客户对专线的重要性和足够的利润吸引力，专线也会接受月结的结算方式。

（2）按客户对专线的重要性分类。

专线的发展和经营规模的扩大需要大量的客户支撑，各客户对专线的发展意义各不相同。按客户的重要性划分，专线客户可分为零散小客户、一般客户和重要客户。

①零散小客户。这种客户比较分散，发货量小，有的个人客户甚至是偶尔发一次货，只有偶然性的物流需求。以这类客户为主体的专线，客户面广、客户多，往往生命力强大，任何单个客户的流失都不会对专线的生产经营活动造成重大影响。但是这种专线的经营危机感强，由于没有长期固定客户的支持，其经营规模难以迅速扩大。

②一般客户。一般客户是指小批量的经常发货客户，这类客户的物流需求固定，货量小，但发货频率高。一般客户是专线的固定客户，是专线在服务和信誉度基础上建立的合作关系。这类客户的面较广，是专线经营的中坚力量，专线要想形成规模化经营就需要大量的这类客户来保障。

③重要客户（大客户）。单次发货量大，且发货频率高的客户即为大客户。大客户能为专线提供大量的稳定货源，能为专线的发展壮大提供动力。重要客户对专线的服务要求高，而且通常会要求专线提供运费月结结算。虽然这样的客户会给专线的资金流通产生很大压力，但通过与大客户的合作会使专线给客户提供更好的服务，促使专线不断提升自身的服务水平和经营管理水平。大客户的高服务质量要求往往可以给专线带来可观的利润，通过与大客户合作，专线可以更好地展示自身的形象，创造无价的广告效益。

(3)根据与客户的合作程度，可分为现有客户和潜在客户。

①现有客户。现有客户是正在与专线合作的客户，这种客户是专线经营活动的中心，专线的操作都是在为现有客户服务。

②潜在客户。潜在客户可以理解为目标客户，是服务需求与专线服务提供相吻合，但尚未建立合作关系的客户。潜在客户所要求的物流服务必须是与专线的经营方向一致的，两者的供应与需求刚好相匹配。潜在客户是专线扩大经营规模的业务开发对象。专线做大做强必须不断地开发潜在客户，并使潜在客户变成现有客户。

(4)按货物流通过程可划分为发货客户和收货客户。

发货客户和收货客户也就是专线通常所称的发货人和收货人。在专线的运营中，经常会出现同一发货人发运不同收货人货物和不同发货人发运同一收货人货物的情况。

①发货客户。发货客户即货物的发运委托人，发货客户负责办理货物的发运事宜，向专线交代货物的装卸、运输注意事项和服务要求。在由发货人承担运费的货物托运中，发货人还要根据结算方式要求与专线结算运费；在由发货

客户选择或指定专线承运的情况下,专线应积极维护与发货客户的关系,按发货客户要求提供满意的物流服务。

②收货客户。收货客户也就是我们所说的收货人,收货客户一般是货物的最终购买人,从商品价值转移过程的延伸来看,发货人的货物发运是在为收货人服务。因此,在对专线的选择和指定上,收货客户往往掌握着生杀大权,所以专线在客户维护和业务拓展过程中,如果从收货客户处着手展开公关,往往可以收到意想不到的效果。

2. 客户开发与维护

专线的正常运营必须保证每天有充足的货量,而货量的保证又需要大量客户的支撑。客户维护的目的在于维持专线客户群的稳定,避免客户流失;同时专线的发展壮大需要新客户的加入,客户增加是专线业务量增加的必然;再者从专线自身健康发展的角度来看,专线也有必要对客户进行维护管理。客户开发与维护的方法有很多,专线可以根据自身的经营状况进行选择。

(1)客户开发。

客户是货量的保证,专线的发展需要不断地壮大客户群。客户的增长是一个过程,专线客户开发必须进行客户调研,了解客户需求,有针对性地开发客户。专线要在经营过程中不断提升自身服务能力,扩大市场影响力,积极拓展业务。

①广泛地进行自我宣传,使劲在行业内"刷"存在感,扩大专线影响力。专线可以制订广告计划,通过刊登广告、散发传单、散发名片、制作广告横幅的方式进行宣传,达到广而告之的目的。在专线成立之初,广告往往可以起到很好的宣传效果。

②同行推介。厂家生产的产品一般是大面积地销售,经常发货的客户通常也不会只有单一方向的货物。专线可以通过同行的货物承运信息来寻找客户,实际上专线同行经常会相互之间推荐客户,实现互利。

③客户介绍。专线的服务得到客户的认可,形成良好的口碑,客户便会主动介绍朋友来发运货物。

④专线通过加强管理、提高服务意识、增强服务能力,处理好每一单业务。客户的诉求重点各不相同,有的关注运费,有的强调服务,还有的有各式各样的要求,针对客户的各种服务要求,专线应提高服务水平,满足客户的各种服务要求,做到全方位的服务。当然,专线各种服务都是有偿服务,专线只要做到服务范围的全覆盖就能避免有价无市的现象发生,同时也能发掘自己的特色服务,走特色经营路线。在实际经营过程中,各专线都是根据自己的能力来承

揽相应的业务。

⑤逆向寻找开发客户。从到达站市场着手进行市场调查，了解所在城市销售的产品或企业生产用原材料等的生产地在专线发运站所在城市或经发运站城市进口、转运分流的各经营实体，这些实体都需要专线物流服务，都会是专线的目标客户。

⑥与同行竞争，争抢竞争对手客户。同行间竞争，一是比服务，二是拼价格。专线同行都在同一口锅里捞饭吃，谁有本事谁就吃得多。专线要增强服务意识，增强竞争意识，积极了解行业动态，通过各种渠道打听竞争对手的经营模式、服务水平、客户群体、收费水平，要勇于积极同竞争对手争抢客户，甚至把对手的优质客户挖过来。

⑦合理地挖客户。专线的发货客户大多是同行，如一些第三方物流公司或专线同行的小三方代发货性客户。这种情况下，专线发货客户的客户才是专线服务的真实物流服务需求人。在大多数情况下，撬客户是一种不道德的行为，但在与发货客户没有合作或与发货客户同等条件下，专线可以光明正大地找客户来寻求合作。专线抢到的客户一般是一手货源，利润可观。撬客户的做法必须慎用，避免引发行业道德谴责，影响专线口碑。在专线行业内，实行货到付款结算方式的客户最容易被撬走。

⑧从专线自身客户数据库中发掘客户。专线在运营过程中会形成一个十分庞大的客户群体，客户数量众多，专线拓展业务可以从现有客户着手，对有物流服务需求的大客户进行重点分析，争取把收货客户经由发运站所在城市发出的其他货物的物流服务接手过来，从而实现某种意义上的指定运输，甚至为客户提供第三方服务。

（2）客户维护。

专线的持续稳定经营需要稳定的货源支持，客户稳定是货源稳定的保障。对客户进行维护管理能有效维护客户，防止客户流失，保证专线的持续稳定健康经营。从专线生存发展的角度看，专线必须积极维护客户。

①积极回访客户。专线要经常登门拜访客户，特别是那些经常发货的客户和大客户。通过回访客户，专线可以了解客户的经营状况和财务状况，了解客户的物流服务需求和对本专线服务的意见，从而有利于专线提升服务水平，加深双方感情，为后续更深入稳定地合作奠定基础。当然，回访客户更大的意义在于为双方的后续合作计划制订提供参照，为专线的经营决策提供依据。

②与客户建立互动关系。专线的客户大都是有第三方业务的专线同行，大家可以相互交流、相互学习，同时也可以互相介绍客户。对于大型的第三方物流公司类客户，专线可以向其请教，让其为专线的管理和服务提高进行指导，

也可以向客户推荐其他优秀的专线服务供应商。与客户互动能使客户更加了解专线、认可专线，从而形成稳固的合作关系。

③认真对待客户投诉。在专线行业内，针对客户投诉，各专线往往有种抵触情绪，认为客户是在找麻烦、挑事，会干扰专线的正常经营，很少有专线会从自己身上寻找问题。客户投诉的类型有很多，投诉的原因五花八门，但主要集中在服务态度和服务质量方面。

● 服务态度不端正，冷漠对待客户。专线员工语言生硬没耐心，最典型的是对客户爱理不理，好像客户求着自己办事一样。如果是收货人在这方面进行投诉，那很可能就会失去客户。

● 办事拖拉，消极对待客户的查询要求。专线员工通常会以"工作太忙，忘了"或"忙死了，等一下"为由推迟解决问题，敷衍客户。

● 服务提供不及时，货物晚到。专线的任何操作环节方面的问题都可能导致货物迟到，引发客户投诉。货物未能及时到达收货人是专线客户投诉的"重灾区"。

● 货损货差投诉。这类投诉涉及专线的经济利益，对这方面的投诉，专线应摆正姿态，积极与客户协商沟通，努力降低损失，而不应拖延处理，幻想不做出任何赔偿。

● 客户所委托服务的不完全提供引发投诉。明明需要送货的却要收货人自提，收了卸货费却不帮收货人卸货，承诺了照托运单约定提供服务，却中间加价。凡此种种，更多的是专线员工品德不良的体现。除开极少数刁蛮客户，引发专线投诉最直接的原因是专线的经营管理欠缺，服务意识水平不到位，服务能力不强。大多数的投诉是专线自身原因引起的，面对客户投诉，专线应积极响应、认真对待、及时解决问题，努力减少投诉发生。

● 端正服务态度，热情服务客户。对于开门做生意的专线来说，来者都是客，每单业务不论大小都是客户，对待客户就应该要有基本的服务态度，现在的小客户可能就是将来的大客户。

● 积极面对客户投诉，对客户投诉做出快速反应并有效解决问题。针对客户投诉，专线不能采取消极逃避的态度，要分析客户投诉原因，积极解决问题，尤其要避免出现客户投诉无结果的状况。

● 以客户投诉为契机，找出专线经营管理中存在的问题，加强专线操作各环节的质量管理，以规避同类投诉的再次发生。

● 学会换位思考，从客户的角度去分析投诉原因，完美解决客户投诉。

● 保持沟通渠道畅通，及时向客户反馈专线操作过程中出现的各种异常情况，先于客户发现问题，并在问题出现时积极寻求客户的理解支持，协助解决问题。

3.培养客户

专线的很多客户都是因为竞争对手的某种原因而失去的客户，这些客户或因追求价格低或因服务要求高或因竞争对手的位置偏、便利性差等而选择了本专线。这类客户的稳定性较差，专线要积极采取措施，对自己的客户进行维护，想办法留住客户，防止客户流失。

客户培养的目的在于培养专线最忠实的客户。这类客户是最原始的客户，从第一次发运货物开始，便确定一家专线进行合作，一如既往，长期合作。双方在长期的合作中建立了感情，达成了默契，形成一种相互支持的态势。这种客户的忠诚度高，稳定性强，高度认可专线的服务。

培养客户是一个长期的过程，专线在这个过程中，需要在持续经营中提供稳定可靠的服务。专线应用心服务好客户，无论客户大小，无差别地对待每一位客户，因为专线自己也无法预料，今天发一件货的客户，将来会不会是一个大客户。培养客户的过程实际上就是客户发展壮大的过程，当然前提是这个客户是专线的合作客户。培养客户的精髓在于从小客户里寻找大客户，尤其是小的生产厂家和那些销售市场转向专线经营方向的企业，这些客户最有成为大客户的潜质。

案例一

曼氏香精厂位于昆山市千灯镇，生产食用香精，其湖南的客户是湘潭的胖哥槟榔厂。2002年前，曼氏香精已经开始向客户供货，发货频率高，每星期两三次，但量不大，每次出货只有几箱。而后随着湖南槟榔产业的发展，胖哥槟榔厂的产量迅速提高，曼氏香精厂的客户也增加了小龙王等多家工厂，香精用量不断扩大。到2005年，香精每次出货量都在五吨左右，不出几个月，又上升到十几吨，甚至二十几吨，虽然发货频率变低，但发货量变大，发运业务量成倍增长。

上海某湖南专线作为曼氏香精的专线承运商，从最开始的小批量承运一直与曼氏香精保持愉快的合作，持续稳定地为工厂提供专线物流服务，到后来发展到为曼氏香精厂在长沙提供到货仓储服务，这就更加巩固了双方的合作。

4. 合理清除不良客户

专线在持续的经营过程中，业务会不断扩大，客户群也随之不断壮大。当专线经营达到一定规模时，为保持专线的健康发展，提高运营效率和效益，必须对客户进行筛选清理，把那些对专线发展不利的客户清理出去。专线不良的客户分为以下几类。

（1）态度蛮横、粗暴无礼的客户。

有的客户以自己有货源为傲，自以为是上帝，对专线颐指气使，不尊重别人。这种客户难以与专线建立长期的合作关系，而且会对专线员工造成心理负担，影响专线的正常经营。

（2）经常发运难以装卸、运输、配送货物的客户。

"啃骨头"和"吃肥肉"原理同样适用于专线经营。对于发货种类多的客户，特别是第三方物流客户，在长期的合作中，难免会发一些难以操作的货物，这种情况下，专线应克服困难，要敢于接单，协助客户解决困难，而不应嫌弃业务，拒绝客户，从而把客户推给竞争对手，造成客户流失。为这类客户服务，专线要坚持"骨头必须啃、肥肉也要吃"的原则，切忌挑肥拣瘦。但是对那些经常发运难以操作且结构单一货物的客户，专线可适当提价，实在不行时宁愿放弃。

（3）经常有货损赔偿的客户。

货物的运费本身在货物价值中的占比很低，经常的货损赔偿会给专线造成巨大的经济损失。货损的发生，要么是操作失误，要么是货物包装不合理、本身易碎。对经常发运易损货物的客户，专线应劝导其改进运输包装，以便于专线运输，如果无论如何都无法避免货损，专线只有主动放弃为这样的客户服务。

（4）配合度差的客户。

专线在提供服务的过程中需要客户的积极配合，有时客户也应该从专线的角度去思考，只有这样双方才能建立良好的合作关系。如果客户配合不好，不但会增加专线的服务成本，而且在货损货差发生时，专线也无法寻求客户的配合来降低损失。

（5）信誉度不好的客户。

信誉是维系双方合作关系的基石，任何单位或个人都不会愿意与没有信誉度的人合作。对专线而言，客户的财务结算承诺最重要，那些经常拖延结算、言而无信的客户，专线不应留恋，没有争取的必要。

4.2　客户管理的目标

客户就是上帝，这是任何市场经济活动参与主体的共识。专线作为物流市场活动的参与主体，其持续稳定的经营需要大量货源的支撑，而货源的支撑需要客户来保障。鉴于专线的操作特点和服务对象的特殊性，专线客户管理对专线的经营发展有着重要意义，专线的客户管理目标明确。

1. 建立稳定的客户群

客户稳定是货源稳定的基础，专线在长期的经营过程中会形成一个庞大的客户群体，通过客户分类，专线对各类客户实行分类管理，针对不同客户制订个性化的服务措施，从而达到稳定客户的目的。

2. 深入了解不同客户的物流服务需求

深入了解不同客户的物流服务需求，不断提高专线的服务意识和服务提供能力，满足客户要求。专线的客户群庞大，各客户的服务诉求不一，专线要加强操作流程各环节的质量管理，提高服务意识，满足各类客户的不同需求，为客户服务的最高境界就是做到服务的无可挑剔。专线客户的物流服务诉求各种各样，主要有以下四个方面。

（1）及时的运输、配送服务。按时装车发运，及时配送，这是对货物运输时效的要求。

（2）临时仓储服务。

（3）提送货和装车及卸货到位服务。

（4）回单的及时返回和返货的带回服务。

3. 降低专线经营风险和服务成本，提高经济效益

从客户管理的角度来分析，专线降低经营风险和服务成本，主要体现在三个方面。

（1）控制货损货差风险。

专线的货损货差风险无法完全避免，只能通过有效的风险管控来降低风险发生。在货损货差发生时，专线需要客户的有效配合来解决问题，以降低专线损失。专线通过客户管理，把发运易破损货物的客户清理出来，可以从源头来控制风险发生，同时客户在专线货损货差理赔时的配合程度也是专线降低损失的关键，对于那种坏一个赔一箱、包装变形拒收的客户，专线应慎重考虑后期的合作。

（2）降低服务成本。

客户指导、配合专线的服务提供，能减少无效劳动，提高专线服务效率，降低成本，如收货人的收货时间安排、卸货速度等都直接影响着配送成本。客户管理要保证有效的客户维护与沟通，对那些经常不配合的客户应重点关注。

（3）控制财务风险。

控制财务风险是财务管理的目标，也是客户管理的目标。客户管理要综合评估客户的信誉度，参照约定运费的兑现和约定的结算时间两项指标，通过客户管理来控制坏账死账风险的发生。

4.提高专线客户质量

专线在长期的经营过程中，通过不断地开发和维护客户，形成相对稳定的客户群之后，为提高自身的经营质量，专线还必须对客户群进行评估筛选，把那些质量不高、信誉度差的客户清理出去，从而建立专线的高质量客户群。

4.3 客户管理的方法

专线的客户数量巨大，客户的管理是一项烦琐的工程，而且对专线的发展有着重要意义，因此专线必须采取一套行之有效的方法，对自身客户群进行有效管理。

1.建立专线客户档案，对客户进行分类管理

借助现代信息技术管理手段，专线通常都会建立自己的客户数据库，然后对客户进行分类归档，根据自身的经营需要进行管理。建立客户档案有利于专线及时查询客户，对重要客户制订细化的服务保障措施，更好地提供服务。

2.制订适用的客户考核评价体系，对客户进行细化管理

专线的客户群体庞大，客户性质千差万别，有一次性客户也有经常发货客户，有个人客户也有企业客户。专线应建立一套评估标准，对客户作出客观评价，以利于专线的经营决策。

（1）发货频率。

发货频率是指单位时间内客户在同一专线的发货次数，这是客户稳定性评价的一项重要指标。长期稳定的客户其发运货物的频率比较固定，而且发货频率会随着客户业务的扩大而变高。当某一货物的发货频率减少时，专线可以向客户问明情况，也可以间接地询问收货客户，以查证发货减少的原因。

（2）发货量。

客户发货量可以理解为同一客户一定时间内在同一专线发运的货物总量。发货量可以用货物总重量或总体积来衡量，客户的大小由发货量来决定，发货量越大，客户就越大，反之亦然。发货量的大小与发货人的业务拓展有关系，也与收货客户的货物采购量相关。

（3）运费总额。

一定时间内的运费总额跟客户发货频率和发货量有关，同时也跟货物的运价相关。抛开货物装卸、运输、配送等难度在运价上的体现外，高运价意味着好客户，如果这种客户的运费总额很大，那么他就是专线的重要客户。运费总额同发货量的比较，可以衡量出客户质量。

（4）信誉度。

承诺兑现是信用的体现。客户信用最开始体现在客户发运货物时，专线对货物体积、重量的核实与客户对货物描述的对比上。要看客户是否如实向专线报告货物的重量、体积，客户吃方吃重量是不诚信的表现。当然，客户信誉度最集中地体现在运费是否按约定时间结算上，专线通常把运费能否按时结算作为评价客户信用度的重要标准。

3.专线通过增强服务意识，提升服务能力

专线通过增强服务意识，提升服务能力，提高自身的市场竞争力，从而实现在专线与客户的双向选择中占主导地位。在同向专线的竞争中，价格竞争是一种互杀现象，在破坏别人的合作的同时，杀跌了自己的利润。经营专线做好服务才是硬道理。专线的老客户都是靠服务赢取的，过硬的服务和别人无法提供的服务就是专线在竞争中获胜的秘密武器。只有做好了服务，专线才有挑选客户的资本。

第四章

公路零担专线安全管理

安全是专线经营无法回避的话题。安全管理是企业自我保护意识的体现，做安全管理没有"差不多"的说法，而是必须保证绝对没问题，确保万无一失。保证安全是提高质量的前提。安全管理像一根线，它贯穿于专线质量管理的各个方面，特别是在专线的操作流程中，各操作环节都应将安全摆在首要位置。在物流行业尤其是专线中，安全就是企业的生命线。没有安全，一切便无从说起。安全是一切操作工作的前提。

专线安全管理的目的在于为专线的安全稳定经营提供保证，为专线的质量管理提供保障。从经营延续性的角度来看，专线安全管理的重点在于员工安全、货物安全、财务安全和与专线经营相关的其他安全及为保证安全而采取的应对措施。鉴于干线运输安全对专线经营有着全局性的重大影响，本章把干线运输安全管理单独列为一节来加以分析。

第一节　员工安全管理

专线员工按职能可分为办公室人员和一线操作员工两大类。从工作性质来看，这两类员工面临的安全风险不一样，一线操作员工面对的风险要大得多，但是由于专线在岗位配置时，通常会实行能者多劳、一人多岗的用人计划，尤其是针对男性员工，因此专线对这两类员工的界定并非十分分明。在进行员工安全管理时，专线一般会强调岗位安全。

1.1　办公室人员安全管理

专线办公室人员的工作场所在室内，没有风吹日晒，也没有外物的影响，人身安全的影响因素很少，但是办公室有时也有突发的安全事件，如与同行矛盾的激烈爆发、与客户纠纷的不可协调等冲突的发生地往往在办公室。办公室冲突的后果，轻则办公室被砸，重则办公室人员受到伤害。办公室冲突事发偶然，概率很低但影响很大，虽然现在流行理性维权，但是并不能保证所有人都不争强斗狠，而且专线办公室是专线老板的根据地，是专线运营的指挥中枢，施暴者通过打砸办公室、伤害办公室人员可能使专线瘫痪，快速达到自己的目的。

1. 办公室人员安全风险

引发办公室人员安全风险的因素较少，但不能完全排除。从以往的事件来看，其诱因主要有以下几种。

（1）竞争同行的蓄意打砸伤人报复行为。

在专线行业内，很多的老板都是从原有的同向专线里跳槽出来的员工，这不可避免地会造成双方对客户的争夺，为威慑对方，原专线老板可能采取报复行为。另外，同向专线间对重要客户的争夺也可能引发此类行为。办公室的打砸伤人行为一般只针对办公室设施和专线老板本人，但员工的积极处置行为往往会使其引火上身，导致一同被打受伤。在如今的法治社会中，此类事件鲜有发生，但仍可作为典型事故加以探讨。

（2）与客户难以协调的纠纷。

专线的客户群体庞大，客户的个人素质、风俗习惯等各不相同。专线在处理与一些强势客户的运输服务纠纷如运价异议、货损货差理赔事件过程中，因言语的不平和或协商不一致，容易导致双方争强斗狠爆发冲突，进而造成办公室人员受伤。这种情况较为常见，但一般最终还是会在外部因素介入下协商解决。

（3）干线运输驾驶员的不理智行为。

在发生推迟结算或扣减运费时，一般会引起驾驶员的激烈反应，甚至导致过激行为，有时可能会造成冲突事件。这种情况在老牌专线偶有发生。

（4）恶语攻击，言语威胁。

在纠纷发生和不祥和的处理纠纷过程中，语言攻击极为常见。专线办公室作为处理各种业务关系的场所，语言环境相当复杂，经常会有激烈争论的发生，把握不当时可能会产生冲突。语言威胁虽然不至于造成身体伤害，但是会影响员工心情、恶化工作环境、影响工作效率，严重的情况下可能会引起员工工作差错，造成经济损失。

2. 办公室人员安全保障措施

随着和谐社会建设的不断推进，办公室人员安全威胁不断降低，但以防万一，专线也应采取有效措施保障办公室人员的安全。

（1）完善办公场所的视频监控设备，做到办公室的全方位无死角监控。

办公室安装监控设备能有效吓阻想要挑事的人，减少办公室人员受伤害的风险，同时在意外事件发生时也可以记录伤害事件的发生过程，为后期的调查取证提供视频证据。

（2）为全局着想，主动为办公室人员购买人身意外伤害保险。

保险即为保障，为办公室人员购买意外伤害保险就是为了增加一份安全保障。

（3）加强员工的安全教育，鼓励员工团结互助，共同维护大家的人身安全。强化员工安全教育，可以使员工在安全风险发生时采取各种自我保护措施，避免受到伤害。员工的互帮互助、团结一致，能阻止安全事故的发生，同时在万一受到伤害时，大家可以共同努力，减轻伤害损失。

（4）积极协调处理各种纠纷，努力营造祥和安全的办公环境。

专线负责人要正确处理好各种关系，预防安全事故的发生，同时在处理各种纠纷的过程中，应有理有节、不急不躁，营造良好的解决问题的氛围，为员工提供一个安全的办公场所。

1.2　一线操作工人安全管理

专线的一线操作工人有叉车工和搬运工，他们的工作是负责搬运货物和装卸车辆。一线操作工人每天都要搬运装卸大量的货物，是专线生产活动顺利开展的主力军。专线操作工人群体，通常是 40 岁左右的农民工。一线操作工人每天要搬运装卸不同的货物，工作量大，劳动时间长，有时还要爬到车顶装卸货物，存在高空作业风险。

一线操作工人安全是专线员工安全管理的重点。专线的员工安全事故大多发生在一线工人当中，基本上都是工人受伤事故，严重的时候可能发生工人死亡事故。

1. 一线操作工人安全事故类型

一线操作工人是员工安全事故易发多发群体，发生的安全事故各种各样，主要有下面几种类型。

（1）货物伤人事故。

货物伤人是指因操作不当而引发的货物导致人员受伤事故，严重的可能致人死亡。货物伤人事故是工人常规生产活动中的过失行为，是工人操作失误造成的后果。

①干线车辆上的货物堆码高度通常有四米左右，在平板挂车的解雨布和卸货的过程中很容易发生货物掉落事故，稍有不注意就很可能砸伤人员。

②厢式货车开车门卸货时，车厢内货物也可能掉落砸伤人员。

③叉车叉装货物时，托盘上的货物滑落伤人或整托货物倾覆而压伤工人。

④在拖动货物或叉动货物时，托盘上的货物垮塌伤人或重货倾倒伤人。

⑤叉车装卸车辆时，货物对工人造成的挤压伤害。

⑥异形货物刺伤、刮伤工人。

（2）叉车伤人事故。

叉车作为装卸辅助工具，是物流迈向机械化作业的重要标志，叉车作业能极大地提高劳动效率，降低人工成本。在专线领域，有"一台叉车顶三个工人"的说法，如今专线的装卸车作业基本上都是以叉车为中心进行。开叉车是技术活也是细致的工作，叉车工不但要技术娴熟，同时也要细心严谨，否则很容易发生重大伤亡事故。由于叉车自重较大、转向灵活，叉车伤人事故通常比较易发且伤害严重，大概率会使人致残。

①叉车后退时，因为存在视觉盲区很容易撞到后面的人，而且由于叉车的转向十分灵活，后轮也十分容易压到旁边的人。

②叉车叉货前进过程中，由于前方货物阻挡视线，很容易撞上前面的人。

③叉车叉齿长度误判造成叉齿顶伤员工事故。

④违规叉装超重货物造成叉车倾翻伤人。

（3）其他安全事故。

专线的其他安全事故是指工人的个人意外事故。（图4.1、图4.2）

①工人装卸货过程中从车顶意外摔落事故。鉴于平板车辆装货高度有四米之高，车顶货物的装卸存在工人高空坠落的风险，此类事故极易造成工人重伤甚至死亡。

②叉车向车顶接送工人时的意外坠落事故。叉车有垂直升降的功能，很多专线都会利用叉车接送工人上下车装卸货物，搬运工的疏忽和叉车的不稳定性很容易造成叉车上人员的意外坠落，酿成重大安全事故。

③装车过程中工人的踩空、脚底打滑、脚下货物倾斜等造成的工人受伤事故。

④工人间的工作、生活摩擦诱发的打架斗殴伤人事件。

⑤工人因工作需要外出期间发生的意外事故，如交通事故。

图 4.1 利用叉车无保护措施将装卸工输送到大车顶部解雨布或卸货，很可能使工人遭遇从叉车上或车顶部摔落下来的风险，从而造成人员伤害

图 4.2 严格来说，叉车载运工人行走是不可取的。虽然有托盘作底部支撑，工人也能扶好站稳，但是叉车的行走震动幅度大，很容易造成托盘滑动，工人也可能因为不适而松手跌落受伤

2.一线操作工人安全事故影响

专线在实际运营过程中都会发生一些工人安全事故，只是或大或小的问题，对专线的影响也是因事故大小而不一样。小事故无伤大雅，但是大事故可能导致专线生产经营困难，甚至被迫关门。

（1）通常的小事故如工人的擦伤问题，只需经过简单的敷药包扎或根本就不需要做伤情处理就可以解决。这些小事故不影响工人的继续工作，对专线的影响微乎其微。

（2）大一点的安全事故，如工人轻伤事故，致使受伤工人需要休息一阵子才可以继续工作。专线可以通过一定的医疗支出，对受伤工人采取积极的救助，同时辅以临时的岗位调动，合理安排受伤工人，以息事宁人。这种安全事故的影响不大，只是给专线造成了一定的经济损失，总体风险可控。如搬运工手受伤，工人可以在休养期间担任库管工作，做一些清点货物、贴标签之类的简单工作。

（3）重大安全事故，如事故导致工人受伤致残而无法继续从事本职工作或致使工人死亡。这种事故性质恶劣，通常会给专线造成十分严重的后果。

①工人重伤致残或死亡事故会给其他专线操作工人带来极大的心理震撼，甚至可能产生狼入羊群效应，导致一线工人陆续离职，专线无人可用。

②因致残或致死工人家属上门闹事，向专线索要赔偿而采取的诸如堵门等手段，会干扰专线正常营运，迫使专线无法开展正常的生产经营活动。

③对事故工人救助产生的巨额医疗费用和赔偿金，可能导致专线的后续生产经营活动无以为继，甚至关门大吉。

④政府相关职能部门介入事故，专线疲于应对事故处理，甚至引起官司缠身，无心经营。

3.一线操作工人安全保障措施

一线操作工人是专线员工安全事故发生的重灾区，工人安全事故会直接影响专线的正常生产经营活动。因此，专线应树立正确的安全生产观，建立"以防万一，防患于未然"的安全事故防范意识，预防事故发生，同时专线应采取积极的事故应对措施，争取把事故造成的损失降至最低，维护专线利益。

（1）加强工人安全宣传教育工作，不断向工人灌输安全生产工作理念，了解安全事故的严重性和可能造成的后果，牢记安全生产的重要意义。

强化安全宣教工作能使安全生产观念深入人心，促使工人在生产过程中时刻注意自身人身安全，有意识地规避安全风险，从根本上杜绝安全事故的发生。

（2）建立健全各项安全管理制度，对工人的操作行为进行规范，防范各类安全隐患，杜绝安全事故。

安全隐患往往是工人无意识的操作行为造成的，通过建立安全管理制度和岗位操作要求，对工人的操作行为进行规范，能使工人主动有序地进行生产作业，保障操作安全，降低安全事故发生概率。

（3）配备必要的劳保用品和应急处理药物。

劳保用品是专线生产的必需品，可以有效保护工人不受工作意外的伤害，同时配备的应急药物也可以使受伤工人得到应急处理。劳保用品和应急药物是预防小事故和对小事故进行应急处理的有效措施。

（4）设立安全生产督导岗位，对专线的安全生产进行监督管理。

专线设立安全员岗位可以人为地对工人的行为进行监督管理，督导工人必须按要求上岗，最大限度地保障生产安全。

（5）为一线操作工人购买意外伤害保险。

保险费对专线来说是一笔不小的开支，但保险的目的正是为了以防万一发生安全事故，特别是处理重大的工人致残致死事故。工人的致残致死事故的发生概率较小，但是这类事故一旦发生，专线就必须面对巨额的医疗费用和事故赔偿金，这笔费用可能会是压垮专线的"最后一根稻草"。专线为工人购买意外伤害保险则可以化解这类风险，从而增强专线的抗风险能力，保障专线的持续正常经营。

1.3　其他相关员工的安全管理

办公室人员和一线操作工人是专线的基本员工组成，这两类人员是专线开展正常生产经营活动的必要条件。随着业务规模的扩大，专线为满足经营发展需求和客户服务需要，必定会添置部分车辆来从事自身的干线运输任务或提送货服务，这时专线自有车辆驾驶员便需要纳入专线员工的管理范畴。

从专线员工安全的角度来看，驾驶员自身的安全保障可以参照一线操作工人的保障措施来进行意外伤害风险的规避，此时驾驶员的安全风险主要是其自身行为造成的自我伤害事故，比如驾驶员自己意外撞墙受伤或致残致死，这类风险损失一般由专线承担。当然，驾驶员的被伤害事故如撞车致残致死事故虽然会有责任主体担责，但往往在最终的处理结果中，专线作为驾驶员的雇主也会要承担一定的赔偿责任。驾驶员的安全，其实更多的是与车辆的安全责任联系在一起。

驾驶员作为专线员工，其安全是专线必须考虑的问题，但实际上驾驶员在参与专线的生产过程中，其行为不仅仅是专线的经营行为，其本身更多的是社会经济活动的参与者。驾驶员是专线人，更是社会人，驾驶员的行为受专线管理制度的约束，同时也受社会行为规范的约束，因此驾驶员的安全问题有更深层次的社会意义。

驾驶员的意外风险可能造成的损失种类比较多。

（1）驾驶员行为造成的自我伤害，如驾驶员驾驶车辆时的撞车、翻车事故造成自我受伤致残致死事故。

（2）驾驶员驾驶车辆所造成的车辆受损和车上货物损坏的事故。

（3）驾驶员被动受伤致残致死事故，如驾驶员在交通事故中的被撞事故。

（4）驾驶员开车撞人或撞物事故中的致使他人受伤致残致死或导致他人财产受损的事故。

因此，驾驶员的安全除了应依据专线员工的安全保障计划进行管理外，还应根据国家的法律法规要求加以保障，以规避驾驶员的安全风险。

1.4 员工保险

员工的安全事故损失，尤其是员工的致残致死重大伤亡事故损失，对任何一家专线来说都是不可承受之重。员工的致残致死事故必将使专线面临着巨额的医疗费和事故赔偿金，这对于专线来说是一笔不小的开支，更何况很多专线的规模不大，抗风险能力本身就很弱，一次重大的员工伤亡事故造成的损失足以促使其倒闭。在物流员工意外伤害险推出之前，已经有不少专线因为重大事故赔偿问题而被迫关门，而在此之后，也有部分专线在遭遇员工重大伤亡事故时，因为没有购买员工意外伤害保险而破产。

保险公司介入专线领域，通过收取保费履行相应的赔偿义务。保费对于专线来说是一笔较大的支出，但相对于可能面临的巨额医疗费用和事故赔偿金来说显得微不足道。这种第三方赔付机制对专线来说是好事，可以为专线的持续经营保驾护航，能增强专线抵抗风险的能力。

如今有很多的保险公司业务已经进入物流行业，各自推出了相应的员工保险方案，而且基于大部分专线实行员工包吃包住的用工制度，专线员工的工作生活范围基本上都是在专线的控制领域中。既然是包吃包住，那专线对员工的生活风险损失也承担着重大责任，因此保险公司把专线员工的工作意外伤害险延展到员工的 24 小时，把工伤保险范围拓展到员工的 24 小时生活和工作。员工意外保险极大地增强了专线的抗风险能力，真正做到了保险公司为物流健康发展保驾护航。员工保险样单见图 4.3。

平安雇主责任险 ⓐ保呀

主险	死亡残疾	30万元	50万元	60万元	80万元	100万元	&	30万元	50万元	60万元	80万元	100万元
	工伤医疗	3万元	5万元	10万元	10万元	10万元	&	3万元	5万元	10万元	10万元	10万元
附加险		职业性疾病定义条款 上下班途中条款 扩展就餐时间条款										
赔偿限额		每张保单每次事故限额200万元，累计赔偿限额500万元。对于因含有镁粉、铝粉、锌粉、硅铁粉、铁粉等金属粉尘而引起的爆炸事故，每次事故限额50万元										
法律费用赔偿限额		法律费用每次限额100万元，累计赔偿限额100万元										
职业病赔偿限额		职业病赔偿限额为10万元										
误工费		100元/天，免赔5天，累计赔偿限额不超过365天										
伤残赔付比例十级		5%										
扩展24小时条款		不扩展						扩展				
工种	文员（元/人）（1~2类）	195	280	295	395	595	&	246	348	366	486	725
	普通员工（元/人）（3~4类）	270	455	496	596	895	&	335	558	605	728	1088
	司机（元/人）（5~6类）	528	816	840	1020	1530	&	630	980	1008	1224	1836
投保人数要求		承保年龄16-65岁，且最低投保人数5人										

推荐理由：1. 专项承保物流行业，无区域限制
2. 全国范围内均可投保

注意事项：1. 被保险人的雇员因从事高度基准面4米以上作业发生意外事故属于除外责任
2. 仅承保物流行业相关的企业及雇员
3. 仅承保普通客运或货物运输车辆，不包含水泥搅拌车、渣土车、工程卡车等特种车辆

出单所需材料：营业执照、投保单电子版+盖章件、人员清单电子版+盖章件、付款凭证+付款人姓名、开票：开票信息

员工保险方案（样单）1

	人保（1999版）仅物流企业适用			人保（2015版）物流/非物流企业可适用								
死亡伤残责任限额	60万元	80万元	100万元	10万元	20万元	30万元	40万元	50万元	60万元	70万元	80万元	90万元	100万元
医疗费用责任限额	10万元	10万元	10万元	1万元	2万元	3万元	4万元	5万元	6万元	7万元	8万元	9万元	10万元
误工费	100元/天(最高赔偿365天,免赔5天)			按照实际工资的80%发放，最高限额200元/天，最高赔偿365天，免赔3天)								
住院津贴	100元/天(最高赔偿90天,免赔0天)			无								
文员内勤(元/人)	300	400	500	100	170	230	300	330	400	470	530	600	670
装卸搬运(元/人)	500	600	750	160	280	380	500	550	660	770	880	990	1100
司机押运(元/人)	700	850	1050	200	350	480	630	700	840	980	1120	1260	1400
主险条款	中国人保雇主责任保险条款(1999版)			中国人保雇主责任保险条款(2015版)								
主险保障区别	不保猝死			保猝死								
投保人数	3人起保			3人起保								
投保年龄	16~70周岁			16~70周岁								
免赔	医疗费用绝对免赔额100元			医疗费用绝对免赔额200元								
附加与特约	1. 扩展上下班途中条款 2. 就餐时间扩展条款 3. 拓展职业病条款			1. 扩展24小时意外 2. 法律费用5万元 3. 扩展上下班途中条款								
自费药报销	无自费药报销			无自费药报销								
伤残赔偿比例	10级5% 9级10% 8级20% 7级30% 6级40% 5级50% 4级60% 3级70% 2级80% 1级100%			10级5% 9级10% 8级20% 7级30% 6级40% 5级50% 4级60% 3级70% 2级80% 1级100%								
客户需求点	对医疗赔付要求高			有24小时意外要求								

员工保险方案（样单）2

图4.3　员工保险方案

案例一

2010 年，湖南某物流公司株洲网点，一名 50 岁左右的工人在卸车的过程中因脚底打滑，身体失去平衡，不慎从近四米高的货车车顶摔落，因头部着地当场死亡。此事在当地物流圈引发极大震动，搬运工情绪大受刺激，纷纷辞职，造成当地专线市场出现无工可用的情况。

事发专线因员工死亡而面临巨额赔偿，而且恰恰事发专线没有为员工购买意外伤害保险，所有赔偿金必须由专线自行支付。最终，事发专线在无工可用和巨额赔偿的双重压力下被迫关门。

案例二

2005 年，上海某湖南专线员工穿拖鞋上车装货，因装货位置较高，这名员工站在木箱上往上面递货。由于刚下过雨，此员工的鞋里有水，他在跨腿调整姿势时，脚底一滑鞋子脱落，身体往下一摔，右手手臂重重地挂在木箱角上并向下撕拉，顿时该工人右臂被撕开一大块皮，鲜血直往外流。

经过简单的伤口清理包扎后，受伤工人被送往医院救治，医生连缝了七针才把伤口处理好，同时为避免感染还打了消炎针。后来在此工人的休养阶段，公司不得不给他安排了库管工作，让他负责货物清点和贴标签，直到伤口完全恢复。

案例三

2016 年 8 月，上海某专线有名员工从休息室出来，边走边低头看手机，这时恰好叉车在倒车作业，叉车后轮不偏不倚正好压在此员工的脚趾上。随着一声大叫，叉车工及时踩刹车并下车查看情况。当看到叉车的后轮压到工人脚趾后，叉车工马上又上车把叉车向前移开。

经把受伤工人送往医院检查，确认结果是：受伤工人被压的两个脚趾粉碎性骨折，需要动手术住院治疗。后来在花费了将近四万元的治疗费用后，受伤工人基本治愈出院。鉴于伤情较重，足以鉴定为重伤级别，受伤工人提出了连带医疗费用共计 12 万元的赔偿。这笔费用不低，好在专线为该员工购买了意外伤害保险，专线在出险时及时报了保险公司，因此最后这笔近 12 万元的费用由保险公司代为理赔结案。

第二节　货物安全管理

　　货物是专线运营服务的标的，是专线服务提供的承载体。专线的一切生产经营活动，包括人员招聘、场地租赁、设备购置、车辆调配、服务提供等都是为了货物服务开展的。专线服务的本质是把货物安全、快速地交付给收货人，因此货物安全是专线最基本的安全需求。没有货物安全保障，就无法谈专线服务提供，专线的货物安全管理贯穿于发货人向专线交付货物直到收货人收到货物的整个过程。

　　货物安全问题产生的最直接的后果是货损货差，并可能因此给专线带来的服务质疑、经济损失、客户流失直至产生经济纠纷等后果。专线货物安全管理的目的是规避货损货差风险及避免产生因此可能引发的一系列后果，同时也是为了在货物安全问题发生时明确货损货差责任，积极处理货损货差事故，降低经济损失。

2.1　上门接货的货物安全管理

　　上门接货是专线服务的向上延伸，是物流服务专业化发展的结果。在大多数情况下，上门接货服务提供是客户的服务要求，是一种有偿服务。在行业竞争激烈的市场中，各专线间为争夺客户、争抢货源，也会为客户提供免费上门接货服务，甚至形成一种常态的免费上门接货，比较典型的是处于二级中心城市的各中短途专线间为争夺长途专线的货源而提供的免费上门接货服务。而那些大票货物或难于装卸的机械设备，从货物安全和经济性的角度出发，专线则会安排干线车辆上门接货。上门接货是货物从客户处提出，然后在专线的发运站经过配载装车发运，是一种短距离的货物接驳运输。

　　上门接货操作中的货物安全风险点集中发生在货物交接和运输环节，货物交接环节应重点做好货物的外包装检查和数量的清点工作，同时把货物按运输要求装好；运输环节应按运输要求把货物捆扎保护好，安全驾驶，确保货物安全运到专线发运站。在具体的上门接货工作安排中，可分为小车接货和干线车辆接货。

1. 小车接货的货物安全管理

　　小车上门接货在车辆调度时，有单独提一票货和集中提多票货的考量。从控制货损货差、保障货物安全的角度分析，具体应从以下几个方面进行把控。

（1）认真查验货物包装情况，仔细清点货物，做好货物数量交接。

货物的数量清点是为了避免发生货差，货物包装检查是为了避免把包装破损或损坏货物装上车，杜绝风险转嫁现象，导致由专线来承担货损风险。在上门接货的过程中，如果是到生产厂家接货，货物的数量短缺、包装破损和货物损坏现象比较少见，但也不能排除厂家工人的工作疏忽或有意为之，所以对待厂家客户，专线也有必要做好货物的交接工作。而如果是到专线同行客户处接货，由于货物经过了一次装卸或多次的装卸和运输环节，中间存在较大的货损货差风险，而且由于有些低素质的同行可能有转嫁货损货差损失的意图，因此专线必须认真对待物流同行的货物交接。

（2）货物应装车紧凑，避免货物前后倒塌损坏。

小车接货一般讲求装货有余原则，很难做到车辆刚好装满，以防客户方量计算有误造成货物装不完，须再次派车一趟。货物装车应从车厢前面顶格往后装，但当车厢后面有空余时，后部货物装车应前高后低，高度逐排递减，避免行车过程中后部货物向后倒塌损坏。如果车厢前部留有空位，货物则必然向前倾倒。

（3）敞篷小车提货应采取安全防护措施，如用网兜罩住货物或加盖雨布，防止货物掉落遗失或摔坏，同时避免货物淋雨受潮。厢车提货应确保车厢门安全关闭，防止车辆行驶过程中因车门意外打开而遗失货物，甚至酿成交通事故。

（4）同车接驳多票货物时应注意区分每票货物，同时要避免货物间的挤压损坏。

小车上门接货普遍存在出门一趟提多家单位货物的情况，这在中短途专线做物流同行生意的物流市场中很常见，一般空车出门接上多票货物后满车回专线发运站，由于装车货物票数较多，比较容易搞混淆，而且很容易损坏。

2. 干线车辆接货的货物安全管理

干线车辆接货一般接驳大票货物和不易转运的笨重货物。干线车辆所接货物通常由大车直送，这样可避免货物的再次搬运装卸，减少重复劳动，规避货损风险。从操作层面上来看，派干线车辆接货是干线驾驶员极不情愿的事情，因为这会增加车辆的营运成本、增加驾驶员的劳动量、影响驾驶员休息，但是为了车辆的及时发运，却又不得不做。对于专线来说，干线车辆接货可以保证专线及时配载装车，及时发运零散货物，因此专线可以与干线驾驶员协议约定两装两卸的合作模式，同时专线应对较远距离的大车接货做适当的费用补偿，鼓励干线车辆积极上门接货。

干线车辆接货时，由于厢车对货物要求较高，无法装载大型笨重的机械设备，而且货厢本身能很好地保护货物，不易掉落遗失货物和造成货物淋湿受潮，因此干线厢车接货的货物安全管理可以参照小车接货的货物安全管理进行安全风险的把控。干线车辆接货的货物安全管理主要针对平板大车。

（1）提货装车位置确定。

干线车辆所提货物一经装车，便基本上不会再移动，一是再倒货的劳动量大，二是倒货的代价大，有的大型设备需要起重设备才能转移，所以干线车辆必须在装车前确定好货物装车位置。装车位置选择应有利于货物安全，有利于车辆行驶安全。影响货物装车位置的因素有很多，必须经多方权衡决定。

①专线的影响。专线对货物装车位置确定的考量因素有：一是货物本身的安全问题，包括货物的运输安全和欲配载装车货物对所提货物的影响；二是干线运输安全，货物的装车位置不应影响干线运输安全，如大型的重型机械设备装车厢前面和后面的问题，其装车位置对车辆行驶的影响完全不一样；三是配载装车的需要，货物装车位置的选择确定应充分考虑后续的配载装车需要，尽量把货物一次性装好，多留空位。

②干线驾驶员的影响。驾驶员对货物装车位置的诉求重点在于货物对车辆的影响和对运输安全的影响。专线的合同车辆属于驾驶员的私人财产，大型设备如重型挖机装车可能会压坏车厢底板，设备的重量装偏不利于车辆的行驶稳定性，车辆前面或后面的过重过轻都不利于车辆的安全行驶，这些都影响着干线运输安全及至影响货物安全。

③客户的影响。客户最关心的是货物的安全问题，这与专线对货物安全的诉求一致，但是客户过分强调货物安全会影响货物的堆码摆放，占用过多的空余位置，影响专线的后续配载装车操作。

④设备的尺寸规格和重量。设备的长度、宽度、高度、重心及重量等参数对装车位置有选择性要求。货物如何装、装什么位置才能保障货物安全，有利于安全运输，最终还是由货物状况来决定。

可见，干线车辆提货装车位置的确定应坚持以专线为主导，充分考虑干线运输驾驶员的意见，吸收客户对货物安全装运的建议，再结合货物的实际情况，确保货物安全和干线运输安全。

（2）干线车辆接货货损货差控制。

干线车辆接货的数量比较大或设备比较重时，在接货过程中，特别要注意货物安全，避免货损货差发生。

①确定好装车位置，逐板清点、逐件查验货物，按干线运输要求装好货物。按大票货物不动原则确定装货位置，争取一次性装好，避免提货回专线发运站

后再次倒腾货物，同时要检查货物情况，做好数量交接，从源头控制货损货差风险。

②对车上货物采取必要的安全保护措施，避免货物掉落损坏或遗失，防止货物倾倒摔坏和淋雨受潮。平板挂车提纸箱货物应用网兜罩住，下雨天还要盖上雨布防止受潮；平板车装运托盘和机械设备时，应用绳子捆扎结实，避免货物摔落损坏。对于货物装车板中间位置的情况，应保持货物前后两头低中间高，避免两头货物倒塌。

③提货返回行驶安全问题造成货损。车辆的安全行驶与通往客户提货仓库的道路交通状况和仓库区交通状况相关，同时跟驾驶员的驾驶习惯紧密联系，尤其对于装载重型和大型设备的车辆而言。

- 道路限高杆、涵洞、景观树、电线等对货物高度的影响。车上货物超高在小路上行驶极不安全，很容易撞坏顶部货物，造成货物损坏。最典型的事故是车顶货物刮电线。
- 道路坑洼引起干线车辆的剧烈颠簸，导致货物倾斜掉落甚至垮塌，尤其是大型设备，剧烈的颠簸可能造成设备偏移、倾翻，从而引发重大货损事故。
- 由于装车不合理造成货物超宽或设备本身超宽，在车辆行驶过程中引起货物与道路两旁物体的刮擦损坏。
- 干线驾驶员的不良驾驶习惯如不减速急转弯、高速行驶时急刹车等造成货物倾翻落地。

3. 干线车辆上门接货的货物安全意识

上门接货相对于干线运输来说是一种短距离的货物接驳行为，由于短距离运输风险较小，而且很多工作如解雨布、解网兜、解大绳等在提货车辆回专线后要做一次，于是提货人员各种嫌麻烦偷懒的想法就冒了出来，针对货物安全风险不作为的潜台词，也就出来了。"没关系，反正不远，一下子就到了"，离专线公司近成了提货人员偷懒的理由，而正是这种理由造成了专线上门提货的货损货差风险发生。

上门接货安全意识淡薄反映的是一种偷懒行为，是以自我为中心思想的行动表达，带来的是大概率的货损货差结果。

（1）"厂家发货不可能出错。"这是神话厂家的表现，给自己的不作为找理由，正是太相信厂家的原因，往往在上门接货这个货物发运源头出现问题。只要厂家工人出差错，提货就会出现异常状况，专线自然就会因为员工的偷懒行为而承接厂家的差错风险，最直接的后果是货差情况的发生。

（2）"没关系，反正不远，一下子就到了。"因为距离近，货物随意码放，不加网罩、不扎绳子、不盖雨布，结果恰恰是这种短距离的运输造成货物的挤压摔坏或掉落摔坏或遗失或淋雨受潮。

（3）"没关系，很近的，注意点就好了。"这是干线驾驶员的口头禅，本该采取货物防护措施时却自以为是不作为，当驾驶员习惯性的驾驶陋习出现时，货物的安全事故也就发生了。

由此可见，干线车辆上门接货的货损货差主要是接货人员的货物安全意识不高，由此形成的偷懒行为的结果。要保障干线车辆上门接货过程中的货物安全，必须加强接货人员的货物安全风险意识教育，以"防止万一"的态度对待接货过程中的每一个细节，杜绝自以为是的心理作祟，不能偷懒、嫌麻烦，切实保障货物安全运回专线发运站。

案例四

2011年5月，上海某专线委派一台13米干线挂车到宝钱公路附近提一台五吨重的设备，设备长3米，宽2米，高2.5米，纯金属构造且重心在下面。工厂通过厂内行吊将货物装在车厢前部离车厢前面挡板两米的位置，设备金属底座与车厢底面铁板直接接触，未采取加垫木方等防止设备滑动的措施。由于设备较重、重心不高，工厂离专线只有30多公里的距离，挂车驾驶员觉得没有必要对设备进行捆扎防护，只要车开慢一点，把货拉回专线发运站就可以了。

此时的刘翔公路刚刚通车不久，路面宽、路况好。驾驶员在装好货途经刘翔公路返回专线位于上海宝山区真陈路的专线发运站网点时，看到路况很好，便不自觉地将车速提高到了60公里/小时，车速正常，未超速行驶。当车辆行驶到接近宝安公路时，一个路口突然有人推着自行车过马路，由于路旁树木遮挡，驾驶员在离行人50米的距离才发现异常情况。于是，驾驶员一脚急刹踩下去，车辆在滑行了40多米的距离后停了下来。紧接着车后面传来了一声巨响，驾驶员赶紧下车查看，发现设备向前滑动两米，已经冲掉车厢的前挡板斜压在挡板上，正好架在车厢与驾驶室之间的空位上，设备顶部斜靠在驾驶室顶上。见此情景，驾驶员身上直冒冷汗，要不是车厢前面挡板防护，驾驶室早就被压扁了。

后来在吊车的帮助下，驾驶员重新把设备装好，原车拉回工厂检查，还好设备没问题。

本次事故不幸中的万幸是人未受伤，货物未摔坏，车辆的损坏也不大，如果稍微不慎，便可能酿成车毁人亡加巨大货损的惨烈事故。

2.2　仓库安全管理

仓库是专线最重要的生产经营场所。专线租赁仓库，一是用来存放货物；二是划出一块场地用来停放车辆，作为装卸作业场地。专线操作流程中的货物交接都是在专线仓库中进行，专线仓库主要是用来临时存放货物，因此专线仓库安全管理的重点在于防止仓库安全风险的发生，保障货物安全。

专线仓库安全管理有很多种方式，在此我们把专线仓库的安全管理分为两种类型，即仓库动态安全管理和仓库静态安全管理。

1. 仓库动态安全管理

专线仓库动态安全管理体现在以仓库为中心进行货物交接节点的货物安全把控，具体反映在对货物入库和出库安全的管理。专线仓库动态安全管理涉及的入库操作环节有卸货入库和卸车入库操作，出库操作环节有配载装车和分流出库操作。仓库动态安全管理是配合专线操作流程中相应环节进行的。

（1）货物入库安全管理。

专线的货物入库安全管理并非狭义的货物必须入库才进行相应的管理工作，而是包含了在库区范围内，货物对车驳装过程中的货物交接及货物的分类识别，是一项系统的工作。货物只要是在库区范围内的承运交接都应纳入仓库管理的范畴，即货物对车驳装完成及货物数量完整交割后也应视为货物已经入库。货物入库安全管理必须辅助卸货入库和卸车入库操作工作。

①查验入库货物的外包装，检查货物的完好程度，清点货物数量，确保货物的完整、完好入库。货物的清点检查是仓库货物安全管理的本职工作，做好入库货物的清点查验，有利于明确风险责任，杜绝仓库货损货差的源头风险。

②粘贴货物识别标签，对每票货物进行分类识别。专线的每票货物都要粘贴标签加以识别，以避免货物混淆。对那些大票的型号各异的货物，不能嫌麻烦，更要在每件货物上都贴上标签，而且要确保标签粘牢固，易于查看。

③集中摆放入库货物，以利于货物查找和清点。库内货物应集中摆放，争取每票货物尽量放在同一位置或区域，避免货物出库时丢三落四，同时在核对货物数量时要便于清点。

④讲求快进快出原则，对库区货物进行合理腾挪摆放。货物入库时的摆放应充分考虑出库要求，特别是在爆仓的情况下，必须把先出库的货物尽量放在库外，以免货物被堵在里面出不来，增加无效劳动，拖延时间。

⑤货物科学摆放，合理堆码。从控制成本的需求出发，专线的仓库都是按自己的需求来配置，更何况仓库的货物都是快进快出，只是提供临时的货物存

放,因此仓库货物的摆放必须科学,堆码要合理,尽量充分利用仓库空间。

(2)货物出库安全管理。

货物的出库主要是货物从专线的仓库往外分流,包括配载装车操作和分流出库操作,同时也包含货物从干线车辆上对车转驳分流。货物出库相对于入库来说,比较简单一些,少了货物查验和贴标签环节。仓库货物出库安全管理工作应主要从以下几个环节入手。

①货物出库应按单出货,核单核货,注意数量交接,避免少发货和发错货。货物出库应坚持货单一致原则,见单放货,仔细核对货物标签,逐件清点,做好货物交接工作。

②监督货物的出库过程和装车过程。货物的出库装车操作存在货损风险,不科学的搬运、叉装作业都可能造成货损。货物的出库监督可以明确货损风险责任,避免责任转嫁。

③向货物接收方详细讲解出库货物状况,并对货物的后续操作提供意见和告知操作注意事项。从商人的趋利性来看,专线主动向客户坦白货物的损坏和遗失事实的可能性不大,只有在货物损坏或货物遗失不可弥补且无法隐瞒的情况下,才会向客户主动说明情况,所以在货物出库面对自提客户时,专线会尽可能隐瞒货损货差,甚至可能会采取瞒天过海的手段,骗取收货人完整签收。这种操作方式是一种短视行为,有违社会公德,不利于行业道德建设。在现实的专线生产经营活动中,我们鼓励专线讲究诚信,如实告知货物的实际情况。而在面对货物配送和货物中转环节时,库管员应从保障服务的角度出发,如实告知待出库货物的情况,提醒后续操作注意事项,避免货损货差情况的发生或再次发生。

2. 仓库静态安全管理

仓库的静态管理集中体现在对入库货物出库前所进行的临时保管责任,包括对货物采取的保护措施、对破损货物的外包装修复、对损坏货物的清理等。

(1)防止入库货物淋湿受潮。

通过专线发运的货物通常不用害怕风吹日晒,而是担心淋湿受潮,如纸箱包装货物、木箱装精密仪器设备、袋装化工原料等,货物受潮可能影响售卖,也可能损坏货物。因此,专线仓库管理要采取措施,切实防止货物淋湿受潮。

①定期巡检仓库大棚,避免仓库漏水淋湿货物。专线的货物讲究快进快出,原则上专线仓库只做货物周转用,但经常会碰到货物未能及时装车发运或到达站货物未能及时分流出库的情况,有时客户也有临时的货物存放要求,此时专线就对货物负有临时存放保管责任。专线必须保证货物完好,防止仓库漏

水，以免因淋湿货物造成损失。

②做好库区的排水措施，防止雨水汇集回灌仓库，造成水淹货物。仓库有平台库和平地库之分，两者的成本不一样，平台库的成本较高、租金贵，从成本费用的角度来考量，专线一般都会选择平地仓库。针对平地仓库，专线要做好库区排水措施，以免暴雨天气或台风天气时的突发性大雨造成仓库被淹，损坏货物。

③库外货物的防雨防潮。专线货物必须放置在库外，一般有三种情况：一是爆仓的情况下，货物无法转移至仓库内；二是机械设备等大件货物不便放在仓库内或卸在仓库里的操作比较困难；三是为了方便货物出库装车，临时把货物放在库外。仓库外货物要采取防雨措施，特别是必须在仓库外过夜的货物，一定要加盖雨布，防止雨淋受损。

（2）切实做好仓库货物安全管理，防止偷盗行为发生。

专线仓库的偷盗行为有两种，一是外人的顺手牵羊行为或有目的地潜入专线仓库偷盗；二是专线员工的监守自盗行为。随着人们生活水平的提高和社会道德行为的规范，专线行业内的偷盗行为已鲜有发生，更多的是专线内部员工的小偷小摸行为。专线员工的监守自盗目标主要是日用品和食品，偷拿的通常是外包装有破损的货物，量虽小但不可避免地会造成货物缺失。针对内部员工的这种行为，专线应加强员工教育，明确操作纪律，规范员工行为。

（3）针对场内未入库货物，应采取措施避免被撞坏、刮坏。

专线在爆仓或大件货物难以入库不得已必须在户外场地存放货物时，应尽量靠边摆放货物，避免叉车或货车在行驶或转弯时损坏货物。

（4）排查仓库火灾隐患，防止火灾发生造成货物损失。

专线仓库发生火灾的情况鲜有耳闻，但并不代表没有火灾事故。专线仓库一旦发生火灾，造成的损失往往巨大，所以专线要从防患于未然的角度出发，从根源上消除火灾隐患。

①加强仓库安全管理，严禁烟火。"仓库重地，严禁烟火"，这是大家的共识，专线仓库一定要规范库区人员的行为，禁止使用明火，同时要明令禁止在库区抽烟，小烟头酿成大事故的案例不胜枚举。

②加强仓库用电安全管理，防止电起火。电起火一般是线路老化或线路负荷过载引发的，为避免电起火引发火灾事故，专线必须定期巡检线路，及时更换老化电线，另外专线也应该加强安全用电宣传管理，杜绝私拉电线造成线路负荷过载而引发火灾事故。

③守法经营，拒绝承接易燃易爆危险品运输业务，严禁危险化学品入库。易燃易爆危险品的仓储和运输，需要危险品承运资质。普通的公路零担专线承运危险品物流业务属于违法行为，而且易燃易爆货物入库会大大增加仓库火灾

隐患，万一因此发生火灾，不仅经济损失巨大，而且可能会招致安监部门的巨额罚款，后果十分严重。

（5）清理损坏货物，防止损失进一步扩大。

干线运输货损比较常见，诸如货物挤压变形、货物压坏、货物淋湿受潮等是大概率发生事件。专线到达站网点的仓库管理人员肩负着在卸车入库环节对干线运输损坏货物进行外包装修复、损坏货物分类清理、受潮货物烘干等职责，通过对损坏货物采取补救措施，防止损失继续扩大。

3. 仓库安全管理措施

仓库是专线生产经营活动开展的重要场所。仓库安全管理是专线安全管理的重要一环，专线必须采取各种措施确保仓库安全，以保证生产经营活动的顺利开展。

（1）制定可行的、完善的仓库安全管理制度。

专线应以制度的形式对仓库里的各种行为加以规范，明确入库货物的安全保管责任，制定仓库使用管理标准。

（2）设立仓库管理员岗位，明确仓库安全责任主体。

库管员是仓库安全管理责任人，负责仓库的货物安全，承担着包括货物从入库到出库的包装查验、数量交接、保管等一系列的工作职责。

（3）加强仓库的安全防范措施，防止仓库安全事故的发生，确保货物安全。

①完善仓库视频监控设备设施，有效吓阻不规范行为的发生，同时在仓库管理过程中出现异常状况时，能提供有效的图像记录。

②配备必需的消防器械，对火灾风险损害进行有效预防。

③购买防雨防潮器具，防止货物淋湿受潮。

2.3　搬运装卸货物安全管理

货物的搬运装卸是专线的重要工作内容，专线的每一次货物交接，从卸货入库到配载装车到卸车入库再到分流出库，都伴随着货物的搬运装卸作业，同时货物的腾挪摆放也需要搬运工作的支持。搬运装卸操作的不科学、不规范作业极易造成货物的损坏，因此搬运装卸操作工作是专线控制货损十分重要的领域。

1. 货物搬运装卸安全风险

货物的搬运装卸有人工搬运装卸和机械叉装两种方式。人工搬运是传统的专线搬运模式，与专线的货物特点相关；机械叉装是物流行业机械化发展的结果，两种装卸方式并存于专线生产过程中。随着物流行业的进一步发展，现代专线的搬运装卸操作已经发展到以机械叉装为主、人工搬运为辅的阶段。

（1）人工搬运装卸货物安全风险。

人工搬运装卸的都是一些零散的小件货物，笨重货物的装卸需要借助于叉车等装卸辅助工具。人工搬运在专线运营中具有无可替代的地位，除非专线行业发展到高度模块化、智能化的程度，否则人工搬运装卸不可能淘汰。人工搬运装卸受工人的主观意识影响很大，货物安全的风险因素很多，主要有以下几个方面。

①忽略货物属性，随意码放货物。液体货物和流质货物，如饮料、涂料、液体化工等的码放都要求按箭头指示竖放，货物的侧装或倒放都可能因为包装盖未拧紧引起货物渗漏而造成货损；带压缩机的饮水机、空调、冰箱等家电，原则上也不能平放或倒置，违规操作可能导致压缩机漏液。

②无视货物堆码要求，肆意加码堆高。货物都有承重受力要求，普通的纸箱包装货物也有堆码极限，在遵循力学的前提下，可适当加高，但应充分考虑底层货物的承受能力，避免货物过度堆高而压坏底下货物。

③货物松散堆放在托盘上，腾挪移库或装车时垮塌损坏。借助托盘码放货物可以省时省力，提高劳动效率，但是零散货物码放托盘时必须堆放紧凑，并采取必要的安全措施如用绳子捆扎或用缠绕膜围住或用胶带缠为一体，避免拖动或叉装货物时引起货物垮塌而损坏货物。

④肆意踩踏货物。在装卸货物的过程中，有时高处货物的装卸操作不得不踩在货物上进行，这时有必要对被踩踏货物采取适当的防护措施，即使木箱包装货物也应考虑包装的承重要求。肆意的踩踏行为，轻则造成货物包装变形破损，重则损坏货物。

⑤货物随意装车引发运输过程中的货损。专线货物装车分为配载装车和分流出库时的配送装车，货损事件集中发生在干线运输中，是由配载装车不合理、不科学引发的货损风险造成的结果。配载装车的货损除了在装车过程中产生的之外，大部分是在干线运输途中产生，直到干线运输车辆到达站卸车入库时在卸货过程中被发现。除去干线运输原因，如淋湿受潮、交通事故等造成的货损外，其余的货损都应由配载装车操作环节担责。

• 重货泡货不分，混乱装车。"重货在下，泡货在上"是配载装车最基本的原则要求。人工搬运装车对货物重量估计的随意性很大，难免出现把重货当泡货装的情况，从而造成重货泡货不分，发生重货压在泡货上的情况，导致泡货被压坏。

• 车上货物单个叠加过高，压坏底下货物。货物的堆码加高要讲究整体受力原则，尽量错位堆码加高，每层货物形成一个整体的受力面，不至于底层货物因单件受压过重而被压坏。（图4.4）

图 4.4　货物堆码加高不科学导致托盘底部货物受压变形破损

● 货物装车不紧凑，由于货物间缝隙过大引起的货物倾斜，甚至倒塌。车辆在运输过程中不可避免地会引起晃动，货物装车不紧凑会导致货物摆动，极易发生货物倒塌损坏的情况。干线运输车辆尤其是平板挂车，货物的大面积倾斜很可能会使车辆的重量失衡，诱发车辆侧翻的重大交通事故。（图 4.5）

图 4.5　货物堆码高且码放不紧凑，一方面造成底部货物承压变形，另一方面容易使货物倒塌摔坏，特别是在叉车叉装货物的过程中极易造成货损

● 货物之间不采取防护措施，导致货物磨损或挤坏。专线承运的货物五花八门、各种各样，有纸箱包装的货物、有木箱包装的货物、有无包装的机械设备，有规则的货物、有不规则的货物，各不同包装、不同形状的货物之间应采取有效的防护隔离措施，防止货物间的磨坏或挤坏。

⑥野蛮装卸。搬运工的野蛮装卸是物流行业普遍存在的现象，不管是有意的行为还是无意的行为，其结果都会极大概率地损坏货物，引发货损事故。野蛮装卸的表现形式有多种。

● 乱扔货物。在装卸大车时经常会面对较长距离搬运货物的情况，搬运工图省时省力就可能会采取扔货物的方式来加快速度，而扔货很容易造成货物包装变形甚至损坏，特别是在平板挂车上从车顶往地上无保护措施扔货的卸货行为，货物从近四米高的车顶掉到地上，损坏风险极大。

● 重摔货物。摔货和扔货行为没有很严格的界定，摔货更多的是指用力放下货物，使货物尽快脱手的行为。摔货行为有故意损坏的嫌疑，造成玻璃制品、精密仪器、金属制品等类型货物损坏的风险很高。

● 强行塞货。货物装车时过分强调塞洞效应，任何狭小的地方都会想方设法塞进货物，尤其是那种差一点的位置，通过挤一下或踩一脚或踢一脚就把货装好了的情况，看似创造了效益，实际上很有可能会损坏货物，最终的结果往往得不偿失。

(2)叉车装卸货物安全风险。

叉车的运用是专线迈向机械化的重要标志。专线的搬运装卸工作，从纯人工搬运发展到以叉车装卸为主、人工搬运为辅，形成了以叉车工为装卸核心的搬运装卸体系。叉车成了专线的标配，"一台叉车顶三个搬运工"，这是专线老板们的共识。可见叉车大大提高了专线装卸货的工作效率，更何况叉车还能叉装大件笨重货物，做人工难以完成的装卸工作。

叉车作为重要的搬运装卸辅助工具，已经广泛用于专线的货物装卸工作中，叉车装卸不仅大幅提高了劳动效率，更节省了人力资源。但叉车毕竟是装卸机械，需要叉车工的熟练操作，而叉车工的技术水平不但体现在熟练操作叉车上，更要有全局性的装卸货物观，要懂得如何叉装货物、如何配载货物、如何装车。作为装卸货物的主力，叉车承担了大部分的装卸工作，并且有力配合了人工搬运作业，因此加强叉车装卸货物的安全管理，显得尤为重要。

叉车装卸货物的安全风险体现在以下几个方面。

①叉车驾驶过程中的急刹车、急加速、急转弯等行为都很容易引起货物的倒塌损坏。驾驶叉车应尽量匀速行驶，特别是在叉货的过程中，叉车的突然加速、急刹车很容易由于惯性作用导致货物倾倒，而且叉车的转弯角度小，急转

弯也很容易摔倒货物。对于重心偏高或堆码较高的货物，在叉装过程中更应该加倍小心。

②装卸场地不平整或场地不干净，叉车在行驶中容易引起晃动，进而导致货物倒塌。场地的凹凸不平和场地上的障碍物会造成叉车在行驶中晃动，剧烈的晃动容易使货物摔落损坏，特别是在有小沟或有水泥坎的场地上叉装货物，叉车应缓慢通过不平整的地方。另外，在有小陡坡的场地操作叉车时，也应注意控制速度。

③操作叉车时判断失误，叉齿突出过长顶坏其他货物。为叉装货物方便，专线通常会为叉车准备一副较长的叉齿，一般通用的较长叉齿在一米五左右，长叉齿在车厢内掏货时比较方便，但在叉货时容易对货物的长度判断失误，导致叉齿突出过多而顶坏其他货物。（图4.6）

图4.6　叉车叉动货物时的叉齿伸出过多，很容易因为叉车驾驶员的误判而顶坏前方货物

④使用叉车推动货物时挤坏其他货物。在装卸货物时，叉车工经常会用叉车来推动货物，这不可避免地会造成货物的挤压，而且由于叉车的推力较大，尤其是在加速推动货物的时候，强力挤压很容易引起货物变形损坏。

⑤叉齿张开不够造成货物侧倒或叉齿未叉到位造成货物向前倾翻。这种情况的发生往往跟叉车的操作场地状况相关，也跟叉车工的操作水平和工作态度有关。叉齿张开不够和叉齿未插到位，在叉车急刹、急加速和急转弯时，极易造成货物翻倒损坏。

⑥叉车装卸与人工搬运联动不规范，造成货物损坏。在专线搬运装卸工作半机械化阶段，叉车装卸和人工搬运相辅相成，两者相互协调、相互促进，共同完成专线的货物搬运装卸工作。当叉车装卸与人工搬运联动不协调时，不但会大大降低劳动效率，还可能会发生货物损坏风险。

- 人工码货不紧凑、不规范，也不采取保护措施，叉装操作时造成货物垮塌。
- 人工码货过高，造成叉装货物触顶或货物摇晃摔落。
- 叉车在协助人工搬运装车往车上输送货物时，不采取正确的操作方法，留有搬运安全隐患，同时人工搬运的不合理，也可能使叉车上托盘的重心偏移，造成货物从高空坠落损坏。

⑦野蛮叉装。

野蛮叉装可以理解为暴力叉装，是指不遵守叉车操作行为规范和违背货物装卸要求的叉装作业行为，是一种极不负责任的装卸作业。野蛮叉装作业会大概率造成货损，甚至引发人员安全事故。（图4.7、图4.8）

图4.7　违规使用叉车叉装超重货物，特别是采取人员压重的方法操作，极有可能造成叉车前倾，从而导致货损和人员受伤的双重事故发生

图 4.8　使用两台叉车共同叉装超重货物也是不可取的，很容易诱发安全事故

- 叉货时叉车猛轰油门、猛踩刹车、快速前进或后退，无视货物的倾倒损坏风险。

- 无视场地限制，极速抬升货物造成货物冲顶或快速放下货物，导致货物撞地损坏。

- 为节省吊装费，违规使用多台叉车联动叉装单件大型设备，因指挥不当，各叉车升降不均匀导致货物倾覆。

- 不仔细观察货物情况，随意叉装或推挤货物。

- 违规叉装超重货物。

2.搬运装卸货物安全管理措施

在专线的操作流程中，货物一般要经历两次装车、两次卸下共四个搬运装卸操作环节。货物的多次搬运装卸无形中增大了货损概率，而且操作中搬运装卸次数越多，货损的风险就越大。搬运装卸是专线货损发生的重灾区，除货物在运输过程中的损坏外，专线的货损基本上都是由于搬运装卸操作不规范、不科学造成的，而货物运输中产生的货损有很大一部分是因为货物配载不合理、装车不严谨造成的。看似运输车辆应该担责，其实是配载装车环节的责任，所以搬运装卸操作是专线控制货损的重点环节，专线必须采取多种有效措施来保障搬运装卸过程中的货物安全，以规避货损风险。(图4.9)

(1)建立搬运装卸货物安全管理制度，规范工人的搬运装卸操作行为，规避货损风险。

图 4.9　使用叉车正面升高装货时，可以从前往后或从上往下拿取货物，但不能先左后右或先右后左操作，不正确的取货方式可能导致托盘倾覆掉落，从而造成货物摔坏或人员跌落受伤。图中的操作就存在严重的安全隐患

搬运装卸制度的确立，一则可以规避工人人身安全风险，二则可以规避货物的损坏风险。搬运装卸的货物安全管理制度重点在于强调货物的安全保障，以制度的形式规避搬运装卸行为中的货损风险。

（2）加强搬运装卸货物安全教育，增强货物安全保护意识。

搬运装卸是强调自主、自觉的工作范畴，应该鼓励工人主观能动地去工作。不断强化搬运装卸货物安全教育可以使搬运装卸团队树立牢固的货物安全观，促使工人在工作中自觉地在保证货物安全的前提下进行搬运装卸作业。

（3）推行搬运装卸货物安全责任制，货损损失实行责任到人。

在搬运装卸货物安全管理制度制定时，必须明确实行货物安全责任制，谁造成的货损就应该由相关责任人承担相应的损失赔偿，切勿在工人中形成那种货物损失都是由老板赔钱买单的意识。由责任员工分担货损赔偿的制度能很好地约束员工行为，增强员工的工作责任心。

（4）积极对搬运装卸工人进行培训和现场指导，以提高搬运工的劳动熟练程度和叉车工的操作技术水平，降低搬运装卸过程中的货损风险。搬运是技巧性工作，叉车工是技术性人才，通过培训和现场交流指导可以提升工人的劳动技能，提高搬运装卸工作质量。

（5）叉车由专人负责、专人操作，同时应对叉车装卸作业制定严格的规范要求，减少叉车装卸货损风险的发生。

叉车作为装卸货辅助工具已经广泛运用于专线行业，形成了以叉车装卸为主、人工搬运为辅的专线搬运装卸模式。在专线的货损事故中，有相当多的部分是由叉车操作不当造成的，而且叉车引发的货损事故的单次损失金额一般比较大，所以专线要对叉车装卸作业进行严格规范，叉车作业必须确保在货物绝对安全的前提下由叉车工专门操作。

2.4　货物安全事故处理

货物安全管理的主要目的是采取措施保障货物安全，对货物安全风险发生进行预防，降低货物安全风险发生概率，避免发生较大经济损失的货物安全事故。货物安全事故发生最直接的后果是货损货差。虽然专线在操作流程中各环节都会采取各种保护措施来保障货物的安全，但是由于专线搬运装卸人员的素质和能力、货物装卸倒腾次数多及货物装卸和运输过程中各种意外因素等的影响，专线的货物安全事故无法完全避免，只是事故发生频率的高低和事故损失金额大小的区别。

货物的物流费用通常依据货物的重量或体积计收，与货物本身的价值无关，货物运费实际上只占货物价值很小的部分，尤其是相对于高附加值的货物。专线一般会要求客户对高价值货物进行投保，以规避运输风险。虽然专线在货物托运单中明示"除投保货物之外，货物的损坏、遗失只按单次发运价格的 3 至 5 倍赔偿"，但是有时赔偿的金额不足以弥补货损货差金额，更何况这条规定本身就有霸王条款之嫌，因此货物的损坏、遗失不仅会给专线造成经济损失，还可能会引发专线与客户的经济纠纷。货物安全事故处理是专线针对货损货差问题积极进行生产自救，并与客户协商赔偿，降低自身经济损失的过程。由于专线每天的生产经营活动都要进行大量的搬运装卸作业和干线运输工作，货物的安全事故无法完全避免。当货损货差状况发生时，为应对客户的理赔诉求，降低经济损失，专线必须积极处理，以将货损货差事故损失降至最低。

1. 货损处理

货物损坏是专线在操作流程中的工作失误造成的，其损坏赔偿责任必须由专线自身来承担。专线要对货物损坏进行处理，首先要认定货物是否损坏及确定货物损坏的价值是多少。不同的货物对货损的界定不一样，损害货物价值的估算方法也就不一样。因为专线在操作上是实行无特殊原因不开箱验货，货物的外包装完好视为货物完好，所以专线对任何外包装变形或破损的货物都会当作疑似损坏货物对待，待进一步检查之后再进行处理。在具体地处理货损的过程中，专线应查明货损原因，根据货损发生在专线操作流程的不同节点和不同客户而采取不同的处理方法。

（1）货损原因查明。

查明货损原因可以明确货损责任主体，有利于货损事故的处理，同时也有利于避免在后期的生产经营活动中相同货损事故的发生。专线的货损发生主要有以下几种。

①原发性的货损。专线在办理货物托运时，对货物的查验不严，收到的货物本身就已经损坏。

②专线在搬运装卸过程中，因操作失误造成的货物损坏。

③货物装车不科学、不合理造成的货物在运输过程中的损坏。

④运输过程中的交通事故如货物超高撞坏、车辆追尾、翻车事故等造成的货物损坏。

⑤货物在仓库中或运输过程中遭遇的淋湿受潮造成的损坏。

（2）货损状况确认。

专线承运的货物各种各样，客户对运输的要求各不相同。有的货物要求外包装不能有任何的变形破损，有的货物不能淋湿受潮，有的货物不能倾斜，有的货物不能重摔等，以上各种运输要求中的异常状况都可能视作货物损坏，引发客户的理赔诉求，给专线造成经济损失。具体的货损认定有以下几种。

①货物外包装变形破损或外包装受污染。货物在专线操作流程中要经过多次搬运、装卸，外包装变形是经常性事件，外包装破损和受污染也时有发生。货物外包装变形破损存在货物损坏和短缺的嫌疑，特别是外包装严重变形或破损严重的货物，客户有十足的理由拒收。而有的货物仅以销售包装运输，客户可以以货物包装损坏影响销售为由拒收货物。对运输要求较高的货物，如食品原料和药品等，外包装不干净也可能被认定为货物损坏。

②货物淋湿受潮。货物淋湿受潮有两种表现形式，一是货物外包装受潮，

而内包装和货物本身未受潮；二是货物本身受潮。货物淋湿受潮多发生在运输过程中，由雨布渗漏或车厢漏水或车门密封不严等情况引起。货物淋湿受潮也可能因为液体货物破损漏液而造成周围货物受潮，当然货物的露天存放和雨天无防护装卸也会导致货物受潮。货物淋湿受潮最显著的特征是货物纸箱包装上有水渍或货物上有水滴及铁制品上出现锈斑等。

③货物本身出现破损状况。货物不仅外包装变形破损，而且货物本身有损坏，这种货物损坏比较明显，如液体货物渗漏、设备变形等。货物损坏程度视货物的整体打包情况而定，有整箱货物里部分损坏的，也有整箱货物都损坏的；有单件货物局部损坏的，也有单件货物完全损坏的。货物损坏当中，有的有残值保留，而有的完全报废如同垃圾。

④货物违规倾斜或平放或倒置，货物状态指示标志变色或货物漏液致使外包装浸湿。设备类货物的违规摆放，不会导致货物外包装变形破损，但货物外包装上的货物状态标志会变色，只要标志颜色改变，便可认定为货损，客户完全有理由拒收。对于液体和流质货物违规摆放引起的货物渗漏，会直接浸湿包装，甚至致使别的货物受潮。

⑤货物异响。易碎货物在搬运装卸时要轻拿轻放，切忌重摔重压，货物包装内如有异响，大概率是出现了货物损坏。易碎货物有一个通用特性，即货物一旦出现破损，便基本上毫无价值。货物异响，在判定玻璃制品和陶瓷制品的货损时比较常用。

（3）货损损失控制。

货物损失不可避免地会给专线造成经济损失，因此在面对货损时，专线都会有积极的生产自救行为，以期把经济损失降至最低。通常的货损情况不至于是货物的完全损毁、丧失全部价值，货损多半是部分损坏或部分损毁。部分损坏的货物，有时可以通过采取积极措施进行修复，如对变形破损包装的整理修复、对淋湿货物的烘干、对变形货物的复原等，而部分损毁的货物仍然还有未受损的部分尚有使用价值。专线的货损损失控制建立在专线自救行为的基础上，是专线降低货损经济损失的有效手段。

对损坏货物整理修复的过程是专线自身采取的一种自我保护行为。在大多数情况下，专线可通过对损坏货物的整理修复实现货物的完好修复，达到向客户完整交货的要求，并最终做到货物的完整签收。但是，过于保护自身利益的行为会促使专线重点关注货物的外包装修复，进而不择手段隐藏损坏货物，导致客户利益受损，这是专线失信的表现，是行业道德的缺失，而且隐瞒货损骗取客户完整签收的行为会极大地损坏专线的形象。转移货损损失是专线的一种下意识的自保行为，但是为了专线行业的健康发展，还是应该鼓励专线在客观、诚信的基础上对货损损失进行控制。

①在确定货物未损坏的前提下积极对变形破损的货物外包装进行修复，或者按货物原有包装式样购买包装材料重新打包，以达到货物顺利完好交接签收的目的。

②分类清理淋湿受潮货物，对货物外包装进行烘干处理，必要时寻求发货人的帮助，更换货物包装。

③对损坏货物采取补救措施及时止损，防止损失进一步扩大。专线对损坏货物的补救，包括对货物直接包装的修复、对掉落物件的重新回装封箱、对可能的损坏风险加以排查等，特别是对需要再次中转货物的补救，应确保货物能安全转运，不再发生货损现象。

④对损坏货物进行修复。简单的货损可以由专线自行安排员工进行修补，如设备漆面磨损，而复杂的货损应由专业人员修复或请求厂家技术人员进行维修，但应综合考虑货物的往返运输成本和修理费用，有时可能由收货人自行修理更经济。

⑤货损损失转移。转移货损损失是一种不道德的行为，应该控制这种行为的发生。但货物运价低，货物运费不足以弥补货损损失，货损损失很容易形成一种专线免费提供货物运输服务却还得赔钱的局面，因此很多专线会采取转移损失的手段来维护自身利益，以求降低经济损失从而做出损人利己的举动。具体表现在如下几个方面：

• 货物转换。把好的货物与损坏货物的包装互换，以造成破损包装的货物完好的假象，达到完整签收的目的。

• 偷换货物包装。更换损坏货物的包装箱，以迷惑收货人签收。更换货物包装的前提是货物的包装和封箱袋必须是非厂家专用。

• 把损坏货物混在完好货物中，假装主动地帮收货人卸货，趁机蒙混过关。

• 打托货物的损坏则把损坏货物的另一面调换过来，重新打托，最好是把损坏货物夹在中间。如果收货人没有发现，则可以顺利交付，而万一收货人发现了，也可以在回单上注明"货物托盘完好，内有损坏"，这种签收一般可以推脱专线的运输损坏责任。

• 与收货人串通转嫁责任，转移损失。想要收货人配合操作转嫁货损责任，必须与收货人处理好关系，施以小恩小惠。当然收货人必须是普通职员，而非货物老板或老板亲信，而且专线的支出成本要小于货损损失。具体操作起来有两种形式：一是签收时标注货物外包装完好无损，箱内或托盘内有货物损坏，然后再标明货物损坏的具体情况，把责任转嫁给发货厂家；二是把损坏货物当完好货物签收，再由收货人在后期生产使用中做不合格品或废料处理，把货损损失转移至收货人所在单位。

⑥积极处理损坏货物残值。专线通过赔偿取得损坏货物的处理权，可对尚有使用价值的货物进行出售或修复自用。

（4）货损理赔。

在购买了货物保险的情况下，专线自行处理的货损理赔通常是较小金额的货损事故，货损损失不值得走保险理赔程序。而对于未购买货物保险的专线，无论货损事故多大，都由专线自身来承担损失赔偿责任。货损是物流行业永恒的话题，专线的经营无法避免货损事故，任何专线都会有货损理赔处理的经历，只是货损事故有大小之分。

货损理赔处理是技巧性工作，里面充分展示着谈判技巧和谈判艺术。圆满地处理货损理赔，不但能降低专线的经济损失，还能进一步了解客户，拉近与客户的距离，增进双方的感情。货损理赔原则上应由专线与索赔方在平等的基础上共同协商解决，但在实际处理过程中受各种各样因素的影响，这些因素的综合作用决定着破损问题的最终解决。货损理赔的处理具体反映在赔多少、向谁赔和怎么赔的问题上。

①理赔金额确定。专线通过收取费用的方式为客户提供物流服务，对货物的安全负有不可推卸的责任和义务。按常理来说，损坏货物照价赔偿是天经地义的事情，但是由于专线服务费用的计收与货物价值的不对称，往往是货物价值远远高于物流费用，加上国家运输法律法规和行业规范对货损理赔规范管理的缺失，专线在处理货损理赔时没有标准可依据，随意性很强，主要强调双方协商解决，共同商定赔偿金额。因此，专线会想方设法压低货损赔偿金额，以降低经济损失。

货物的损坏，专线终究是需要承担赔偿责任，而且损失的赔偿金额以货损价值为基准。看似合情合理的情况，在实际的协商过程中，却受多种因素的影响并因此由双方共同协商确定最终的赔偿金额。

• 索赔客户强势主导货损理赔协商进程，影响甚至决定最终理赔金额。强势客户是指那些实力雄厚、社会影响力强大或对专线生存发展影响大的客户，如专线的月结客户，这类客户一般会主张照价赔偿。但是也不能排除一些趁火打劫、无理索赔的客户，向专线追偿货损损失之外的损失。在这种理赔协商过程中，专线可以大打悲情牌，尽量说服索赔客户减少索赔金额，降低经济损失。

• 专线实力强，货损损失金额由专线决定。强势专线会借助自己的实力和社会影响力包括专线的独家经营特点等竭力压低货损赔偿金额，某些社会背景复杂的专线，甚至会采用威胁的手段，胁迫客户接受低价赔偿乃至拒绝赔偿。

● 客户自己购买货物保险的，专线应协助客户理赔。这种情况只要专线承担少部分额外的费用补偿。

● 依据托运单中关于货损赔偿责任的有关条款行使赔偿责任。专线托运单中对货损金额的限定，通常设在当次托运货物托运费的 2 至 5 倍。虽然托运单中的条款是专线单方面制定的，有明显的利于专线本身的霸王条款性质，但是专线可以根据托运单中的条款来进行货损赔偿。

● 如果客户托运货物时，在托运单中申明了货物价值，并向专线支付了保费，那专线就应该在客户声明价值范围内对其中的损坏部分进行全额赔偿。

②确定理赔客户。货物的收货人和发货人都是专线的客户。在通常情况下，一票货物同时有发货人和收货人，它们分属不同的利益体，因此专线在处理货损理赔时可以选择向发货人理赔，也可以选择与收货人协商理赔。

● 向收货人理赔。

在大多数时候，发货人会要求专线同收货人协商理赔，以获得完整地货物交接来保证回单签收的正常。这种情况在发货客户是第三方物流公司时比较普遍，因为如果接受专线的向发货人理赔方案，那么发货人必须与厂家再去协商赔偿事宜，而且可能还得补发货物，从而给发货人自己平白无故地增加很多事情。从减少麻烦的角度来考虑，专线也乐意在相同或略高于赔偿金额的情况下，选择向收货人赔偿，这样可以及时解决货损问题，避免后续的退货理赔协商和重新补货等麻烦事情，既减少专线自己的麻烦事，也维护了专线在发货客户面前的形象，但前提是收货客户通情达理，愿意接受专线的理赔。

● 向发货客户理赔。

在收货人拒绝接受理赔或收货人索赔要价过高时，专线只能选择不完整的回单签收，然后同发货人协商理赔事宜。货物损坏、回单签收异常的情况本身会影响专线与回单付或月结客户之间的正常运费结算，而且损坏货物的返回维修及补发也不可避免地会增加专线的经济损失，但专线别无选择，只能无奈接受。

③理赔方式。专线通过与货损索赔客户协商，明确货损价值，确认具体的货损赔偿金额，然后选择双方一致认可的赔付方式，履行赔偿义务。专线的理赔方式，可视客户的重要性进行选择。

● 一般客户或发货频率较低的客户，可采取现金直接赔付的方式处理，现付客户赔付由专线拿出现金支付给索赔客户，而到付运费客户的货损赔款则直接从到付运费中扣除。

● 经常发货客户的理赔可以从后续发货的运费中进行抵扣，直到货损赔付完成。

● 实行回单付或月结结算客户的货损赔偿，可以在结算运费时进行赔付，直接从回单付或月结运费中扣除。

● 在购买了货物保险的情况下，大额货损走保险理赔程序。

2. 货差处理

货差即货物灭失短少的情况。专线的货损直至货物完全丧失使用价值等同于废品的情况，也可以理解为货差。货差同货损一样会面临客户的索赔，但货差的性质跟货损不一样，货差情况的发生很容易被客户理解为专线的管理严重缺位，甚至认为是专线某种有意而为之的行为。虽然货差的索赔比较有理，也比较容易，但是客户并非为了索赔而托运货物，更何况货差赔偿金额根本就不及货物价值，而且理赔过程本身就是一件棘手的事情。

货差处理方式跟货损处理方式差不多，但专线对货差发生的责任重大，赔偿的金额也相对较高，所以专线要在生产经营过程中严格把关货物交接环节，明确责任，抓好货物的保管、运输管理，杜绝货差情况的发生。

（1）货差原因确定。

货差情况通常发生在小件货物和大票的数量较大的货物当中，以小配件和日用品居多，大件货物发生货差的概率很小。相对于货损来说，货差发生的概率和频率要低，但货差的理赔金额较高，而且面对货差赔偿，专线无理由要求客户减免。专线在处理货差时，经常因为自身理亏而处于被动接受的境地。

寻找货物是专线在货差状况发生时不由自主地采取的补救措施，而要想找到短缺的货物，专线必须认真分析查找货差原因，查明货物是否真的已经遗失，以便做出进一步的决策。专线货差的查证有以下几种分析。

①原发性货差。专线在接收货物时，因疏于清点货物数量造成收货时的货物短缺。收货即产生货差，在很大程度上是由于专线收货人员的不负责造成的。如果有清晰可查的视频监控证据或交货双方一致认可的交接细节，所差货物可以向发货人追索补回，反之由此产生的货差损失就必须由专线承担。

②专线在货物运输过程中未采取必要的安全保护措施，造成货物从车辆上

掉落遗失。

③托运单开具过程中，因开单员的手误或库管员报数不正确造成的货物数量多开而产生的假性货差。假性货差是一种虚假的货物货差事件，可以通过与发货客户仔细核实解决，原则上不会给专线造成损失，但也不能排除极少数客户的故意找茬，给专线造成赔偿责任，这种情况在卸货现场没有视频监控的专线要特别注意防范。

④在仓库或运输过程中的监管保护不到位，造成货物被盗而产生的货差。在正常情况下，货物遭抢的情况鲜有发生，但偷盗风险时刻存在，特别是员工的监守自盗行为尤其值得专线注意。

⑤专线卸货混乱，货物乱堆乱放引起的货物分流出库时的错装、乱装、漏装等差错性货物短缺。跟假性货差一样，差错性货物短缺并非货物的真实短缺，但不合理或非有效地处理也会造成专线的货差赔偿。

⑥货物交接不清楚，清点不仔细造成有的货物多交给客户，而有的客户则少货。多收到货的客户不吱声，少收到货的客户却要求理赔。

⑦重大交通事故如翻车、货物起火烧毁等造成的货物遗失或灭失。

（2）货差理赔。

货差理赔是专线在确定无法找到遗失货物或暂时未找到遗失货物，而因客户要求对货差损失进行赔偿的行为。在处理货差事故时，专线大多有一种喊冤叫屈的情节，哀诉货差情况的发生不应该，但实际并无多大效果。货差的具体的理赔可以参照货损理赔方式处理。

3. 货物保险

购买货物保险并不能算作货物安全保障措施，而只能作为专线持续经营的一种自我保护手段。小金额的货损货差对专线的生产经营影响不大，处理起来也不复杂，但是较大货物安全事故的赔偿则可能会给专线的持续经营造成巨大的资金压力，甚至可能会导致专线因无力赔付而选择关门倒闭。早些年，已经有不少专线由于未购买货物保险因重大货物安全事故无力赔付而被迫关门。专线购买货物保险的目的在于通过保险公司的第三方赔付来规避较大货物安全事故所产生的大额经济赔偿给专线的持续经营带来的风险。虽然购买货物保险的费用会给专线带来一定的资金压力，但是相对于巨额的经济赔偿来说，保险费根本不值得一提。专线或许在保险期间不一定会出险，但保险本身就是一种风险规避手段，专线不发生重大货物安全事故，自然是好事，能不出险最好。

（1）购买货物保险的必要性。

专线承运的货物多种多样，价值大小各不相同，而且货物必须经过多次的搬运、装卸和运输，尤其是干线运输，其中存在诸如起火、翻车等重大事故风险。干线运输车辆大，装载的货物多，随便一台半挂车上的货物价值最少在百万以上。重大干线运输事故所造成的损失不是每个专线都能承担得起的，即使资金再雄厚的专线也经不起几次折腾，因此专线无论大小强弱都应该为了自我保护而购买货物保险。

①小型专线实力弱小，抗风险能力差，一次大的货物安全事故产生的赔偿就足以令其经营难以为继，虽然大的事故发生的概率较小，但无法保证不会发生。

购买货物保险的目的，本身就是为了以防万一。

②大型的实力雄厚的专线，资金充裕、抗风险能力强。虽然大型专线有能力凭借其自身的实力应对重大货物安全事故，但是由于专线的业务量大，搬运装卸和运输频繁，面临的货物安全风险显著增加。大型专线有实力应对一次重大事故赔偿，但二次、三次乃至多次的事故赔偿则可能透支专线的实力。

（2）购买货物保险。

随着物流的发展，专线货物保险早已从单一的单票货物保险发展到了专线年保。保险公司可以根据专线的年营业额进行统计，估算货物价值，然后制订保险方案。在物流市场上，已有多家保险公司推出了各自的专线货物年保方案，专线可以根据自身的需要选择性购买。

（3）货物保险理赔。

专线购买货物保险只是一个保障计划，不使用其实是最好的，真要是到了不得不要求保险理赔时，货物的损失风险已经很大了。专线的货物保险都有一定的免赔额，不可能有全额赔付的情况。任何的货物安全事故，即使有第三方的理赔，专线也还是要承担一定的赔偿责任，因此无论从哪个方面来分析，专线都应该加强货物安全管理，尽量减少甚至避免货物安全事故的发生。

货物保险理赔从出险报案、补救、定损、赔付都有一套严格的程序，各第三方赔付机构在处理方式上大同小异。专线在出险报案后，应积极配合保险公司处置险情，尽量争取较多的损失赔付，以减轻自身的经济损失。当然，在保险公司的赔付过程中，专线切忌弄虚作假、虚报多报，给事故理赔处理增添不必要的麻烦，及至被保险公司拉入黑名单，最终得不偿失。

货物年保样单如图 4.10 所示。

平安物流责任险投保方案

每次赔偿限额	累计赔偿限额	保费	营业收入
150	350	5	<1000
200	350	6.5	
250	350	8	
300	350	9.5	
150	450	6.5	1000~2000（含）
200	450	8	
250	450	9.6	
300	450	12	
350	500	14	
400	600	17	
150	500	8	2000~3000（含）
200	500	10	
250	500	12	
300	600	14.4	
350	600	18	
400	700	22	
另议	另议	另议	>3000

1. 扩展新疆、西藏、青海区域：单个区域各加费10%。
2. 扩展冷藏责任保险：加费20%；责任限额同普货，不限制普货和冷藏比列。
   同一法人的公司与作为共同被保险人。每增加一个营业执照加费5000。

图 4.10　货物年保方案（样单）

案例五

　　2003 年至 2005 年，在上海北方货运市场，有一帮人组建了一个"了难"团伙，专门为做第三方物流业务的同乡提供"了难"服务。本来正常的货损货差索赔是正当的，但是在这帮人的操控下，"了难"服务成了他们敲诈勒索敛财的手段。这帮人专门挑选做得好的专线下手，借发运货物的名义伺机行事。一旦发生货物迟到或货损货差的情况，便借口客户因此投诉造成了客户流失，而且所丢失的客户是自己的大客户，一年的业务量够赚上百万，现在客户丢了，反问事发专线该怎么处理。看似十分正常的诉求，其实是变相的敲诈勒索。货物服务问题发生后的处理方法本身就应该就事论事，直接损失是多少就该赔多少，这对专线来说已经是仁至义尽了，现在却把所谓的间接损失也算进来，这种损失算法是任何行业都无法接受的，更何况因货物服务问题造成的损失并非专线的故意行为，而且专线本身也在对货物的直接损失赔偿中遭受了损失。

　　在专线拒绝对间接损失进行赔偿的情况下，"了难"团伙便组织人员到专线经营场所堵门、阻挠装卸、干扰办公，甚至打砸办公室，每天连续不断地骚扰直到事发专线同意赔偿为止。专线都是开门做生意，"了难"团伙的干扰阻挠行为严重影响了专线的正常生产经营活动。长此以往，导致专线业务量大降，甚至面临关门的危机。大多数专线老板在碰到这种情况时，因本身势单力薄，不得不赔钱了事，以求破财消灾。据当时市场上的推算，至少有六家以上生意较好的专线遭遇了这帮人的敲诈，损失金额从几万元到几十万元不等。

因为这帮人的恣意妄为，很多地方的人都各自组建了当地人在上海的老乡会或商会，以期团结起来对付这帮人，其中最典型的是湖南省衡阳商会的成立。衡阳人在上海从事专线运输的有上千人，大小物流公司上百家。当时在衡阳商会成立大会上就明确规定，只要有任何一家衡阳人开的专线出现这帮人闹事的情况，每家专线必须去两个人支援，保证每次对抗有一百人以上参加，制止这帮人的恶行伤害到衡阳人。这次的"了难"帮事件在上海北方专线行业影响很大，严重损害了从事物流的这帮人的同乡的声誉，以至于事件发展到后面各专线都害怕，甚至拒绝托运当地人发运的货物，很多当地人承接的第三方货物难以发运，不得已聘请非当地人来洽谈货物发运事宜。

本次事件持续到 2006 年，上海市公安局接到举报，对这个"了难"团伙进行了打击，一举端掉了这伙黑恶势力。后来经查明，这帮人都是在老家留有案底的人，当时由于信息不畅通，流窜到上海继续作乱，严重危害上海北方物流市场的正常秩序，也给从事正当物流生意的当地人的声誉带来严重影响。时隔多年，大家对当地人还存有情感上的抵触。

案例六

2005 年 4 月，上海某物流公司（上海至湖南专线）接到一笔整车发运 16 吨香蕉到长沙的整车运输业务，客户要求派一台 9.6 米的高栏厢式货车装运，并且必须隔日到达。总运费 5600 元，货到付款，大车运费 5000 元，香蕉纸箱包装，重泡比例 1：2.5，属于重货。大车装货回到发运站，检查车上货物时，发现大车装货高度刚好平车厢栏杆，车后部还有一米多空位。通过重新整理可腾出 2.5 米的位置，按当时的运输要求，车辆还可以再装 4 吨货物。效益分析：车辆总运价 5200 元，装 4 吨货物的运费收入最低 1200 元，综合评估装 4 吨货物可多赚 1000 元，以上方案完美可行，且操作无风险。

具体操作中，盘货及装车时间总共一个小时，所配载货物以托盘涂料为主，外加部分百货，装卸方便，不影响香蕉交货。装车过程中有一单化工品，重量 150 千克，小罐装，外面为纸箱包装，货物完好，货物属性为危险品带火苗标志，其他化学性质不明，因为此票货物时效要求高，便被一同装车，紧挨香蕉。

大车正常到专线长沙网点后，在卸车过程中发现有一瓶化工品因倒置装车已经漏液，且已经污染香蕉外包装，异味刺鼻。网点负责人及时采取通风、清理残液等补救措施，但是香蕉外包装上有残液，外观无法复原，异味也无法彻底消除。香蕉送到收货人仓库，在卸货时，收货人闻到了车厢内的异味，也看到了受化工品污染的纸箱。

车上香蕉卸完后，收货人拒付运费。拒付理由：

①化工品性质不明，不知是否有毒，且异味已浸入整车香蕉。

②约定整车运输却违约配货。

③外包装被污染的香蕉不正常，上面有小黑点，疑是化工品污染香蕉所致。

④另收货人声明：如果整车香蕉出现问题不能销售，将保留追偿的权利。

第三节　干线运输安全管理

专线在运营模式上是典型的两点一线，两个点是指发运站和到达站，一线是指干线运输。两点一线可以理解为专线发运站实施集零为整战略，大量收取零担货物，然后集中装运干线车辆，通过干线运输将货物送到专线到达站，再由到达站实行化整为零战略，将货物按客户要求分流出去。干线运输是专线发运站与到达站之间联系的纽带，是专线经营全局性的关键环节。专线将货物集中装在同一台车上，对运输安全有着强烈的诉求。干线运输装载的一整车零担货物承载着专线的希望和发货人的期待，而载体却是一台车和驾驶员，可以想象干线运输安全管理对专线而言的重要性。

干线运输环节相对于专线操作流程中的其他环节，具有相对的独立性和排他性。配载装车环节的操作工作一旦结束，便进入干线运输环节，在配载装车正常合理的情况下，干线运输按照自身的计划进行，而不受专线操作流程中任何其他环节的影响。干线运输作为独立的操作环节，专线在运输中的干预手段很少，只能尽量做足预防措施，用运输合同或公司制度来约束驾驶员的行为，督促驾驶员遵守国家的法律法规，严格履行运输合同中规定的责任和义务。

干线运输安全涉及驾驶员的安全、车辆的安全和货物的安全三个方面的问题。专线进行干线运输安全管理的目的在于积极采取各种措施，保障干线运输安全，规避各种安全风险，确保干线运输任务安全准时完成。干线运输安全管理重在预防。

3.1　干线驾驶员安全管理

干线驾驶员是执行干线运输任务的责任主体，不论是专线自身的驾驶员，还是社会车辆驾驶员，他们在为专线执行干线运输任务时，实际参与的是一种社会经济活动，其行为和行为后果受国家法律法规的约束和规范。作为社会经济活动的参与者，干线驾驶的安全保障已经纳入社会安全管理的范畴，但是由于其具体的工作是驾驶车辆执行专线的干线运输任务，所以干线驾驶员在一定程度上掌控着专线的命脉，其行为后果有时甚至决定着专线的存续和发展。干线运输任务的完成，强调的是驾驶员的主观能动性，专线对驾驶员安全管理主要是通过间接的干预进行，采取各种方法来保障驾驶员安全，预防安全事故发生。

1. 驾驶员安全风险

驾驶员安全风险是指干线驾驶员在执行干线运输任务时可能发生的各种威胁驾驶员安全的风险。驾驶员安全风险发生产生的后果将直接威胁驾驶员的安全，影响干线运输任务的完成，甚至给专线造成重大经济损失。

（1）驾驶员超速行驶造成车辆失控引发的安全风险。

执行干线运输任务的车辆都是重载货车，车体质量大、操控性差，超速行驶极易引发追尾和翻车事故，危及驾驶员安全。

（2）疲劳驾驶引发的安全事故。

专线的干线运输对时效要求比较高，而很多干线车辆为节约成本，只有一个驾驶员开车。在赶时间的过程中，驾驶员很容易疲劳驾驶，有时驾驶员的休息不足也容易造成疲劳驾驶，疲劳驾驶是车辆追尾和翻车事故的主要原因。据调查，在货车的追尾和翻车事故中，有 90% 是因为驾驶员疲劳驾驶引起的，而且疲劳驾驶引发的安全事故，对驾驶员安全影响大，基本上是非死即伤。

（3）驾驶员带病工作引起的安全事故。

驾驶员带病工作很容易引起注意力不集中，造成疲劳驾驶，从而引发重大交通事故。

（4）驾驶员带着情绪工作，诱发交通事故。

驾驶员的不良情绪容易使驾驶员开冒险车、斗气车、英雄车，从而容易引发事故，危及自身及车辆安全。

（5）干线车辆的维修保养不及时，导致车辆在行驶过程中在做应急情况处理时部分功能丧失引起的交通事故危急驾驶员安全。

干线车辆制动系统的保养、轮胎的更换等维修保养措施都是干线运输安全的保障。

（6）配载装车环节中的装车重量分配不均、车辆重心偏高、货物超重等引起的车辆行驶异常状况造成车辆操控性变差，驾驶员驾驭能力不足，从而诱发交通事故。

（7）极端气候如冰、雪、雨、雾、台风等天气条件下强行上路行驶造成的安全风险。

2.驾驶员安全保障

驾驶员安全风险管理重在预防，如果在风险发生后才采取措施，那只能是事后补救，为时已晚。干线运输过程中，驾驶员安全风险与车辆安全风险和车上货物安全风险是相关联的，驾驶员安全事故的发生，往往伴随着重大交通事故的发生，造成的经济损失极大，给专线经营造成的冲击巨大。因此，专线在运营过程中应积极采取预防措施，鼓励驾驶员安全驾驶。

（1）加强干线驾驶员的道路交通安全法律法规宣传教育工作，鼓励驾驶员遵纪守法，安全驾驶。

干线驾驶员作为社会经济活动的参与者，应本着对自己负责、对家庭负责、对专线负责、对社会负责的态度，完成干线运输任务，做遵纪守法的好公民。加强安全教育能促使驾驶员养成良好的驾驶习惯，减少超速驾驶、疲劳驾驶、情绪驾驶等危险行为的发生，降低驾驶员安全风险。

（2）合理安排干线运输任务，充分保障驾驶员的休息。

干线驾驶员特别是平板挂车驾驶员的劳动量大、劳动强度高，有时有外出提货任务时，大件货物要扎绳固定；有时要解雨布盖雨布，还有的要自卸返程货物又马上要装货，整天的忙碌严重影响休息。专线在安排干线运输任务时，应考虑时间合理安排，保证驾驶员休息好，避免疲劳驾驶。

（3）疏导驾驶员的不良情绪，让驾驶员以良好的心态执行干线运输任务。在驾驶员群体中，普遍存在赌博现象。赌场不顺会严重影响驾驶员的情绪。其他的诸如运输任务安排不合理、运价过低、与专线员工的冲突等都可能诱发驾驶员的不良情绪。专线发现驾驶员的不良情绪，应积极疏导，确保干线运输不受驾驶员不良情绪的影响。

（4）加强配载装车操作环节的监督管理，确保干线车辆的装载不影响车辆的安全行驶。

（5）统筹安排干线运输时间，充分考虑驾驶员的中途休息，不应因为货急而不停催促驾驶员。

干线运输在操作上是以时间换空间的过程，驾驶员在运输途中的休息是安全驾驶的需要，货物紧急和时效要求不应以牺牲安全为代价。

（6）做好车辆的维修保养工作，以车辆的良好性能来保障驾驶员的安全驾驶。

（7）避免在极端气象条件下执行干线运输任务。

极端气象条件如大雨、大雾、大雪、台风等会严重影响行车安全，进而引起驾驶员安全风险的发生。

3.2　干线运输车辆安全管理

干线运输车辆作为专线货物转移的载体，车辆本身的安全已经纳入社会安全管理的范畴，车辆上路行驶必须取得合法的手续。为专线提供运输服务的货车，无论是专线自有车辆，还是社会车辆，作为物流活动要素，其营运已自成体系。运输车辆的安全保障，应由车辆所有者或责任人提供。驾驶员是车辆安全的第一责任人，在专线操作流程中，车辆和驾驶员是一体化存在，选择车辆即选择驾驶员。

专线对干线运输车辆的安全管理，其实是物流要素的选择和使用问题，是专线经营管理的需要，有利于专线规避干线运输中因车辆安全问题带来的各种风险，保障干线运输任务的顺利完成。干线运输车辆安全管理具体体现在如何选择干线车辆和如何使用干线车辆的问题上。

1. 选择干线车辆

干线车辆的核实选择是车辆安全管理的把关性环节，可以从根本上杜绝问题车辆进入专线，以免给专线的干线运输带来安全隐患。选择车辆其实就是检查车辆和检查驾驶员的问题。

（1）检查车辆和驾驶员的证件，确定物证和人证是否相符、证件是否合法有效。

早些年，在信息还不畅通的时候，国内物流市场上出现了多次不法人员利用假证件骗跑货物的行为，给托运人造成了很大的经济损失。时至今日，信息早已非常畅通，利用假证件骗货的事件少有发生，但驾驶员和车辆证件的合法有效性会给干线运输的有效进行带来重大影响，尤其是在发生干线运输交通事故时，车辆随行证件的合法有效性会严重影响事故的处理和货物的保险理赔。

（2）车型的选择和车况的检查。

专线配载采用看货定车和按车配货的模式进行。大型车与小型车、厢式车与平板车各有所区别，装载货物应符合车型要求，不能野蛮配载，以免威胁干线运输安全。大件的大重量货物应尽量安排装运大型平板车，大量的小件货物应选择大型的箱车，同时车辆应保持正常的维修保养，维持正常的使用状态，避免干线运输途中车辆故障抛锚状况的发生。

（3）熟车多用，生车慎用。

专线的长期生产经营需要建立稳定的干线运输车队，长期同专线合作的车辆，无论是合同车还是专线自有车，在与专线合作的过程中会达成某种默契，往往会顺利地完成干线运输任务，即使在有某些争议的情况下，也能通过有效协调或后期的合作补偿达到平衡。干线车辆的使用都有一个从生车到熟车的过程，生车会在长期的合作中变成熟车。在运力紧张时，专线可以通过熟悉的、信誉好的驾驶员介绍朋友来补充运力，切忌盲目追求低运价车辆或选择口碑差的驾驶员来执行干线运输任务，以免增添不必要的麻烦。

（4）检查车辆的防雨防潮设备设施。

专线承运的货物零散，必须防止货物淋湿受潮。执行干线运输任务的平板车应配备完好的雨布，厢式货车应保证车厢不漏水，车门的密闭性完好。

2. 车辆使用

干线车辆的使用在各专线中各成体系。大型专线的车辆队伍庞大，发车频率高，在车辆使用时一般实行先来后到，按排队顺序发车，如果碰到车型使用的选择问题时，会按排队顺序就近选择。车辆的装载也会根据货物情况、车辆状况进行合理搭配，平衡装车。在车辆的具体使用中，专线应结合车辆状况、货物情况、运输时效要求、道路交通状况等因素综合安排。

（1）综合评价车辆状况，看车配货。

什么样的车适合装什么样的货物，专线在配载装车前，应做好车辆的调度安排。小车装大质量货物不利于车辆的重量平衡，厢式车装大件设备不利于货物的固定，大量的小件货物装平板车不利于货物的堆砌，容易造成货物重量装偏或货物垮塌等，种种不合理的装载方案容易引发车辆行驶安全事故。在装车的过程中，货厢的重量装载应保持均衡或者车厢左边稍重，这样有利于车辆的平稳行驶。

（2）对须发运货物的配载装车方案进行合理优化，确定合适的车辆执行干线运输任务。

在干线运输车辆大型化的今天，货物对车辆的选择无非是平板车运输还是厢车运输。小件货物居多，考虑厢式车运输；机械设备多，应考虑平板车运输，而在重泡货占主导的时候，应考虑底盘较矮的车辆，以规避高重心对车辆安全行驶的影响。

（3）货物的运输时效要求对车辆选择有决定权。

专线承运的货物五花八门，对时效要求各不相同，有特急货、有普通时效要求货物、有须临时仓储货物。专线在执行紧急运输任务时，应选择车况好、驾驶员配备充足、驾驶员责任心强的车辆，避免使用老爷车和故障多发车。实际上，在专线运营过程中的运力配置也应该尽量少用或不用老爷车、故障多发车辆。

（4）道路交通状况等不可抗力的影响。

在高速公路网络日益完善的今天，公路的硬件已不足以危及车辆的安全行驶。在专线的干线运输中，更多的是考虑天气、地质灾害、突发性交通事故等不可抗力对车辆安全行驶的影响。一年四季当中，冰雪雨雾天气对干线运输的影响最多，尤其是大雾天气，对干线运输的安全行驶危害最大。

（5）连接车辆的定位设备，关注车辆行驶位置，对有条件的车辆安装驾驶室和车外视频监控设备，以便随时查看驾驶员情况和车辆运行状态。

3. 运力配置

运力配置是专线运营安全的诉求，是干线运输任务顺利进行的安全保障措施。合理的干线运力配置是专线长期稳定经营的需要，特别是一些车源季节性供应明显的专线市场，车源的供应脱节很容易引发专线的经营危机。专线的干线车辆有自有车辆、合同车辆和零散社会车辆之分。专线在运力配置时，应坚持以自有车辆或合同车辆为主、零散社会车辆为辅的指导思路，合理配置干线运力。

（1）专线自有车辆。

长期稳定经营的专线在能做到发运站和到达站之间货物对发时，为追求利润的最大化，通常会自购一部分车辆来执行干线运输任务。自购车辆的专线，车源可控性强，能很好地保障专线的运力供给，尤其是在车源季节性供应紧张的时候。但是，专线自有车辆的购置应合理，不应盲目增购，以免造成运力闲置，同时专线必须协调处理好自有车辆与合同车辆干线运输任务的安排。

（2）合同车辆。

合同车辆在小型专线和单向发运专线中的运用比较普遍。合同车辆与专线形成了一种比较固定的合作关系，在专线运营中享有优先发运权。合同车在一定程度上保障了专线的运力供给，但合同车辆一般是单向性的供应，在返程货物的配载上需要驾驶员自行安排。在运力供给的稳定性上，合同车比专线自有车辆要差，可控性也相应地差一些。

（3）零散社会车辆。

在专线业务量突然增加或专线自有车辆和合同车辆供应不及时时，专线必须临时调用社会车辆来保障干线运输。零散车辆是专线运力的重要补充，在车源供应紧张时调用社会车辆的用车成本必然会增加，但这也是专线保证正常营运不得已采取的临时措施。在某些特殊时期，社会车辆的调用也可能给专线带来丰厚的利润，如一些回程车辆或急于返程车辆的使用。

3.3　干线运输货物安全管理

在干线运输中，驾驶员和干线车辆一起属于同一个系统，有时干线车辆是属于驾驶员的个人资产，他们合在一起作为物流要素中的运输载体来供专线选择使用。在实际的经营活动中，专线更关注干线运输中的货物安全问题。干线车辆可能是别人的，但货物一定是专线自己的，而且在干线运输安全管理中，加强驾驶员安全管理和车辆安全管理，无非就是为了保证货物的安全，确保干线车辆安全有效地完成干线运输任务。

干线运输中货物安全的影响因素很多，安全事故类型各不相同，处理的方式也不一样。专线对干线运输货物进行安全管理，目的是维持专线生产的正常有序运转，减少甚至避免重大货物损坏事故的发生，以及在货损事故发生时能及时采取有效的应急措施，减少事故损害，降低经济损失。

1. 干线运输货物安全风险

干线运输中的货物安全问题，除了很大一部分是因为配载装车不合理、不科学原因造成的之外，很小一部分是由于干线运输过程中的异常状况引起的。配载装车造成的货物损坏，在干线运输中产生，是专线货损的常发性事件，货损责任应由配载装车环节承担，但驾驶员不文明的驾驶习惯可能扩大因配载装车不合理造成的损失。干线运输无小事，虽然干线运输本身发生安全事故的概率较小，但是干线运输安全事故一旦发生，造成的损失往往十分惨重，大概率造成重大货损状况。

（1）在正常的干线运输过程中产生的由配载装车原因造成的货物损坏。

专线的干线运输通常是一种距离比较远的长途运输。干线车辆在行驶过程中不可避免地会产生振动，在一些道路交通状况差的路段，甚至可能会产生剧烈颠簸。在这种情况下，配载装车过程中不科学的装货行为就很容易导致发生货物损坏，如货物的磨损、货物的垮塌、货物的挤压变形、货物的淋湿受潮等货损状况。

（2）由配载装车原因引发的干线运输安全事故造成的货损货差。

配载装车过程中的失误行为很容易造成干线运输车辆可操控性变差，影响车辆的正常行驶，诱发重大安全事故，造成车货俱损。

①货厢装货重量不均匀，车辆操控性变差，诱发车辆安全事故。

● 货厢前部货物过重，导致方向轮承压，方向盘转不动，很容易造成车辆前轮爆胎，方向失控。

● 货厢后部货物过重，可能造成车辆后轮爆胎，前轮抓地力不足，车辆爬坡无力，很容易导致方向盘无效。

● 货厢左右两边重量不均或两边的重量悬殊，可能造成承重过大的一边爆胎，而且车辆在高速转弯时容易引起车辆失控侧翻。

● 货物装车的重心过高，车辆在高速上抗横风的能力减弱，而且车辆在高速急转弯时稳定性差，这些都很容易引发翻车事故。

②货物在平板挂车装车时堆码不整齐，加上未采取有效的捆扎措施，引起货物在干线运输过程中的倾斜倒塌。

③大件设备未采取足够安全的保护措施，在高速运输的急刹车或急转弯中造成货物冲出货厢的事故。

④配载装车管理不善，造成干线车辆三超中的某种情况，引发安全事故。

● 货物超高。超高车辆在有限高要求的桥梁、隧道、涵洞、电线等地方通过时容易造成顶部货物撞坏，即使货物未受损，也可能损坏雨布，进而造成货物淋湿受潮。（图 4.11、图 4.12、图 4.13）

图 4.11　车辆在路上行驶时，无视桥梁、隧道等的限高要求很容易酿成交通事故

图 4.12　货物超高挂住电线，这一方面造成货物损坏，另一方面也损坏了电力设备。这是驾驶员粗心大意酿成的惨祸

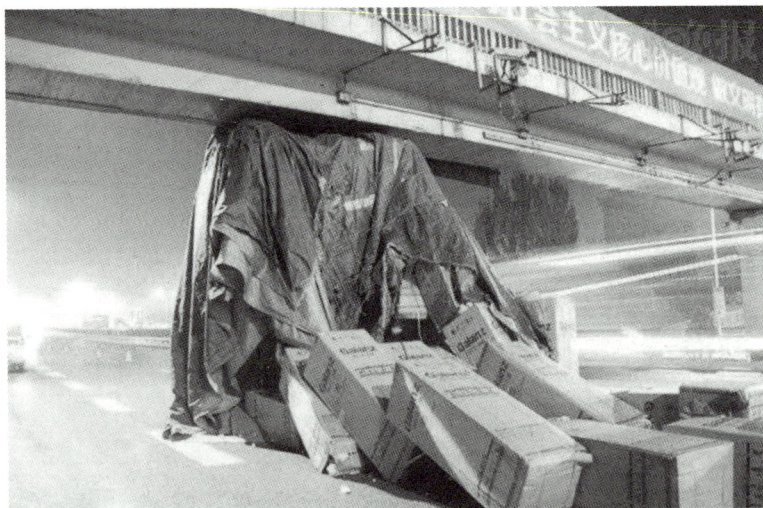

图 4.13　由货物超高引起的撞桥事故，车上顶部货物受撞损坏，如果问题严重的话还可能损坏桥梁，造成巨额经济损失

• 货物超宽。车辆超宽会使驾驶员视线受阻，在狭窄路段或车流量较大的路段行驶时，容易引发剐蹭事故。

• 货物超重。超重车辆的控制性差，容易造成车辆追尾或被追尾等重大交通事故。

（3）专线管理不严格，干线车辆超限行驶被查，货物在超限检查站转驳过程中的损坏。

（4）因维修保养不及时，车辆在干线运输过程中发生的如车辆失控、车辆抛锚、轮胎起火等引起的安全事故，严重的事故可造成车毁、货损、人亡。

（5）驾驶员不安全、不文明的驾驶行为造成的事故。

干线运输的安全保障在很大程度上依靠驾驶员的主观能动性，如果驾驶员对自己都不负责，那么安全行驶就变成了一句空话，安全事故的发生自然在所难免。干线运输安全事故发生的主因在驾驶员身上，很多事故的发生都是因为驾驶员处置不当或驾驶员疏忽引起的。由驾驶员问题引发的安全事故，最典型的是翻车、追尾和被追尾事故。

①翻车事故。翻车事故是除了车辆烧毁事故之外最严重的货损事故。翻车事故必然带来大规模的货物损坏，特别是在湖泊、河流、水塘、悬崖等路段发生的翻车事故，事故救援困难，货物施救难以展开，可能会导致货物的完全损毁，所以专线在干线运输过程中最害怕翻车事故。（图4.14）

图4.14　在当前的道路交通条件和车辆安全性能情况下，大多数的翻车事故是由于驾驶员的疲劳驾驶引起的。通常的翻车事故对驾驶员的伤害不大，但往往会造成巨大的货损，给专线带来难以估量的损失

②追尾事故。车辆追尾跟车辆制动失效和驾驶员疲劳驾驶紧密相关，大多数的追尾事故是由驾驶员的疲劳驾驶引起的。货车追尾小车，货车的损害不大，但如果是追尾前方的货车，损失就大了，轻则车损，重则车毁人亡。车辆追尾事故造成的货损主要是由于车辆剧烈撞击过程中货物的惯性前移引起的货物挤压变形损坏，但货物的整体损坏风险不大。（图4.15）

图4.15　追尾事故大多是由于驾驶员超速驾驶和疲劳驾驶造成的，这类事故对驾驶员的安全影响最大，极易造成车毁人亡的惨剧，但对车上货物的损害不大

③被追尾事故。干线车辆属于重载货车，车身质量大，在被小型车辆追尾的事故中，受损风险不大，但如果被同等质量的大型车追尾，车厢后部的货物很可能会被撞坏，严重的情况还可能因为猛烈的撞击使得车内货物整体向前移动，导致货物挤压变形损坏。（图4.16）

（6）干线运输过程中的防雨防潮措施不到位造成的货物大面积淋湿受潮。干线车辆的雨布漏水、厢车车顶漏水或车门渗水等问题都可能造成货物的淋湿损坏。

（7）运输过程中驾驶员休息时货物被盗，特别是驾驶员在偏僻路段和高速公路的紧急停车带长时间停车时，被盗被抢的概率很大。

图 4.16　厢车货厢后门密封不严造成货物淋湿受潮

2. 干线运输货物安全事故处理

干线运输货物安全事故的类型多种多样。在小型的事故中，人、车、货的安全基本不受影响，干线运输任务尚能按要求完成，事故对专线的正常生产经营活动干扰很小，甚至不会产生不利影响。而那些重大运输事故的出现，如驾驶员伤亡、车辆受损严重、货物大规模损坏等，车辆无法继续行驶，货物不可避免地出现延误，使专线的生产活动受到严重影响，此时干线必须全力处理交通事故，挽回事故损失。

专线的干线车辆在执行运输任务时，通常是满载行驶。车上的货物体积和货物重量都会接近最大化，货物类型繁多，客户数量大，一车货物少则几个客户，多则几十个客户，一旦发生重大交通事故，波及的客户众多，影响很大。所以，在发生重大意外交通事故时，专线应及时启动应急预案，多个环节、多个岗位联动，妥善处置事故。

（1）确定事故发生地点、事故类型和事故结果。

在干线运输中，由于手续齐全的车辆都已经购置了驾驶员保险和车辆保险，专线真正需要关心和需要处理的是货物问题。对事故地点、事故类型和事故结果的确定，主要是为了货物施救工作的开展。具体的事故类型有追尾、翻车、货物撞顶、撞人、刮擦等，事故的结果则反映在事故后驾驶员的情况、车辆的情况和货物的现场情况上。

（2）第一时间报警和通知保险公司备案。

针对翻车事故造成的货物散落情况，第一时间报警可以有效地保护事故现场，防止盗抢事件的发生。通知保险公司则是为了规避重大货损风险，为后续的货物理赔做准备。

（3）按照装车清单逐一通知发货客户，告诉客户事故状况及可能造成的货物延误和货物损坏。

（4）事故现场处置。

重大的交通事故如出现驾驶员伤亡、车辆损毁严重不能继续前行的情况时，专线必须派专人到达现场进行货物接驳转移，同时保险公司勘查人员也会抵达事故现场勘查拍照。接下来的事故现场货物的转移对任何一家专线来说都是一件头疼的事情，这不仅体现在处理费用高昂上，而且操作起来也比较棘手。

①接驳车辆调度。在运输行业，驳货的谐音是"驳祸"，驾驶员一般比较忌讳接驳事故车辆的货物，尤其是在造成了车毁人亡的情况下，普通驾驶员一般不会转运事故车辆的货物，即使出高价也不乐意去。多数时候，专线会安排自有车辆或事故驾驶员同乡的车辆转驳货物。迫不得已的时候，专线会恳求交警部门帮忙调配车辆，协助转移货物。事故车辆货物的转运费用通常比正常运输费用高50%以上，甚至翻倍都有可能。

②货物驳装。在离专线站点较近距离发生的交通事故，专线可以调派自己的工人驳装货物，而在较远距离发生的事故，专线则不得不临时花钱雇人转驳货物。事故车辆货物的转驳费和吊装费一般很高，很多专线在处理这类事故时都有被趁火打劫的感觉，而实际上也只能无奈接受。

（5）事故善后处理。

事故车辆的货物转运回专线站点后，专线应着手进行货损事故处理。购买了货物保险的专线，由保险公司定损，进入保险理赔程序。而如果专线没有购买货物保险，则由专线自己与客户协商货损赔偿事宜。对于自行购买了货物保险的客户，专线应积极协助客户向保险公司索赔。

3. 干线运输货物安全保障

干线运输中的货物安全是专线加强干线运输安全管理的目的所在。要保障干线运输货物的安全，一是货物要装在车况良好的车上，具备安全运输的物质基础；二是干线运输过程安全。具体的安全保障措施体现在三个方面。

（1）确保干线车辆的安全可靠性。

车辆故障是事故发生的诱因，做好车辆的日常维修保养工作就是要保证不使车辆的安全性成为事故发生的诱因。

（2）加强专线配载装车质量管理。

从前面的货损事故分析中，我们可以看出很多货损都是由配载装车问题引起的，配载装车对干线运输安全有着重要影响。专线要依法依规、科学合理地对干线车辆进行配载装车，做好货物的安全保护工作，确保干线车辆能正常安全行驶。

（3）加强驾驶员的安全教育，提高驾驶员的驾驶技能和工作责任心，确保干线运输任务的安全完成。

干线运输是三位一体的模式。货物装在车上，车辆由驾驶员驾驶，人、车、货三者在运输中的安全构成了一种整体性的安全需求。事在人为，干线运输中的驾驶员安全、车辆安全和货物安全都掌握在驾驶员手中，驾驶员的主观能动性是干线运输安全的主因。在干线运输安全管理中，要特别强调注意驾驶员安全。

3.4 干线运输保险

每年在我国发生的货车交通事故举不胜举，大的有追尾、翻车、燃烧等事故，小的有刮蹭、擦顶等事故，造成的损失巨大。专线在长期稳定的经营中，每天都有干线车辆在路上跑，谁都无法保证不发生安全事故。专线在规避重大事故损害的对策上，最好的办法是购买干线运输保险，为专线的持续经营提供保障。

1. 为驾驶员购买意外伤害保险

虽然在购买车辆保险时已经附带了驾驶员保险，但是车险对驾驶员伤害的赔付金额并不高，特别是出现重大人员伤亡事故的时候，车险对人员伤亡的赔偿简直是杯水车薪。不管驾驶员是不是专线员工，只要驾驶员是在为专线服务的过程中出现了人身伤亡事故，专线都不可避免地要进行赔偿。所以，站在专线的立场上，专线必须严格要求干线驾驶员单独购买意外伤害保险，至于保费由谁来承担，双方可以协商解决。

驾驶员的意外伤害保险购买，可以纳入专线员工保险计划中，由专线统一购买，这样方便简捷。花小钱买保险是对驾驶员的一种保障，也是驾驶员对专线负责任的表现。

2.购置车辆保险

干线车辆上路的合法手续包括车辆年检手续、道路运输许可证、车辆保险，只要车辆手续齐全便可以合法上路，因此车辆的保险并不是专线担心的事情，要是车辆出了交通事故，自然有随车保险负责处理。

3.干线运输货物保险

在上一节关于货物安全管理的分析中，我们也说到了货物保险，那是对专线所承运货物的一种整体打包保险方案，以专线开具的托运单为凭证，承保范围涵盖了专线操作流程中的所有环节，包括干线运输，通常是以年保方式体现。这种货物保险适用于业务量大、干线运输任务多的大型专线，而那些小型专线因为自身实力弱、干线运输量小，基于干线运输事故伤害大的特点，可以选择单独购买货物运输保险。从成本费用方面来考量，一定运量基础上的单独购买货物运输保险要比购买货物年保经济划算，而专线大规模的货损货差事故也恰恰发生在专线的干线运输过程中。

货物运输保险以发运车辆为投保标的，以货物装车清单为理赔依据，承担投保车辆所装运货物在保险有效期内在运输过程中造成的货损货差损失。随着专线市场的发展，货物运输保险也已经从单独单次购买保险拓展到车辆年保，为投保车辆的年度货物运量提供保险，这对那些干线运输车辆固定和甩挂运输的专线尤为实用。（图4.17）

永安车上货物保险(定车定额年保)

车辆类型	赔偿限额 （元/车）	累计限额 （元/车）	保费 （元）	免赔额	保障期限
营运货车	100000.00	200000.00	850	每次事故绝对免赔500元或损失金额的10%，两者以高者为准	一年
	300000.00	600000.00	2200	每次事故绝对免赔1000元或损失金额的10%，两者以高者为准	
	500000.00	1000000.00	3200		
	800000.00	1600000.00	4200	每次事故绝对免赔2000元或损失金额的10%，两者以高者为准	
	1000000.00	2000000.00	5000		

图4.17　以车定保保险方案(样单)

案例七

2003 年 5 月，车牌号为赣 C41647 的 9.6 米高栏杆单桥中型货车，装载某上海到湖南专线一整车零担货物从上海发往长沙。车辆于凌晨一点左右从上海北方停车场出发，车上货物过磅重量为 21 吨，在当时道路交通法未明确的情况下，没有是否超载一说。此车为专线合作车辆，车况良好。车辆出发时，驾驶室乘坐四人，三男一女，三个男的都是驾驶员，女方为一名驾驶员的老婆，怀有身孕。

凌晨六点左右，专线接到其中一个驾驶员打来的电话，说车辆在杭瑞高速杭州萧山出口附近追尾前方大货车，事故严重，有重大伤亡，需专线尽快派人到现场处理。后来据幸存驾驶员描述：当晚车辆过完磅就出发，因车上货物前轻后重，车速较慢，车辆出上海时是他本人开，到浙江嘉兴换班后改由一个年轻的驾驶员开，他本人则坐在副驾驶位上休息。后来他很困，就在副驾驶室迷迷糊糊睡着了。

不知道过了多久，他突然感觉到前方的反光越来越亮，而且车辆有明显的左右晃动感，他立马站起来，侧身靠往驾驶室，下意识地抓住方向盘猛往左打，只听到一声巨响，他的左腿便没了知觉，整个身体也被压在了主驾驶这边的下卧铺上动弹不了。在随后的人员呼唤中，驾驶室右边卧铺那边没有任何回应。当时驾驶室后边卧铺上睡着夫妻两人，女的头靠右边在副驾驶室座椅后面，男的头在驾驶室座椅后面。后来等救援人员赶到，通过破拆施救把四人全部抬下来时，发现他的左腿已经从大腿根部断裂，只剩下皮相连，右边的女同志则被副驾驶室的座椅挤压得脸部扭曲变形，早已在事发时死亡。

在后期的货物接驳转移中，发现车辆追尾产生的剧烈撞击使车上的货物整体往前移动了约 20 厘米，部分货物受挤压严重变形但整体货损不大。因车辆加盖了多层雨布，货物没有掉落遗失。

事故后果：本次事故造成两死(女的已怀孕)一重伤；车上货物迟到一个星期；货物损失轻微；货物转运费用一万元左右。

事故原因：驾驶员疲劳驾驶造成车辆严重追尾。

案例八

2004 年 5 月，车牌号为赣 C66686 的 9.6 米高栏杆后八轮全新重型货车装载两家上海至湖南专线的货物运往长沙。车辆于晚上十一点左右出发，驾驶员两人，两家专线的货物总重量约 20 吨，按当时的道路交通法规定核实车辆没有超载。第二天清晨六点左右，两家专线的老板一前一后接到驾驶员打来的电话，说车辆在杭瑞高速衢州东出口处冲出高速翻下了四米高的护坡，要专线老板尽快前来处理，驾驶员还告知没有人员受伤，货物在车厢里没有甩出来，货损状况不详。

事后车主即驾驶员描述：他们是在浙江萧山服务区换的班，改由年轻驾驶员来驾驶，他自己则在驾驶室的下铺睡觉。不知道过了多久，他突然听到车外面有刺耳的金属摩擦的声音。直觉告诉他货车的车厢正在刮擦高速公路的金属护栏，驾驶员肯定在打瞌睡，完了！要翻车了！来不及等他作出反应，车辆已经冲了下去，只感觉车在地上滚了两圈就没动了。两名驾驶员互相打了招呼，确定人没有受伤后，摸摸索索地打开驾驶室门，从里面爬了出来。在查看了现场情况确认出事地点之后，车主先打电话报了警，接着打电话通知了专线老板。

两位专线老板接到电话后，于出事当天中午便赶到了事发现场。由于车辆已翻，无法继续行驶，车主在第一时间联系了老乡的车辆前来转运货物。因为事故救援工作安排紧凑，加上事故未出现重大伤亡，性质不算恶劣，施救工作进展顺利。到当天傍晚七点左右，货物转运工作已经完成，之后由转运车辆运往两家专线各自在上海的站点进行后续处理。

本次事故后果：车辆失控撞坏高速护栏 30 多米；车辆出事地点的护坡较缓，加上车上货物支撑车损不算大；两家专线的货损合计约八万元，加上货物转运运费共计九万元左右。

事故原因：驾驶员疲劳驾驶引发车辆失控，造成翻车事故。

案例九

2006 年 6 月，车牌号为赣 C71642 的 9.6 米高栏杆前四后八轮重型货车装载了某专线发往长沙一整车零担货物。车辆有驾驶员两人，装运了 26 吨货物，于深夜 12 点左右从上海桃浦镇的北方停车场出发。按照当时四桥车车货总重不超过 40 吨的超限规定，该车的车货总重 38 吨，不属于违法超载行驶。

车辆出发半小时后，驾驶员打来了紧急求助电话，说货车在外环线北往南方向靠近北翟路出口的地方在马路中间熄火了，问专线负责人该怎么办。驾驶员有 40 多岁，属于老司机，但估计从来没有遇到过类似情况，因此，意外状况一出，便六神无主。专线负责人立即指示驾驶员想办法把车往路边靠，如果不能移动，马上打开车辆双闪灯，立即拨打 110 报警和 122 施救，并往车后 150

米处设置三脚架，警示后方来车。上海外环线属高速路性质，车辆限速 100 公里/小时，当时已是深夜 12 点 30，外环线上车辆较少，车速都很快。虽然路边有路灯照明，视线也不错，但凌晨时分，驾驶员容易打瞌睡，故障车停在马路中间很容易引起后车追尾。

果然不到五分钟，故障车驾驶员的电话又来了，只听到他在电话里大声说：完了，一台小货车撞上来了，撞击声很大，连刹车声都没有，估计要出大事了。专线负责人指示驾驶员马上打 120，并与驾驶员确认故障车受损情况和车辆出故障时所采取应急处置措施。当时时间已不早，事故现场虽然离专线不远，但故障车没有出现明显受损，车上货物也没有出现异常情况，专线派人去现场施救意义不大，只能由交通应急部门进行专业施救，专线等天亮以后再进行后续处理。

在确定事故施救工作完成后，经与故障车驾驶员确认：追尾小货车当晚刚送完江苏南通的货物返回上海，驾驶员因过度疲劳打瞌睡，小货车径直撞上故障抛锚大货车尾部。小货车驾驶员当场死亡，副驾驶室有一位随车女性系驾驶员老婆，事发时正双腿架在驾驶台上玩手机，双腿受到猛烈撞击骨折但无生命危险。追尾小货车当场报废，抛锚大货车则由事故救援车拖至沪青平高架下的事故车辆停车场等待处理。

本次事故后果：事故造成追尾小货车一死一重伤；小货车报废；故障大货车轻微受损；故障车驾驶员应急处置不当，承担 2.8 万元的赔偿责任（交警部门在认定事故责任时，故障车驾驶员未就三脚架警示标志放置在离抛锚车后 150 米的距离做出准确描述）；故障车上货物未受损；货物驳装转移由专线自派工人、自带工具和自调车辆完成；整车货物延迟三天到达长沙。

第四节　财务安全管理

在上一章的内容中，我们对专线财务管理进行了全面的讲解，其实财务安全管理属于财务管理的范畴，在此我们把财务安全管理再次提出来进行专门的分析，是因为财务安全对于专线经营发展的安全需要有着重要的战略意义。财务安全管理是专线其他安全管理的重要支撑，专线的财务安全管理能保证专线有充足的资金支持，而资金是专线持续经营、健康稳定发展的基础保障。

财务管理内容的体现形式是账目，账目的标的是资金，资金的流动姿态是收入和支出。财务安全管理实际上就是保收和控支，即保障收入真实有效，资金及时回笼，控制费用合理有效支出。专线作为经济实体，每天都需要充足的现金来维持正常运营，如干线运输、货物配送、货物中转、支付佣金等都需要支付现金，所以财务安全管理是专线经营安全保障的必要管理措施。

4.1　财务安全管理目的

专线进行财务安全管理的目的是减少或防止在财务管理过程中造成经济损失，维护专线的资金安全，保证专线能长期稳定健康地发展。财务安全管理具体的现实目的表现在以下六个方面。

(1)确保财务人员登录的收入和支出台账正确、真实有效，纠正财务管理工作中的失误，防止出现收入损失风险。

现在的专线基本上都是采用系统开单和电脑入账，很多数据都是系统自动生成。系统中的数据一般不会出错，但数据录入时难免出现员工失误的情况，如收入信息少录、漏录，支出数据多录、重复录等，这样就很可能在凭账进行收支时造成少收多支的情况，从而给专线造成经济损失。

(2)监督专线的应收账款项目，防止死账坏账情况发生，及时回笼资金，降低财务风险。

在专线行业里，回单结算和月结付款的情况非常普遍，很多专线生意红红火火，每天都有装不完的货、发不完的车，算起账来赚了多少多少，看着数据是喜笑颜开，可是手头却没有几个钱，有的专线甚至连仓库租金支付和工人工资发放都困难。算账是赚钱了，可是钱却在别人手里，这就是当前专线经营最大的尴尬。

(3)确保费用支出清晰明朗，做到专款专用。

专线经营的资金压力本来就很大，资金的随意支配可能给专线的经营带来风险，特别是在专线安全生产保障方面的支出，如员工保险、货物保险、叉车保养等方面，晚一天的支出都可能给专线造成难以承受的损失。

(4)保证正常的现金流，确保专线经常性支出项目有充裕的资金支持，维持专线的正常运转。

专线的经常性支出项目有干线运输费、佣金支付、提送货费、中转费、叉车油料费等，这些项目都需要支付现金。资金短缺会造成经常性支出项目操作困难，甚至给专线带来"喜欢欠钱"的负面形象，从而影响专线的正常经营。

(5)通过财务安全管理可以获取与收入和支出结算相关的各方面信息，包括客户、员工、驾驶员等方面的为人、信用信息，以利于专线的细化管理。与客户的收入结算可以了解客户的信用，与员工和驾驶员的支付结算可以知晓他们的为人处世，这些信用反馈可以给专线在后期的经营管理中提供很好的信息支持。

（6）保障专线生产经营活动产生的利润，保证经营成果能落袋为安。

专线通过财务安全管理能对财务管理中可能造成经济损失的各种风险进行有效防范和规避，确保专线经营成果能落到实处，达到专线的生产目的。

4.2　财务安全风险

专线作为实体经济，其生产经营的目的是获取利润，专线的利润产生于对生产活动的有效经营和有效管理中。财务管理是专线对生产经营成果的管理，也是为了保证专线生产经营更加健康有序地进行，而财务安全风险则可能会侵蚀专线的经营成果，给专线带来利润损失，甚至造成专线亏损。有很多专线的经营失败，其实并不是因为生意不好造成的，而是因为管理不善，特别是财务安全风险爆发引起的。

专线的财务安全风险可分为两大类：一是账目安全风险，二是资金安全风险。

1. 账目安全风险

账目安全风险是指记账性损失风险。在专线财务管理中，有建立公司台账、务必正确登录收支项目的要求，专线台账一旦建立，财务管理的后期工作都会以台账为基础进行收支管理。专线系统中原始数据是台账登录的依据，但一些临时增加的服务项目的收费却有可能疏于补录，有些原始数据该改动的没有改动，这将直接影响收入和支出的正确性。账目的不清不楚导致资金收支的不明不白，该收的没有收，该付的却付了，从而变成了一本糊涂账，严重损害了专线的利益。账目是财务管理的依托，账目安全是财务安全管理最基本的安全需求。

（1）收入项损失风险。

收入项损失风险是指在收入项入账时的少入账或漏入账而造成的账目收入损失。账目收入损失是一种假性损失，并没有带来实质性的经济损失，但是如果以此为依据来收取账款或核单对账就会少收应收款，从而造成收入损失。收入入账在现实中不存在多计收入的情况，而如果多计收入，一是多出的账目客户不会支付；二是收入多计入会造成财务人员的个人损失，收入建账最多是做到平衡账，也可能会是亏空账即少入账。少入账有做错账或账目遗漏的可能，也可能是当事人中饱私囊。

①收入项少入账。专线的营业收入都是以开具的托运单为入账依据。收入项的正确入账，首先要保证收入数据的正确，原始数据错误必然造成台账金额不正确，当然人为的输入错误风险也存在。针对那些现金往来的项目，还必须

防范当事员工篡改金额的风险，而那些没凭证依据的其他收入项目，则存在财务人员实收少入账或不入账的个人贪腐损失风险。

● 录入系统的原始数据错误，收入少算。原始数据本身就不正确，台账中的数据必定是错误的。收入少计算有两种情况，一是计收单价错误或计收的数据依据错误，如上海发广州的重货应收 450 元/吨，而计收时按 350 元/吨计算，又如 6 吨的货物按 4 吨来计收运费或 8 立方米的货物按 6 立方米来计算；二是托运单中的各收费项目在合计时漏加，托运单中的计费项目有运费、提货费、送货费和保费，任何一项少算入都会造成总收费变少，当然电脑开单中的数据一般是系统自动生成，出错的可能性小，但也怕技术参数输入不正确，而手工开单出现错误的可能性就更大一些。

● 登录台账时数据录入错误。这是财务人员不细心、工作失职的表现。典型的收入少计是整数的时候少加一个零和有小数点的时候小数点往前移动等手误原因造成的数据录入错误。

● 擅自利用授权篡改收入数据，把大的收入改小。这种情况在现金结算业务中发生的可能性比较大，很多时候是当事员工利用自己的权限，或私自或与其他员工合谋或与熟识客户合谋把凭证上的收入数据改小，多余的现金则收归自己。

● 无凭证收入实收少入账。无凭证收入大多是那些临时增加服务项目的收费。在操作时，临时增加收费项目通常是客户直接付款，而不需要出具任何凭证，由于没有收入凭证，财务人员可能出现实收少入账的情况，借机敛财。

②收入项漏记账。漏账现象在财务管理过程中比较常见，特别是在人工台账的建立过程中，而借助于系统辅助手段则可以很好地避免这种情况，但前提是必须保证收入项目已经正确登录系统。收入项漏计，有人员疏忽、工作不细心的因素，但也不能完全排除财务人员的有意为之，尤其是那些现金结算业务，财务人员可以借漏账来侵吞专线财物。

● 收入计收项在登录收入台账时漏登。专线的经营收入每一项都有对应的单号，按单号记账不存在漏账的可能，但如果随便把错单号销毁则给漏项记账留下可能，正确的收入账做无效收入，这种不入账的情况也不能完全排除。而那些无单号凭证的收入项更有不被记入收入账的可能性。

● 收入项目中的临时增加服务分项不及时补登增录。在专线的服务过程中，经常会临时有服务方式改变的情况，如自提改成送货、送货的改成送货上楼或送货到位服务等。服务内容增加，相应的收费也应增加，项目漏登会直接造成收入漏账，导致专线收入损失。

● 代收项目未及时登录收入项目以平衡收支。专线代客户支付的费用，如装车费、进仓费、卸货费等，客户一时不能立刻支付，很多都是等回单结算时一并支付。专线在登录时，应登录收入台账计入应收账款中作为结算依据，以平衡收支项目。台账漏登会直接造成费用支出损失。

③收入项目的混乱入账形成无主之账。收入项目的结算方式变动在专线运营中很常见，如回单结算与到付之间的相互改变，月结与到付之间的改动。结算方式一经改变，系统中的信息应随之变动，财务的收入台账也应相应改变。结算方式的延迟变更，一旦久拖未决，很容易形成无主之账，造成专线收入损失。

（2）支出项损失。

支出项损失是指在费用支出项目报销和入账过程中过高地入账和平账而造成的支付损失。费用支出通常以报销凭证为依据进行报销，支出项目损失主要体现在费用支出偏离实事求是原则，高于费用的实际支出，是员工坑专线老板的表现，是财务管理漏洞的主要体现形式。支出项损失具体体现在不据实报账、重复登录支出账、虚增支出项目等方面。

①不据实报账。专线服务操作项目在费用支出上的变化比较大，随意性强，费用的高低往往由主管人员在公司约定的框架内决定。定价的灵活性给予了当事人一定的操作空间，特别是在专线老板强调不惜一切代价把事情做好时，办事人员很可能会借机抬高支出费用，虚报费用支出。

②重复登录支付账。专线大多是私营经济，支出项目繁多，支付凭证要求不严，同一笔支出，可以以多种名目录入账，而且凭证获取简单。主管人员或财务人员很容易巧立支出名目，变相地重复入账。

③虚增支出项目。多报支出项目是无中生有的表现，当然又是一种看似很合理的诉求，让人无以反驳，如提送货过程中的各种送烟、付小费支出，各种小额招待支出等，虚增的支出项目大多是专线的经常性支出项目，每次支出费用一般不高，但由于支出项目多，累积起来的数额很大。

2. 资金安全风险

专线的日常营运需要稳定的资金支持，资金安全是专线稳定经营和持续发展的重要保障。专线的资金安全风险是指专线在生产经营过程中的收入结算、费用支出等与资金相关的各种安全风险。

（1）坏账死账。

专线在长期的经营过程中，会给予那些长期稳定的客户以结算方式的便利，这就是回单付和月结结算。回单款和月结款成了专线的应收款账目，应收款客户有个人也有公司，当客户出现信用危机如破产倒闭、出走时，这些应收账款极有可能成为专线的坏账死账，给专线造成经济损失。坏账死账是专线中的常见现象，基本上没有哪家专线能完全避免这类风险。

（2）应收款的拖延支付。

客户要求专线给予回单付和月结的结算方式在很大程度上是为了缓解自己的资金压力，这种压力通过结算方式的优惠间接地转移到专线身上。回单付账目的累积和月结账目的累积在金额上通常比较大，一旦延迟结算会给专线的资金流转造成巨大压力，长期的恶性拖欠甚至可能会成为专线的坏账死账。

（3）争议性少付拒付。

客户对专线服务提供有异议或专线未按托运单约定的服务内容提供相应的服务，造成客户少付或拒付运费。争议性少付拒付主要针对回单付、月结和到付结算方式。

①货物迟到引起客户投诉，成为客户少付或拒付运费的理由。

②未按托运单约定提供对应的送货服务、上楼服务或卸货就位服务。

③货物发生货损货差安全风险，导致客户克扣运费甚至追偿。

④无厘头式的少付拒付行为，如专线服务态度不好、运价开得过高等。

（4）营业收入交账不及时，当事人携款出走。

专线营业收入的小额积累或大额收入对当事员工有着不小的金钱诱惑，某些品行不端的员工很可能借机携款而逃，这种现象在专线行业内偶有发生。

（5）资金的无规划、无节制使用。

专线的资金需求大，很多地方都需要现金支撑。专线资金使用应统筹规划，确保合理使用，特别是处于成长期的专线，各种垫资需求大，稍有不注意就会造成资金紧张。

（6）资金管理漏洞。

鉴于专线经营的灵活性，统一口径管理难以实现，专线的现金收入和支出漏洞是无法回避的话题，资金收入的少入账和费用支出的随意性都会造成资金流失。

4.3　财务安全保障

财务安全保障的重点在于加强专线的财务管理，把财务管理工作落到实处，而真实的财务安全不同于财务管理的全方位管理要求，是专线的一种切实的安全需求，是专线持续稳定、高质量经营发展的需要。财务安全保障作为精细化的财务管理举措，强调安全的重要性，是专线安全管理的范畴。

1.建立专线的收支台账，核收核支

确保每日的收支项目准确无误，同时每日发生的收支项目必须及时入账，做到收支项目无遗漏。在信息化时代，专线应充分发挥系统管理的优势，确保所有的收支项目准确、完整、及时地录入系统，通过系统进行各项财务指标的评价考核。

2.积极采取应对措施，规避坏账死账风险

专线的回单付款和月结支付是无法避免的支付方式。在回单付的业务洽谈中，专线应尽量说服客户接受现付回单付的结算方式，确保能通过现付先结算到成本费用，不得已的时候也可以通过降低收费以让利的形式换取客户的现付结算，而月结的结算方式应给予那些行业口碑好、实力强的大客户。应收账款要及时催收，督促客户按时、按约结算，一旦发生结算风险应及时止损，不应因害怕丢失客户而纵容客户违约，从而造成更大的损失。

3.加强专线操作质量管理，增强自身服务水平，不给客户少付拒付留下任何口实

专线实力是客户选择合作的理由，做好服务是专线业务谈判的本钱。专线的服务就应该做到让客户无话可说。

4.及时收缴营业现金收入，严控费用支出，严查虚假报销

为规避职务犯罪风险，营业现金收入要当日上缴财务，大额收入项目直接由财务收取，费用支出凭证支付，争取做到实报实销。

5.加强财务监督管理，鼓励员工的相互监督

财务安全保障重在监督管理，专线要制定严格的、切实可行的财务管理制度，建立行之有效的监督机制，鼓励员工间的相互监督，树立专线兴则员工富的意识，让大家都积极参与到专线的运营管理中来。

6.将回单管理纳入财务安全保障体系中来

回单的重要性已经在回单管理中讲述过，对客户所要收回的回单和回单结算的回单，应由专人管理。回单的遗失会成为客户要求回单结算的理由，而回单结算类回单的遗失会造成结算困难，并且遗失回单的补签工作会额外增加费用开销。在专线的管理中，回单应视为现金支票来加以管理。

第五节　其他安全管理

专线安全管理是一项系统全面的工作，涉及专线整个生产经营过程的各个方面。我们在前面所讲的人员安全、货物安全、干线运输安全、财务安全是专线经营管理的重点领域，也是安全风险的多发环节，一旦发生安全事故，将对专线的运营产生重大影响，甚至可能导致专线破产关门。专线其他方面的安全问题虽然不至于对专线的运营产生重大影响，但是可能会影响专线的正常有序经营。专线的其他安全问题，主要有设备设施安全、外来人员安全、员工食宿安全、极端天气影响等。

5.1　设备设施安全管理

设备设施作为生产经营的硬件，是专线正常开展经营活动的必要条件。在经济不发达的人力主导时代，简陋的生产条件也不会影响专线的正常经营。随着社会经济的发展和科学技术的进步，各种专用设备设施不断被整合运用到专线的生产活动中，极大地促进了专线劳动效率的提高，并已成为现代专线正常经营不可或缺的硬件配置。作为现代专线生产要素之一，专线生产设备设施的安全管理是专线安全管理的重要组成部分。

1. 叉车安全管理

叉车作为专线装卸作业的重要辅助工具，极大地提高了专线的装卸工作效率。叉车的运用是专线进入机械化操作的重要标志，专线的搬运装卸工作因此进入到以叉车装卸为主、人工搬运为辅的阶段，叉车已经被广泛应用到专线的生产过程中。现代专线搬运装卸操作如果没有叉车，那是没法想象的事情，专线生产经营已经不是考虑要不要配置叉车的问题，而是考虑需要配多少台叉车的问题。

叉车安全是专线安全生产的重要保障。对叉车安全进行管理，一是要确保叉车自身的安全，保证叉车能随时投入到专线生产活动中；二是要确保叉车安全使用操作，切实做好叉车生产安全管理工作。

（1）做好叉车的维修保养工作，确保叉车保持良好的工作状态。

叉车是一种机械设备，长期地使用或不正确地使用会导致其零部件的磨损，增加叉车使用故障发生概率，影响装卸作业的进行。叉车的维修保养工作应做好计划，按时进行，同时在叉车使用过程中出现异常时，应及时排查、及时修理，切忌让叉车"带病工作"，留下安全隐患。

叉车的维修保养是一种日常保养，具体的事项包括更换机油机滤、打黄油、检查液压系统、检查轮胎、加注液压油等工作。专线叉车保养工作应指定专人负责，由专业的保养单位进行保养。(图4.18)

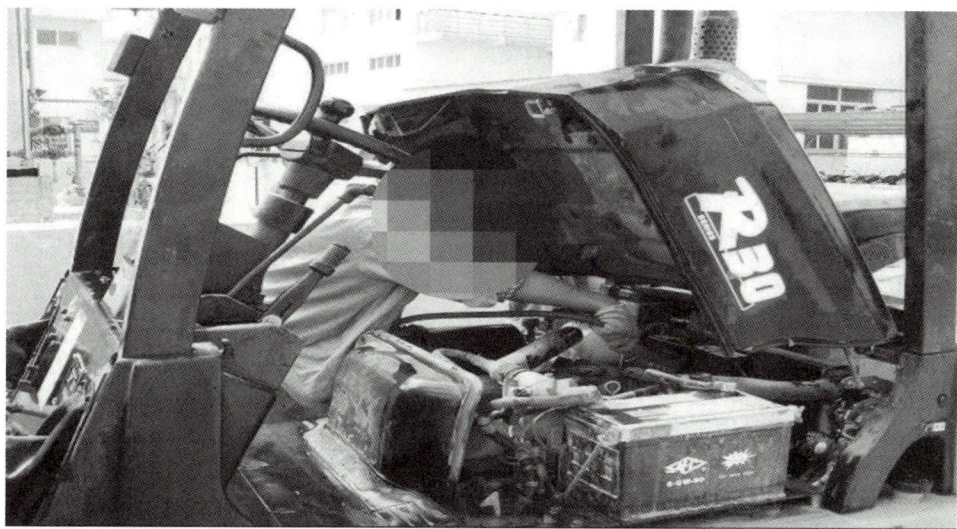

图4.18   叉车作为专线的重要装卸辅助工具，必须做好日常的维修保养工作

(2)科学地、安全地使用叉车。

叉车安全管理的重点在于叉车的安全使用。叉车的安全隐患体现在叉车使用过程中的人员伤害风险和货物损坏风险，要规避叉车使用过程中的安全风险，必须确保科学地安全地使用叉车。

①聘用技术过硬、有责任心的叉车工。叉车工属于技术型人才，驾驶叉车是一门技术活。作为一种工具，叉车的安全使用掌控在叉车工手中，专线选用的叉车工不但要有过硬的驾驶叉车技术，还要有高度的责任心，要能胜任驾驶叉车这份工作。叉车驾驶要遵守有证驾驶原则。叉车使用过程中的安全风险都是由叉车工违规操作造成的。

②建立严格的叉车使用规范要求，加强叉车工的安全教育。深入贯彻叉车使用规范要求，使叉车工树立牢固的叉车操作安全意识。

③叉车由专人保管，专人操作。把叉车钥匙挂在叉车上是专线行业普遍存在的现象，虽然这样可以充分保证叉车随时被利用起来方便工作，但是叉车任意被人驾驶，特别是由非专业人员操作，很容易引发安全事故，而且滥用叉车

容易加速零部件的磨损，增加叉车的养护费用。

2. 场地安全管理

专线的场地实际上是仓库和装卸作业场地的总称，是专线生产经营活动的重要场所，专线的装卸货操作和货物的临时存放都需要相应的场地配置。对场地的安全进行管理是为了保证专线装卸作业安全、顺利地进行，确保专线承运货物的安全，维护专线正常的生产经营秩序。

场地安全管理主要涉及两个方面的内容：一是场地本身配置的各种硬件设施的安全性；二是场地使用过程中的场地安全管理。

（1）场地本身的安全指标。

专线场地是专线的形象展现，场地的大小在一定程度上是专线实力的体现。作为专线经营的必需条件，场地的硬件设施是专线租赁场地或自行搭建时必须注意的问题。无论专线租赁还是自建，都要考虑场地设施的实用性和安全性问题可能对专线经营产生的影响。专线仓库要有利于货物的存放保管作业，场地要有利于车辆的进出停放及货物的装卸。作为专线的重要经营场所，场地的安全对专线经营有着十分重要的意义，它在一定程度上影响着专线的存续和稳定经营。

①场地的大小、交通状况、地面平整度等要满足专线的经营需求。专线承接的货物都是使用货车进行接驳，货物的装卸作业也以叉车为主，因此专线的场地应选择交通便利的地方，场地地面硬化平整，场地也要足够大，以方便车辆进出和车辆的停靠摆放，以及快速安全地装卸货物和货物的存放。

②场地必备大棚的高度、面积、完好度及牢固程度。专线通常会选择有大棚的场地开展经营活动。场地大棚的高度、面积要考虑满足货物的存放和车辆的进出装卸要求。场地大棚必须牢固，足以抵御极端自然灾害如暴雨、暴雪、台风等的影响。

场地安全还要求配备完善的防火、防盗、防水等设施；专线场地要求消防设施完善，具有规避火灾风险的能力；专线应选择相对封闭的场地，安装监控设备，尽可能完善防盗设备。另外，场地还要做足防水措施，保证地面不积水，防止雨水倒灌浸湿货物。

（2）场地使用安全管理。

场地作为专线生产的硬件设施，是专线开展经营活动的先决条件。场地安全性评估工作在专线生产经营前期就必须做好，但是最主要的还是要加强场地在使用过程中的安全管理。

①维持场地内的生产秩序，合理安全地使用场地设备设施。从成本费用的

角度来看，专线的场地无法做到尽善尽美，满足专线的任何操作对场地的要求。专线只能尽可能做到物尽其用，充分利用现有场地为生产活动服务。专线场地内人多、车多、货多，现场情况复杂，专线要努力维持场内的生产秩序，保证场地最大限度地发挥功效，同时保护好场地内设施的安全。

②做好场地设备设施的维护工作。场地设施在使用过程中不可避免地会出现一些损坏或老化的现象，如大棚漏水、电线老化、下水道堵塞等。专线在发现场地设施安全隐患时必须及时修复排除，保证场地设备设施处于安全使用状态。

③守法经营，杜绝危险货物进场。严禁危险品进场不仅是货物安全管理的需要，也是场地设施安全的保障。危险品中的易燃、腐蚀性物品会带来场地设施损坏风险，给场地带来安全隐患。

3. 办公室安全管理

专线办公室是集中办公的场所，是专线的指挥中枢，专线的业务洽谈、各种单据的处理、各项指令的接收和发出等都是在办公室进行。在一张办公桌和一部电话就能开一条专线的简陋经营时代，专线一直给人们留有脏、乱、差的印象。而如今，专线办公室跟专线场地一样，都是专线企业形象的展示，更是对安全舒适办公的追求。好的办公环境能调动员工的工作热情，提高工作效率。

专线办公室作为专线的指挥中枢，是专线老板坐镇指挥的地方，其安全问题对员工的情绪影响很大。办公室安全事故一旦发生，轻则影响专线经营活动的顺利进行，重则可能引发专线员工的大面积离职，导致专线经营中断，所以专线办公室安全管理也是专线安全管理不容忽视的问题。

(1)根据专线经营发展需要，建设宽敞明亮的办公室，为员工提供安全舒适的办公环境。

专线办公场所建设要量力而行，根据自身需要进行规划，不应过分求大求全，但办公室一定要保证宽敞明亮、干净整洁，给员工充分的安全舒适感。

(2)确保办公室设备设施安全运行，保证工作顺利开展。

办公室的配套设备设施如电脑、打印机、网络、电话等，是现代专线办公的标配，专线应积极购置所需办公设备，做好设备的保养工作，如遇设备故障应及时处理，确保办公设备维持正常的工作状态。

(3)做好办公室的防盗工作。

专线办公室作为专线的集中办公场所，除了配置了相应的办公设备之外，还保存着专线大量的单证和票据，特别是大量的回单。对专线来说，办公设备遗失事小，单证和回单的丢失才是关键，因此专线必须把办公室防盗工作落到实处。

（4）避免在办公室爆发冲突事件。

专线办公室是员工办公的场所，也是处理各种纠纷事件的地方。纠纷不合理的处理方式很可能会引发办公室冲突事件，典型的是争吵、推搡，严重的是打斗甚至演变成打砸办公室。办公室发生的冲突事件主要起因有员工之间的矛盾爆发、专线驾驶员之间的矛盾爆发、专线与客户间的矛盾爆发等。虽然办公室冲突事件最终都能妥善处理，但造成的影响很坏，对员工的心态影响很大，所以专线要采取把大事化小、小事化了的方式，处理好各种事件，争取协商解决各种争端，避免在办公室爆发冲突。

4. 其他搬运装卸辅助工具安全管理

专线其他的搬运装卸辅助工具包括叉车套、地拖车、托盘、大桶夹等，这些搬运装卸辅助工具的使用能极大地提高劳动效率，降低搬运工人的劳动强度。专线可以视生产需要合理配置搬运装卸辅助工具，同时对工具进行妥善保管，做好必要的维修保养工作，使辅助工具始终处于可使用状态，保障工具安全。

5.2 外来人员安全管理

在专线正常的生产经营过程中，每天都有大量的货物和车辆进出，随之而来的是人员的频繁流动。大量的外来人员进出专线，这些外来人员包括提发货客户及随车人员、提送货驾驶员、干线驾驶员及随车人员等，协助专线做好货物的收发工作。外来人员的大量进出从侧面反映了专线的生意兴隆，而且这部分人员是专线正常有序经营不可或缺的力量，他们在专线场地内都是做着各自的本职工作，推动着专线各项工作的顺利进行。

专线本身属于劳动密集型企业，根据生产需要，专线每天都有大量工人进行货物的搬运装卸作业。在专线固有的场地内，同时有大量的车辆、大量的货物、大量的专线员工再加上大量形形色色的外来人员进入，很容易造成场内秩序混乱，引发生产安全事故。作为生产责任方，专线有责任做好安全生产管理工作，特别是针对外来人员的安全管理，它一方面是为了维持专线正常生产经营秩序的需要，另一方面也是专线树立良好形象、好的口碑的需要。

1. 外来人员安全风险

同专线接触往来的外来人员，不管是客户、驾驶员还是其他随行人员均来自全国各地，素质高低各不相同，与专线联系的目的也不一样，有发货的、有提货的，还有故意找茬的，大量外来人员的涌入不可避免地给专线带来安全隐患。外来人员安全风险表现在：一是外来人员给专线带来的安全风险会影响专线的正常经营；二是外来人员自身安全风险直接威胁外来人员的安全。

（1）外来人员给专线带来的安全风险。

在专线狭小的操作场地内活跃着大量外来的人员，他们本身做着一些分内的工作，间接地促进着专线的生产活动。但外来人员的言谈举止在一定程度上会影响现场的操作计划，有时甚至会给专线带来安全风险损害。

①外来人员主动搬运装卸货物造成货物损坏。不管出于何种目的，外来人员主动帮忙装卸货物是一件好事，其主观上是好的，但很可能产生好心办坏事的结果，具体地表现为由于不了解货物情况，在腾挪位置和腾空托盘的搬运过程中可能损坏货物；由于不了解叉车性能，在使用叉车装卸货物时可能造成货物损坏；盲目地、非专业地指挥诱发货物损坏风险等。

②外来人员行为不检点，小偷小摸行为造成货差。在专线承运的形形色色货物中，小件的日用品、工具、食品等很容易吸引外来人员的目光，那些破损货物也容易引起外来人员的注意，只要稍不留神，就可能被那些行为不检点的外来人员顺走，从而造成专线货差。

③在专线操作场地内的一些操作争议引发工人与外来人员的争吵，甚至发生打架斗殴事件，影响专线的正常生产秩序。外来人员中的驾驶员在排队等待装卸货物或场内车辆的频繁调度中多少会有牢骚，客户长时间的等待也可能会有脾气，工人也免不了把难装卸的货物迁怒于客户，凡此种种不满情绪的宣泄，很容易引起争执，如果不及时疏导，可能发展为争吵，甚至升级为打架斗殴事件。场内争端会直接影响专线的正常生产活动。

④外来人员不可告人的闹事、欺诈目的，借机扰乱专线的正常生产秩序。专线的很多业务都是通过电话洽谈确定的，有时货物的实际情况与电话中的描述有比较大的出入，这不可避免地会引起专线的加价行为。说的和做的不一致，加上电话洽谈无证据，刁蛮的客户可能借机挑事，一句"货都已经送过来，而且也卸下来了，现在说要加钱，你说怎么办吧"。在这种情况下，专线想简单地重新把货物装车要客户找别的同行发运似乎不现实，通常的处理方式是要么接受原价发运，要么争取适当加价减少损失，要么给客户补偿一定费用，由其选择别家发运。硬碰硬的热处理方式对开门做生意的专线来说并非明智的选择，这种情况比较少见，但不排除没有。

（2）外来人员自身安全风险。

在专线狭小的操作场地内，遍地都是货物、叉车频繁操作、车辆大量进出，再加上密集的人员活动，这些情况决定了专线场地是安全风险集中发生的地方。外来人员由于不熟悉专线场地情况，随意地走动很容易诱发安全事故。

①被叉车撞伤、压伤、顶伤风险。叉车的盲区很大，倒车后视视角小，叉车工要不断转身往后看才能确保安全。叉车叉货时，前方货物容易阻挡视线，在操作中经常会处于盲行状态，再加上叉车的制动问题和转向的灵活性，很容易伤到不熟悉现场状况的外来人员。

②被货物砸伤、压伤风险。货物伤害外来人员的事件少有发生，但并不代表没有这种情况，特别是高处货物的掉落，如车顶货物的掉落和托盘高处货物的掉落很容易砸伤外来的非专业人员。同时，货物的倒塌如叉装设备时的意外倒塌，也可能伤及周边人员。现实生活中就出现过在叉车叉装设备时，设备倒塌压死工人的事故。

③场地内通行不便造成外来人员的意外受伤。专线的操作场地是生产用地，而且场地通常都是临时租赁使用，场内设施难以做到尽善尽美。外来人员的通行意外主要体现在从仓库平台意外跌落、台阶摔倒、破损木托盘钉子扎脚、尖锐物体刮伤、货物绊倒等。

④车辆撞伤或压伤外来人员。在专线收货和出货的高峰期，提送货车辆出入频繁，人多车多很容易发生交通事故，稍不留神就可能导致外来人员受到伤害。

⑤发货客户或提货客户之间的争吵引发的打架斗殴伤人事件。专线的货物接收和出库应讲究先来后到原则，有序地安排货物入库或出库，积极维持客户的排队秩序，特别是在收发货的高峰期应极力避免客户之间的争吵，甚至升级为打架的情况出现。客户之间的场内斗殴不但会造成人员受伤，还可能发展为群体性事件，引起专线场内混乱，损坏货物，影响专线的正常生产活动。

2.外来人员安全管理措施

外来人员的自身安全问题除了专线操作过程中的伤害外，应由其本人负责，给专线造成的经济损失不大，但外来人员给专线安全运营带来的风险不小，稍不注意就可能会影响专线正常的生产经营秩序，甚至导致生产停顿。因此，专线有必要加强对外来人员的安全管理。

（1）合理安顿外来人员，尽量不让外来人员参与到专线的生产活动中。

客户可以对装卸货工作提供指导意见，而且有些设备的装卸也需要客户进行指导，但应避免让客户参加装卸货作业。即使在缺少工人的情况下，专线也不应该鼓励非专线员工进行装卸货作业，一来装卸货可能导致外来人员受伤；二来可能造成货物损坏。如果是在这当中出现了意外，专线处理起来很为难，而造成的风险损失终究还是要由专线来承担。

（2）监督外来人员的行为举止。

专线的外来人员繁多，成分复杂，专线要鼓励员工全员参与对任何进入操作现场的外来人员进行有效监督，及时制止那些小偷小摸行为，避免出现货差事件。

（3）保持通道安全畅通。

通道安全畅通是专线场地内正常生产的重要保障，也关乎着外来人员的安全。通道安全畅通能保证外来人员和提送货车辆安全有序进出，减少外来人员意外伤害的发生。

（4）有效维持装卸货现场的秩序，积极化解各种矛盾。

在专线的操作场地内存在着各种利益群体，有大车驾驶员、专线员工、提送货司机、客户等，各利益群体间都可能在装卸货操作中存在争议，包括客户之间的争执，如不妥善处理，很可能爆发激烈冲突，进而影响专线场内生产活动。因此，专线要积极维护场内秩序，及时协调各种争议，保障场内装卸货作业的正常有序。

5.3 员工食宿安全管理

专线的经营场所一般设在位置比较偏僻的城乡接合地带，公共交通不便，人员食宿问题解决起来比较麻烦。在我国的专线行业内，比较通行包员工食宿的模式，这样便于专线进行员工管理，也可以降低员工的食宿支出，节约成本。专线包食宿可以解决员工的后顾之忧，使员工能安心工作。由于大多数专线在工作安排上实行不定时工作制，有活就干，没事就休息，所以专线在食宿安排中讲究就近解决原则，以便随时让员工投入到工作中去。在现实中，很多人货不分离的专线都会把员工的食宿安排在专线场地内。

1. 员工饮食安全管理

专线员工饮食安全管理的重点是解决员工的吃饭问题，保障员工有饭吃，能吃饱，同时尽量做到能吃好。在专线行业，比较常见的解决员工吃饭问题的方式有以下几种。

（1）由专线出台员工餐饮补助标准，给员工现金由员工自行解决就餐问题。这种员工饮食解决方案的优点是操作比较简单，专线不必为员工的吃饭花费太多心思，比较省事。不足之处是餐补标准不好确定，餐补过低会导致员工吃不好而闹意见，而餐补过高又会使得专线的费用开销过大，而且员工的就餐时间过于宽松、工作时间太标准化反而不利于专线生产安排。适合选择这种员工就餐解决方案的情况：一是专线所在物流园区有员工食堂可以解决专线员工的就餐问题，而且费用合理；二是专线员工少，专线自己做饭不划算；三是专线所在园区实行人货分离，不允许专线生火做饭。

（2）与第三方协商达成供餐协议，由其提供配餐送餐服务。

由第三方供餐也能让专线比较省心，省去了请人做饭的环节，但是专线必须每天按时按到岗员工报餐，而且鉴于第三方机构趋于盈利的目的，菜品无法保证，种类也不会很丰富，久而久之容易引发员工的抱怨。

（3）做好就餐费用预算，专线自行请人做饭。

这是大多数专线解决员工就餐问题的方式。专线自设员工食堂，虽然要雇人做饭，增加人工成本，但是可以很好地控制菜品质量和增加菜品的丰盛度，可以较好地把控员工的就餐支出，同时也能很好地控制员工的就餐时间，合理安排工作计划。而且专线在生产过程中遇到的很多问题，其实就是在大家一起就餐的过程中讨论解决的。

（4）合理安排外出员工的就餐问题。

专线员工外出通常是短时间的外出提货或送货，如果时间节点控制得好，可以做好就餐预留，给外出员工预留好饭菜，而如果必须得在外就餐时，则要给外出员工做出合理的就餐补贴。员工的外出餐补力求合情合理，过低过高都会产生争议，所以专线应制定合理的外出员工餐补标准，保证外出员工能吃上饭，吃好饭。

2. 员工住宿安全管理

在专线的员工构成中，搬运工是最大的群体，这部分外出务工民工对住宿问题的解决要求比较强烈，而从稳定经营的角度出发，专线也是不得不解决员工住宿的问题。专线解决员工住宿问题，主要有两种方法：一是就近租房解决员工的住宿问题，专线可以租用物流园区住房或附近民房；二是在专用场地内搭建简易住房给员工住，当然专线自建住房必须合法合规。其实专线也可以采取补助的方式，由员工自行解决住宿问题，只是这种方式的成本比较高，而且也不便于专线进行人员管理。在传统的专线经营过程中，专线往往会采取自建简易住房的方式解决员工的住宿问题，而在新型的实行人货分离园区的专线经营模式中，专线会集中租用园区宿舍或在附近租房来解决员工的住宿问题。

专线在解决员工住宿问题时，主要侧重于解决有无的问题，而对员工住宿的舒适度和住宿管理却过于疏忽。实际上，专线内部管理的很多问题都是源自员工的集中住宿安排，比如员工间的争吵打斗、员工的监守自盗、员工的拉帮结派等行为。因此，专线不但要解决员工的住宿问题，还要对员工的住宿进行科学合理的管理。

(1)合理配置住房,科学分配员工住宿。

虽然专线员工对住宿条件的诉求并不高,但从人文关怀的角度出发,专线必须尽量让员工住得舒适,保证员工能获得充分的休息,以便有充沛的精力投入到生产工作中去。专线不应为了省钱而让员工扎堆住一起,同时也应该合理地搭配员工住宿,避免员工在住宿过程中产生矛盾。

(2)及时疏解员工矛盾。

由于老板不在场,专线宿舍是一个相对平等自由的环境,员工在工作生活中的矛盾经常会在宿舍中解决,这样很容易因为把控不好将普通矛盾升级为打架斗殴事件,严重的可能变成大的社会事件,这种情况在酗酒员工中发生的概率极大。

(3)绝对禁止在宿舍内赌博。

专线员工特别是搬运工的活动范围比较狭小,除了仓库就是宿舍,业余活动单调,因此员工赌博成了一种看似很正常合理的存在,但是赌博的危害不言自明,员工辛苦挣来的钱输完了,很容易引发一系列的不良行为,如仓库的监守自盗、各种借机敛财行为等,这些行为会严重危害专线的正常生产经营秩序。

(4)做好员工的生活关怀工作。

专线不但要让员工吃饱吃好,也要尽量改善员工的住宿条件,让员工住好睡好,尽量让员工感受到生活的温馨。有条件的专线可以想方设法丰富员工的业余生活,让员工跳出宿舍的小生活圈。

5.4　极端天气安全管理

我国地大物博,横跨不同的自然带,由于各地气候条件不一样,面对的极端天气现象也不同。极端天气安全管理的重点在于及时收看天气预报,做好灾害预警,采取相应的防范措施。在各种极端天气中,对专线生产经营影响最大的、最常见的主要有大雾、暴雨、暴雪、台风等天气。

1.大雾天气

大雾天气在我国是一种发生时间长、分布面积广的气候现象,全国范围内都可能发生,主要集中出现在秋季、冬季和春季,像我国北方地区,秋季便经常有大雾影响。大雾天气对专线的运营干扰体现在干线运输环节:它一方面会影响干线车辆的正常发运和行驶,造成货物大面积迟到;另一方面会给干线车辆行驶带来极大的安全隐患,极易造成车辆追尾和翻车事故。因此,面对大雾天气，专线应告诫驾驶员安全行驶，切勿为追赶时间冒险上路行驶。

2. 暴雨天气

暴雨天气多发生在夏季强对流天气中，是一种突发性的自然灾害，极易造成专线货物大面积淋湿受潮，而且也会严重干扰专线的干线运输和提送货服务。出于安全生产需要，专线应积极采取措施，避免暴雨天气可能造成的损失。

(1)实时了解天气情况，做好防雨防潮工作。

暴雨来袭前都会出现诸如乌云、大风、闪电等气象预警。面对可能发生的暴雨天气，专线应及时中断正常的生产作业，及时转运货物并对可能淋湿受潮的货物加盖雨布，做好防风防雨工作。

(2)做好仓库大棚的日常检修工作，增强大棚的防风抗雨能力。

一般情况下，普通的仓库应对正常的雨天没有问题，但面对大风大雨时可能就无能为力，强风劲雨很容易吹翻大棚，致使货物受潮，因此专线要随时检修大棚，做好大棚的防风防雨工作，防患于未然。

(3)做好仓库区域的排水工作。

暴雨对专线仓库区域的排水工作也是一个不小的考验。暴雨会造成专线仓库区域大面积积水，严重的情况下还会引起雨水倒灌仓库，导致仓库货物浸泡受损。所以，专线要保持库区排水渠道畅通，在遭遇暴雨时及时转移低洼地段的货物。

(4)做好车上货物的防雨工作。

车上货物，尤其是干线运输车辆上的货物，因为长距离运输路上的天气状况多变，车辆出发前应做好防雨工作，确保万无一失。

(5)确保暴雨天气时的行车安全。

暴雨对车辆行驶的影响主要是视线受阻，这种情况是对驾驶员安全驾驶的规范要求，由驾驶员来保证人、车、货物的安全。

3. 暴雪天气

下雪是我国北方冬季常见的自然现象，即使是碰到暴雪天气，在经常下雪的地区，当地专线也能较好地应付。而在南方不经常下雪的地方，如果遇到暴雪天气，专线应对起来可能就比较麻烦。暴雪对专线经营造成的影响，主要体现在两个方面。

(1)积雪损坏专线大棚。

南方地区的专线大棚在搭建时，一般会疏于抗雪压的技术要求，如果遇上下大雪的年份，很容易造成大棚被积雪重压受损，严重时会被大雪压塌。实际上，北方地区如果遇上极端暴雪天气，也避免不了因雪受灾的情况，在我国专线行业，每次大雪都少不了有大棚被雪压塌的情况发生。专线在防雪灾操作中应做好大棚的防积雪重压工作，切实加固大棚，同时积极清除积雪，保障仓库大棚安全。

（2）积雪危害行车安全。

下雪天气很容易引起路面结冰，给车辆行驶带来很大的安全隐患。专线在下雪天气应减少出车频率，情况严重时更应果断停止发车，即使客户的货物十万火急，也不应以牺牲运输安全为代价。

4. 台风天气

台风经常伴随着暴雨发生，是我国东南沿海地区常见的气象灾害。遇到台风天气，专线重点要做好防风抗雨的准备，尽量减少户外作业。

第五章

公路零担专线运营核心问题

专线运营中的核心问题是专线在经营过程中做好企业管理所要处理好的焦点。专线作为服务行业中的一种业态，与一般意义上的服务大不相同。专线服务必须两个以上的服务站点才能提供完整的服务，而且必须同时面对发货人和收货人两个客户，需要处理的问题很多，做完一项服务的耗时也很长。因此，要想成功地经营一条专线，必须潜心解决以下核心问题：人的问题、车的问题、货的问题、单车效益核算问题。

在专线经营的核心问题中，人的问题、车的问题、货的问题，三者在本质上是一对对矛盾体，可以理解为人与人之间的矛盾、人与车之间的矛盾、人与货之间的矛盾、车与车之间的矛盾、车与货之间的矛盾和货与货之间的矛盾。专线在日常经营中每天都面对着这样的矛盾，同时又是在合理解决这些矛盾的过程中获得经济利益，实现稳定发展。在本章中，我们还是从人的问题、车的问题和货的问题三个方面来加以分析探讨。

第一节　人的问题

事在人为，做服务离不开人，这是对服务行业一种最好的诠释。服务行业里简单的服务项目，一个人或几个人在短时间内就可以完成，而且服务对象单一，客户仅仅是某人或某个团体。专线提供的服务却很复杂，一项完整的服务必须通过专线的多个网点，由整个服务系统通力合作，在长时间内才能完成。所以，专线在提供服务前，要做好人员的配置，同时在服务提供过程中要解决好人员的协作问题，否则无法提供完整有效的服务。

1.1　专线人员配置

专线承接的每一票货物都必须经过专线操作流程的整个环节才能实现从发

货人到收货人的转移，其中任何一个环节中断或操作失误都可能导致服务中断或服务不能完整提供。专线操作流程中各环节的操作都需要专线配置相应的员工来完成，专线员工的所有工作都是专线操作流程链条上的事情，必须做到流程的环环相扣、相互完整衔接，才能做到服务的完整、完美。

专线人员配置通常按岗位职责进行，如果按照专线操作流程的各环节来定岗，未免会造成人力资源的浪费，而且会导致人力成本的巨大开支。目前，专线行业通行的做法是按工作性质来配置人员，即分为一线操作员工和办公室员工两大类，然后把专线操作流程环节中的各项工作任务作为工作职责细分到各个岗位去。然而专线在考虑服务完整提供的情况下，必须按发运站和到达站两个功能区块来配置人员，即发运站要配置一线操作员工和办公室员工，到达站同样也要配置一线操作员工和办公室员工。

1. 发运站人员岗位配置

发运站人员主要从事货物发运过程中的相关工作和后期的回单管理、运费结算工作，具体的工作内容如果从专线操作流程中细分出来则包括洽谈接单、卸货入库、开单、配载装车和回单管理。

（1）一线操作人员。

专线发运站一线操作人员岗位具体分为叉车工、库管、搬运工，主要负责发运站的卸货入库、配载装车、仓库管理及其他相关工作，当然也包括外出提货时的货物装车。如果是双向对开的专线，发运站的一线操作人员还要负责到货干线车辆的卸货等一系列工作。

一线操作人员作为一个团队，必须做到岗位责任分明，但在具体的工作任务分配上并不会清晰界定，而是会在团队工作事务中做主次分配。

①叉车工。叉车工主要驾驶叉车负责货物的装卸工作。对有能力的叉车工可以委以库管的工作，也可以参与到搬运工作中。在以叉车为中心的装卸工作中，叉车工占据着团队核心地位，随时协同搬运工进行货物装卸作业。一名优秀的叉车工不但要有娴熟的叉车驾驶技术，还要能很好地做好团队协作工作，提高生产效率，同时还应能做好配载装车工作。对于专线来说，叉车工最好是货物装卸、货物管理、装卸团队协同管理等方面的能手，最好能独当一面。同时，叉车工也可以委以工具保管方面的工作。

②库管员。专线库管员要负责货物的入库和出库管理、货物的贴标签分类识别等工作。库管岗位可以由叉车工担任，也可以由搬运工担任，但由于岗位责任重大，最好能由专人负责，同时分配一部分搬运协同任务或其他方面的管理工作。在一些装卸货量较少的专线，库管员岗位一般会由其他一线操作人员

兼任，或给库管员分配一些搬运装卸方面的工作。

③搬运工。搬运工是专线搬运装卸工作的中坚力量，也是专线各工作岗位中最大的单一岗位群体。专线服务的本质是货物运输服务，在服务提供过程中有大量的货物搬运、装卸、转移等方面的工作，这就需要雇请大量的搬运工。搬运工负责专线货物的搬运装卸工作，是以体力劳动为主的劳动群体。专线发运站的卸货入库、干线装车、外出接货、返货车辆卸货等工作任务，都要由搬运工主导完成。

（2）办公室员工。

专线发运站办公室在专线整个操作流程中处于神经中枢的地位，专线所有的操作指令都是从这里发出，包括操作指令的制定、更改、专线服务过程中的各种应急处理等。发运站办公室主要负责业务洽谈、开单、回单管理、专线服务提供的协调监督、专线内部管理等，是专线服务要件配备比较完善的功能板块，因此专线发运站办公室人员岗位配置会趋于细化。由于各专线的经营规模大小不一，难免会出现一人多岗的情况，但对于一般规模的专线，具体的办公室岗位安排有总经理、业务主管、开单文员、调度、财务。

①总经理。总经理是专线整个服务系统的统领，在小规模专线中，一般由专线老板自任总经理，而大规模专线通常会聘用有能力的人担任总经理职务。专线总经理负责专线的日常营运管理工作，协调处理专线内部的各种矛盾，保证专线的正常运营。同时，总经理还要负责维护客户关系、拓展业务、做好客户服务工作。

②业务主管。业务主管主要根据货物的性质状态和客户的服务要求进行日常的业务洽谈，负责业务接单工作，同时协助开单文员开具真实有效的托运单。按照谁的业务谁负责的原则，业务主管还应本着对客户负责、对专线负责的精神，协调处理好货物运输服务的及时有效提供问题。

③开单文员。一份完整的托运单需要采集包括收发货人、货物的相关数据、价格等方面的信息，需要联动库管员、业务主管等岗位人员。开单文员岗位要求工作认真细致，要按业务主管的洽谈结果和库管员反馈的信息开单，同时又要指导库管员按单对货物进行贴标签加以分类识别。开单文员主要负责开具托运单相关方面的工作。

④调度。调度岗位的兼任性很强，专线可以视工作强度设置专人岗位，也可以由业务主管兼任。专线发运站调度的职责主要是安排车辆上门接货和安排干线车辆装车，同时对专线的各种运力进行协调管理，保证专线运力的稳定供给。

⑤财务。专线发运站是专线经济收入的主要来源地，而专线到达站主要提

供货物分流服务，支出占大头。因此，专线发运站财务必须主抓发运站的财务管理工作，同时也要对到达站的财务支出进行有效监督管理。所以，发运站财务一方面是发运站的财务主管，另一方面也是专线整个系统的财务总管，通常由专线老板指派信得过的人担任。

（3）接货驾驶员。

上门接货是专线服务完整提供的服务保障措施。专线自备提货车辆在很大程度上是为了保证运力供给，更加可控地、有效地为客户服务，而且无论提货服务是有偿提供还是无偿提供，专线都会面临服务成本增减的考量。在保证服务稳定性和降低成本需求的驱动下，很多的专线都会自备提货车辆提供上门接货服务。提货驾驶员岗位配置由专线购置的提货车辆数量决定，并按提货量确定是否配备随车装货的搬运工。

2. 到达站人员岗位配置

专线到达站主要负责货物的分流工作，是专线发运站所承接货物运输服务的完成节点。由于物流服务地点的差异性，专线必须设立到达站才能提供完整的服务，而且到达站在人员规模配置上，应达到与发运站相对等的水平才能保障服务的完整有效提供。专线到达站所承接的专线操作流程中的操作环节包括卸车入库和分流出库这两方面的工作，相对应的员工岗位配置，包括一线操作员工和办公室员工及送货驾驶员。

（1）一线操作员工。

专线到达站主导卸车入库和分流出库这两个环节的工作，其中有相当大的一部分工作量是货物的搬运装卸工作，起主导作用的是一线操作员工，因此到达站的一线操作员工配置比例会高一些。对应于发运站一线操作员工的配置，到达站一线操作岗位也分为叉车工、库管员、搬运工。由于专线到达站在专线操作流程中主要承担货物的分流功能，一线操作员工的岗位重要性会突出一些。在讲究快进快出原则下，专线到达站仓库的中转作用性强，一线操作员工的工作节奏更快。

①叉车工。到达站叉车工岗位是与专线发运站相对等的岗位设置，是现代专线经营的必需岗位。专线到达站叉车工除了应具备发运站叉车工应有的操作技能外，还应有更娴熟的驾驶技术，以适应更快的装卸货节奏。同时，叉车工要能准确地区分识别货物，最好能独立完成查找货物、快速叉装货物工作。在专线员工中，叉车工是比较适合兼任库管员岗位的人选。

②库管员。到达站库管员一方面要负责仓库的日常管理工作，另一方面还要协助完成到达站货物的卸车入库和分流出库，按单核实货物的入库和出库，

更重要的是负责货物的清理，尤其是对损坏货物的分类清理。在专线实际运营中，到达站库管员还会分担更多的工作任务，如协助搬运工装卸货物、管理生产工具、监管货物卸车等。

③搬运工。专线到达站搬运工群体比发运站搬运工群体要庞大，为适应快速出货要求，工作节奏也更快。到达站搬运工除了要承担站内货物的装卸工作外，还要随车提供送货就位类货物的装卸搬运服务，对于那些有返程业务的专线，搬运工还要承担返程货物的装车工作。

（2）办公室员工。

专线到达站的工作任务单一，主要负责到站货物的分流工作，因此到达站办公室人员的配置比较简单，一般安排分流专员、财务、站点经理等工作岗位。

①分流专员。专线货物的分流出库方式有自提、送货、中转三种，对应的岗位有自提专员、配送专员和中转专员。专线可以根据业务量来设置人员岗位，视员工能力采取一人一岗或一人多岗的方式来定人定岗。分流专员的工作涉及面较广，能力要求高，最典型的代表是配送专员。要能胜任配送专员岗位，相关员工必须熟悉所在城市的交通状况，知道需配送货物的情况，如何选择车型、安排配送路线等，最好能同时兼任配送车辆的调度工作。

②财务。专线到达站的收入来源大多来自货到付款收入项中，更多的是对服务支出的管理，如中转费、送货费、上楼费等费用的支出。到达站财务的主要工作是对成本费用支出的监督管理和负责费用结算。原则上专线回单的收集、整理、交接寄送也应由财务负责。

③站点经理。到达站经理主持到达站的日常营运工作，主抓货物的出库运作，对服务意识的要求高。站点经理岗位重要，要有大局观，应具有很强的沟通协调能力和专线"专"的能力特性，最好是专线行业内的全能型人才。

（3）送货驾驶员。

送货驾驶员岗位的增设由专线是否购置送货车辆决定。有些专线会为省去管理车辆的麻烦而将送货服务外包给社会车辆，当然大多数专线在送货业务多的情况下，为保证运力的充足供应，同时为了提高集中配送效益，降低配送成本，会选择自购送货车辆来提供货物配送服务。有车自然就要配置驾驶员，专线送货驾驶员专职提供送货服务。送货驾驶员作为专线服务系统中的操作一员，其主要职责是负责车辆的保养和营运，听从调度安排做好货物配送服务工作。

3. 人员配置原则

专线承运的每一票货物都要进入专线操作流程，并且只有完整地走完整个操作流程才能说明服务已完整提供。专线服务的目的在于突破货物的地域限制，实现货物的真实地理转移并因此获取利润。而正是由于地理位置的不同，注定专线的服务是系统性的服务，并不是仅凭一两个人就能完成的，必须借助于一定的软硬件设施，经过系统性的组织协调，由多人组成的服务团队来实现。专线通过两点一线的布局来打破服务地域限制，把专线操作流程各环节内容精准地分配到两点，实现服务的完整有效提供。

系统性的服务需要有组织、有计划地进行人员调配，专线操作流程各环节的操作都需要配置相应的岗位，组织人员来操作。虽然专线操作流程的环节比较多，但是很多环节的内容实际上是相同的，如卸货入库和配载装车，这两个环节的主要工作内容都是搬运装卸工作，而且环节之间衔接紧密，操作融通性强，因此专线的人员配置自成体系。

（1）坚持各司其职，融会贯通原则。

专线通过设立两个服务站点来进行操作流程中的各项服务，两个站点各有分工，发运站负责业务承接，实行集零为整操作模式；到达站负责后续的货物分流服务，实行化整为零操作模式，两者之间通过干线运输衔接，共同组成一个完整的服务链条。专线的两个站点为完成各自的服务操作，需要划定工作岗位，进行合理的人员配置，把专线操作流程中各项细化的操作任务以工作职责的形式分配到各岗位中去。专线基于操作流程和工作性质来分配工作岗位，确保整个操作流程的顺畅，保证服务的完整提供。

专线操作流程中的各项操作，环环紧扣形成一个完整的操作链，其中有的环节对后续很多环节的操作都会带来影响，如业务洽谈过程中有关货物的问题就可能影响到配载装车、干线运输、卸车入库、配送等环节的操作，甚至影响回单结算。因此，专线人员配置不但要做到各岗位各司其职，要求各岗位员工做好本职工作，还要做到各岗位间的融会贯通，树立岗位操作全局观的意识。

（2）坚持定岗定责原则。

专线工作岗位的设定由专线根据经营需要决定，但都离不开专线操作流程这条主线。专线各岗位职责的内容实际上就是专线操作流程中的各项操作，专线的工作岗位围绕专线的发运站和到达站两个点来进行布局，各岗位分别负责专线操作流程中某一环节的内容。当然，操作内容相同的环节可以综合起来进行岗位配置，再加以明确权责。对于操作复杂的环节，可以根据需要增设不同的岗位，如出库分流环节，可以根据工作需要分别设立自提专员、配送专员、中转专员等岗位。

专线各工作岗位从事的都是一些烦琐的具体操作事项，操作的连贯性很强。专线在人员岗位配置时，应明确各岗位职责，做到权责分明，以便在专线经营过程中出现问题时能及时找到责任主体，快速查明原因，解决问题，避免出现因权责不清而产生相互推诿扯皮现象。岗位不清晰最直接的后果是由于权责不分，操作失误造成的损失最终全部由专线老板独自承担。

（3）坚持人尽其才原则，鼓励员工一岗多职。

鉴于专线的工作节奏快，操作的连贯性强，各环节间联系紧密，很多操作一旦出现疏忽就会影响后续环节的操作，甚至造成严重后果。而且，专线的工作内容简单，大多是技巧性工作，技术门槛低，兼容性强，一名员工只要在专线用心干几个月就能基本熟悉大部分操作。专线有能力的员工往往能胜任几个岗位的工作，特别是那些专线全能型人才，从洽谈接单、开单、开叉车、配载装车直到到达站的分流出库，基本上能样样精通，因此为保证专线操作的连贯性和做到人尽其才，专线应该鼓励员工一岗多职。再者，出于专线降低人力成本支出的考虑，可以给工作量少的工作岗位尽量分配一些其他工作任务，协助其他岗位工作或者把工作量少的岗位由有能力的员工来兼任，以优化人力资源配置，精减人员，降低成本。

1.2 人员协调管理

人员协调管理的本质是处理人与人之间矛盾的问题，反映到工作中就是岗位间的协调问题。专线的人员协调管理是专线加强员工管理，提高专线服务水平和服务效率的内部管理过程。其目的在于协调员工关系，加强岗位间的工作协同，强化站点间的联动，确保专线随时处于能提供高效服务的状态。专线加强人员协调管理能使自身的服务系统完整有效，不至于操作脱节，影响服务提供。专线操作流程环节多、服务系统构建复杂，在人员协调管理时要处理的问题很多，主要涉及团队内部的协调管理、站点内部的协调管理和站点间的协调管理。

1. 团队内部的协调管理

在专线内部，可以根据工作需要组建不同的操作团队，每一个团队负责专线操作流程中某一个或几个环节的操作，如业务团队、开单团队、一线操作团队等，各团队负责做好各自所属操作环节中的事务。有的团队岗位相同、工作内容相同，而有的团队却需要多个岗位的联动操作来完成工作任务。如专线中的一线操作团队，在进行装卸货作业时，需要库管员、叉车工、搬运工等多个岗位的共同协作才能完成。一线操作团队是专线最庞大、最重要的团队，由多个岗位人员共同组成，团队成员众多，文化素质普遍不高，工作任务量大、范围广，协调管理难度大。

团队的协同一致是做好操作工作的关键。在操作团队中，每一个岗位成员的缺失都会导致操作工作停顿。因此，专线必须采取行之有效的方法，对团队内部进行协调管理，加强团队内的岗位协调，共同完成操作任务。

(1)明确团队内各岗位职责，说明岗位在团队工作中的重要性，突出员工的岗位工作自豪感。

专线在人员岗位配置时都会力求精简，对有能力的员工也会要求其身兼数职，尽可能做到人尽其才，以降低人力成本。专线的每个岗位都很明确，具体负责专线操作流程中某一操作环节的操作，各岗位工作在专线操作流程中都是不可或缺的，只要任何一个工作岗位出现问题，专线的服务便会脱节，影响到专线的全局操作。这种情况在一线操作团队这种多岗位协同操作的团队中表现更加突出，叉车工、库管员、搬运工三个岗位的员工，任何一个岗位不配合都会造成操作中断，导致团队工作任务无法按时完成。因此，专线在团队协调管理时，应强调员工岗位在团队工作中的重要性，突出员工的岗位工作自豪感。

(2)确立团队核心领导人物，统筹安排团队工作。

专线对员工做好工作的定义不仅仅是员工做好自己的本职工作，更体现在员工把自身岗位工作与其他员工的岗位工作衔接在一起。这就要求员工具有高度的团队协作精神，而员工的协作必须要团队领导的统一协调。如装卸队长作为一线操作团队的领导人物，不但要统筹安排搬运工的工作任务，做到合理派遣，还要统领团队工作，协调好叉车工、库管员和搬运工之间的协作，做到团队内各岗位的紧密衔接，精准配合。

(3)坚持辅岗人员从属于主岗人员原则，临时到岗员工应服从所到岗团队的管理。

在专线员工都有兼职岗位的情况下，各员工都有主岗和辅岗。员工从事辅岗工作时不再以自身岗位为核心，而是加入了新的团队，应服从新团队的管理。由于一线操作团队的工作范围广，任务重，在很多时候，其他工作岗位的员工都会临时加入一线团队操作，协助搬运装卸工作。这时候，新加入的员工就应该听从装卸队长的安排，达成一线操作团队内部新的统一。

2. 站点内部的协调管理

专线的两个站点在管理上各成体系，分别负责各自的操作任务和管理。站点内部协调管理的目的在于通过站内各岗位工作的沟通协调，达到站点内部的统一，形成一个完整高效的服务网点，这是专线强化自身管理的需要，也是专线提升客户服务水平的需要。站点内部协调管理的重点是站点内部各操作团队之间的工作衔接问题，只有站点内部各岗位各尽其职、各团队各尽其职，才能完成专线操作流程中的各项操作，保持整个专线操作流程的顺畅，防止服务脱节。

专线站点在事实上属于相对独立的经济体，各有不同的操作任务，实行独立经济核算。站点负责人都负有把本站点事务管理好的责任，站点内部的协调管理是专线操作流程顺畅的保证，也是专线服务体系完善的保障。专线必须不遗余力地加强各站点内部的协调管理。

(1)站点内部岗位职责分工明确，做到人尽其事，各事有其主，确保专线的操作流程不断链。

站点内部的协调管理，首先建立在站内岗位职责明确分工的基础上。专线把操作流程中的具体操作内容细分到各站点，然后站点按操作内容来定责定岗，做好明确分工，再通过统一协调管理来保障各操作环节工作的完成和相互对接。专线各站点的分工自成体系，但必须做到各事有其主，保证专线操作流程在本站点内各操作环节的环环相扣，无缝衔接。

(2)明确专线两站点的责任义务，树立站点自主经营意识，鼓励各站点加强站点的内部协调管理工作。

专线的发运站和到达站在专线操作流程中存在从属关系，但在经营态势上却各有分工，可以按独立经济体的模式来进行管理。专线站点的管理，首先要明确各站点的工作内容和工作职责，确定各自评价考核的依据，给予独立核算的地位，然后再据此对站点的经营管理水平作出考核评价，以此来督促各站点加强自身的内部协调管理工作。站点内部的协调管理包括站内岗位的协调管理、站内团队的协调管理和站内各团队间的协调管理。专线各站点的内部协调管理可以做到专线操作流程的各环节操作在站内的完美衔接，减少操作失误，提高专线站点的管理水平和服务能力。

(3)鼓励站点员工相互间串岗学习交流，让各岗位员工明白各自工作的重要性，增强各岗位间协作的默契程度。

专线站点各岗位的操作内容具有相对独立性，但岗位工作的连贯性很强，相互间的影响很大，某一环节的失误会导致后续环节的中断或出现连续性失误。因此，站内员工的串岗学习可以使串岗员工熟悉其他岗位的操作流程和操作内容，明白自身岗位工作的重要性，这样既能增进员工之间的学习交流，又能激励员工做好本职工作，同时串岗学习也是专线培养全能型人才的重要手段。

(4)定期组织召开站内工作学习研讨会，加强各岗位员工的学习交流，增进相互间的了解，形成站点服务体的高效、完整、统一。

在专线领域，很多的专线实际上采取粗放式管理，任由员工自我学习成长，希望员工在工作中自行总结经验，相互间自主沟通协调。殊不知，这种放任模式弊端明显：一是员工进步慢，需要较长时间才能达到协调统一和高效发挥个人才干的状态。二是员工间的自主沟通协调效率不高，很可能互不给面子，造成岗位间不配合，影响操作效率。三是在员工成长过程中最大的损失是每一次经验教训的获得都是以专线损失来换取。实际上专线应主动培养员工，通过定期组织召开站内学习交流会的方式，把各岗位员工召集在一起，共同分析解决工作中出现的问题，积极梳理各操作环节，达到相互间体谅和支持的目的。工作交流会上可以相互揭短，也可以相互扬长，把岗位间的协作配合问题彻底解决。这样的领导介入协调管理模式最有利于员工的成长，也能很好地解决操作岗位间的协调统一问题。

3. 站点间的协调管理

专线站点是专线对外服务的窗口，专线承接的所有服务都是由发运站和到达站提供，两站点相互协作共同完成专线操作的整个流程。在专线人员协调管理的分类中，专线的团队内协调管理和站点内部协调管理是专线站点内部服务系统的管理，而专线站点间的协调管理更多的是强调专线服务提供过程中整个服务系统的协调管理，是服务的全面供给管理，这是专线协调管理的重点。专线站点间的协调管理可以及时解决专线服务过程中遇到的各种问题，保证专线服务承诺和服务提供的一致性，树立专线对外服务形象，建立专线高度协调统一、高效运转的服务体系。

专线站点间的协调管理历来是专线经营管理过程中的难点，很多专线两个站点间的协调管理都会出现这样那样的问题，甚至引起相互间的推诿扯皮，把精力放在两站点间的内耗上，严重影响服务效率，损害专线的对外形象。专线服务供应及时性、高效性的症结点就在于专线对发运站与到达站之间操作分工协同一致的协调管理上。

（1）把专线操作流程中的各操作环节科学合理地布局到专线站点，明确各自的操作内容和责任义务。

专线发运站负责业务洽谈、开单、卸货入库、配载装车和回单管理环节操作，到达站负责卸车入库和分流出库操作，两个站点通过干线运输衔接。在操作流程中，两者属于从属关系。在专线服务提供上，发运站负责承接服务，而到达站则提供后续的输出服务。专线两个站点的地理位置不同，操作环节和操作内容细分明确，不存在重复操作问题，关键点就在于对操作内容的认识中，能否达到统一，形成一致认可的操作模式，收到客户认同的效果。在专线经营过程中，发运站有责任认真负责无误地完成本站点的所有操作工作，将服务内容打包给到达站，到达站按要求把打包服务项目分解消化。从专线操作流程走向看，两者间的分工不同，各司其职。

（2）明确专线两站点经济上的独立性，强调两者经营上的连续性，站在专线整体利益立场来协调处理站点之间的关系。

专线的两个站点在经营上实行独立核算，这是专线管理的需要，但如果片面强调两者的独立性，就容易形成各自为政的局面，经常发生推卸责任、相互扯皮的现象。长此以往，就会造成服务脱节，助长事不关己高高挂起的工作作风，两站点之间只要一出现问题就往对方甩，这种现象普遍存在于专线行业。站在专线站点利益损害和责任担当的角度来看，多一事不如少一事，站点间相互推卸责任在所难免。而实际上，专线两站点是共生共存关系，所有员工都应站在专线整体服务体系的高度来看待问题，即专线的事就是我的事，而不管是发运站还是到达站出现的问题。专线的发运站和到达站就好比人的两条腿，只要少一条或者其中一条出现问题，都会造成站不住、走不稳的后果。

专线的站点布局是专线服务提供的需要，站点要为专线操作流程中各环节的操作服务。虽然各站点是操作内容上的独立体，也拥有完整的岗位配置和人事布局，但站点间互为依存关系，两者相辅相成。站点的各岗位员工包括站点本身都必须站在专线整体利益的角度来处理问题，要有全局观的意识。站点员工是专线的员工，站点也仅仅是专线的服务点，都是在为专线的经营操作服务，这是专线站点间协调管理的思想基础。只有让专线站点明白各自在专线服务体系中的角色地位，才能达成大家都是在为专线整体利益服务的共识，处理好相互间的协调与合作关系，达成默契协作，共同助力专线成长。

（3）实行站点间的岗位人员轮换，增进岗位理解，形成站点间操作的协调统一。

专线发运站和到达站在专线的操作流程中分别处于上游和下游，两者的操作分工不同，但操作的关联性强，相互影响大。由于地理隔阂，专线两站点间的沟通交流受限，容易造成站点间操作的相互埋怨，各站点只顾完成自己的操作工作而不顾后续操作的难易。专线站点间普遍存在操作协同矛盾，当中有配载装车与卸车入库的矛盾、业务洽谈与分流出库的矛盾、开单与分流出库的矛盾等，因为专线操作流程像流水线一样，发运站的每一个环节的操作都会对到达站的操作造成影响，从而构成专线站点间协作的矛盾体。在协调处理站点间矛盾时，专线除了要加强站点间的沟通协调外，最直接有效的办法是实行站点间的人员岗位轮换，让大家相互明白各自的操作内容和操作方法，增进相互理解，尽量做到在操作过程中能够为对方的操作工作方便考虑。像装车的不知卸货的难和卸车的不知装车的不易，配送的不知谈业务的难和谈业务的不知配送的不易，这样的工作抱怨就能在员工的岗位体验中消除，从而在各团队、各站点间形成一种互相理解、互相包容的氛围，更有利于专线站点间操作的统一协调。

（4）保持专线站点间沟通渠道畅通，及时有效解决站点间协作中的问题。

站点间的协同是专线服务有效提供的重要保障，虽然专线站点分工不同，各自责任义务明确，但相互间受操作连贯性的影响，在完成操作工作时会出现相互掣肘的现象。因此，专线站点间要保持沟通渠道畅通，当操作过程中出现问题时，必须做到相互间紧密配合，及时协助对方解决问题。专线站点间的协作最忌讳推脱责任，不是先追责再处理问题，而是应该先协作解决问题，然后再启动追责程序。

1.3　人员保障

在传统意识里，专线属于劳动密集型企业，普遍给人太脏太累的感觉。大家通常把对货物运输中所接触的驾驶员的工作状况的感官认识当作对整个物流业的认识。物流行业很辛苦，这一点没错，而实际上在大竞争的社会环境中，各行各业都很辛苦，只是大家对辛苦的理解不同而已。作为物流行业子领域的专线行业，其辛苦体现在劳动强度大、工作不定时、劳动时间长、社会认知度低。我国专线行业的另一大通病在于专线市场主体绝大部分是个体私营经济，家族色彩浓重、排外性强、经营决策随意、企业寿命周期短。正是因为以上种种原因，造成了专线经营人才的缺乏。

专线的人员保障集中地反映在选用员工、培养员工、留住员工三个方面。

1. 选用员工

专线在经营过程中，经常会碰到人员供给矛盾，如何选择利用人员是专线必须直面的问题。在行业大环境人才缺乏的情况下，专线有两个员工来源渠道。

（1）在亲戚里寻找合适的人选。

在亲戚圈里选择合适的员工符合专线家族企业的色彩。我国专线行业的市场主体以私营经济为主，很多专线都是夫妻档、父子档或兄弟档。鉴于专线两个站点必须同时设立的特殊经营模式，专线老板从把控业务的角度出发，通常会常住发运站，而到达站则会委派得力的亲戚去掌控局面。有的专线在员工配置时会从里到外都安排各种亲戚做事，有的专线则会把亲戚安排到关键岗位，其他的普通岗位则通过招聘方式录用人员。老板在给员工配置岗位时，也会坚持能者多劳、人尽其才的原则，而且会尽量把关键岗位安排给更亲近的人。由于专线行业有一些比较突出的特点，如工作时间长、工作比较辛苦、操作的灵活性强、很多工作的定量比较随意、多强调员工的自觉性等，专线老板为了加强对专线的掌控，会尽量选用亲戚员工，这是行业的一种无奈。专线亲戚员工中最好能是近亲，而如果近亲很少，选用一些拐弯抹角的亲戚也是一种选择，毕竟带有亲缘关系的员工在感觉上总比外人靠得住些。

专线大量录用亲戚员工，这是专线家族企业的特点，也是我国专线行业的一大特色。亲戚员工大量分配在专线操作岗位上，对专线的发展影响深刻，利弊表现突出，具体体现在下面几个方面。

①在专线经营的特殊时期，亲戚员工能充分展现向心力作用，协助专线生产经营走向正轨。而在专线发展成熟后，亲戚员工的各种争权夺利可能引起专线内耗，严重制约专线的深入发展。

专线的开设对家族来说是一种荣耀的体现。在专线经营初期和专线运营的困难时期，亲戚员工的亲情纽带关系能产生巨大的向心力，大家可以不计报酬、同心协力支撑专线迅速度过困难时期，快速步入正轨。很多负责任的亲戚员工都能做到把专线的事情当作自己的事情，协助专线老板做好操作工作，甚至成为独当一面的能手。但是当专线发展成熟以后，亲戚员工的弊端便暴露了出来，各种各样的钩心斗角、争权夺利便会充斥在专线的各个岗位，严重影响专线的岗位人员安排和服务提供。在专线稳定经营期间，大量亲戚员工的存在会形成某些利益集团，相互间将寻求一种平衡关系，和则专线兴，斗则专线衰。

②专线亲戚员工的沟通容易，思想工作比较好做，但在管理过程中存在诸多的不便。

专线老板对亲戚员工的情况有知根知底的认识，沟通起来比较方便，沟通效果好。专线老板除了能以情理来做说服工作以外，在关键时刻还能以亲缘关系或发动亲友团来协助做说服工作，从而达到留用人员的目的。但是，对亲戚员工的管理历来是家族企业的弱点，专线行业也是一样，亲戚员工在长期的岗位工作中容易滋生特权思想，有时会形成一种说也说不得、骂又骂不得的尴尬局面。而且，各亲戚员工间的关系协调起来比较困难，不知该说谁，稍微不慎就会给人以偏袒某一方的感觉，以至于产生更大的矛盾。

③亲戚员工在专线经营初期可以不计报酬、努力付出，而当专线经营成功后可能会变成邀功而无度索取，专线老板如何回报都是理所当然，否则就被说成是过河拆桥，不近人情。

专线经营初期，亲戚员工兢兢业业、不计报酬的辛勤付出是老板所需要的，对专线摆脱经营困难时期的帮助很大，但这种付出不能作为员工后期无度索取回报的理由。专线老板不能让亲戚员工有那种"没有我的付出，就不可能有你的今天"的错觉。员工兢兢业业工作是应该的，专线老板要严格遵循定岗定责定薪的原则，不能追求亲戚员工不计报酬地付出，要对所有员工一视同仁，即时兑现对员工的奖励承诺，包括对亲戚员工的承诺，以免各种事情累积到后期不好处理。亲戚员工应得的主动给他，而出于亲缘关系赠送的必须讲清楚，告诉他这些是因为亲戚关系才送给他的。专线老板只有厘清亲戚员工的劳动所得和赠予所得的关系，才能很好地处理好与亲戚员工的关系问题。

④大量使用亲戚员工无形当中会阻碍专线吸收利用优秀的社会人才。

对社会人才来说，在家族企业里上班终究摆脱不了那种压抑，即使老板没有做到任人唯亲。社会人才对于老板来说是外人，而亲戚员工才是老板自己的人，这也就是我们通常所说的"皇亲国戚"，就算老板表示所有员工一视同仁，大家也会认为亲戚员工一定会有老板赋予的特权。专线的岗位配置、任务分配在各层级员工中都会产生一种浮想，尤其是在亲戚员工和非亲戚员工中，各自都会觉得是否针对自己，长此以往，将会导致社会人才的流失。

（2）聘用优秀的社会人才。

任何家族式企业在长期的生产经营过程中，都避免不了企业的社会化问题。家族企业社会化最直观地的表现是企业员工的社会化，即弱化家族员工在企业中的作用地位，广泛吸收利用社会人才。利用社会人才的好处在于省去了人才培养所花的精力和代价，只要稍做培训就可以上岗，熟练操作。专线选用社会人才必须做到任人唯贤，严格坚持公平公正原则，创造良好的人才使用环境。专线选用社会人才，有下面四种方法可供选择。

①利用日常交往中的朋友关系，把有能力的朋友引入专线工作。专线行业在我国各城市的布局比较集中，专线圈子小且集中，每条专线的老板都有自己的交际圈。在专线的经营过程中，专线老板可以利用自己的交际关系，把有能力的行业朋友吸收到专线中来，为专线的经营发展使用。而且老板对朋友型员工的能力和为人比较清楚，基本上能做到工作岗位的优化配置，人尽其才。

②鼓励亲戚朋友推荐有能力的人加入专线操作岗位。人员推荐的面很广，选择的余地大。专线行业的技术门槛低，专线在直面推荐人员时，可以根据岗位操作要求来进行选择，而不必拘泥于其曾经从事什么行业，只要符合岗位技能要求，就可以大胆利用。由于被举荐的人具备胜任相应岗位的潜质，专线不需要花费过多的精力培养，只要稍微培训一番就能上岗操作，具有花费代价小、上手快的优势。

③行业内挖人。各专线的操作流程相同，相同岗位的操作内容大同小异，行业人才的通用性很强。而专线想要培养一名熟练的岗位工人，需要花费半年以上甚至更长的时间，因此行业内挖人是专线一种比较好的获取熟练员工的方

式。行业内挖人可以运用各种各样的方法，比如利用各种私人交情或通过朋友游说，但是挖人必须给人许以优厚的待遇条件，直到打动人心，以实现挖到优秀人才的目的。

④自主招聘人员。专线采取自主招聘人员的方式，一般是在前面几种方法都无法找到合适的岗位人员的情况下而不得已采取的手段。专线自主招聘可以通过张贴招聘广告、散发招聘传单或通过信息平台发布招聘启事的途径进行。花费的精力大，见效慢，一时半会儿难以物色到满意的人选，即使有合适的人，由于对对方了解不深，必须通过试用期来考察，专线对临时招聘的社会员工，只有经过试用期后才敢委以重任。

2.培养员工

员工培养是任何企业都不容忽视的问题，企业培养员工的目的是提高员工的工作技能和劳动熟练程度，使员工能尽快地投入到生产经营活动中，满足工作岗位要求，同时也是为了使企业的经营有充足的人力资源保障，维持企业生产经营活动的正常有序进行。作为服务型企业，专线在人员规模和资金实力方面都无法与大型的生产企业相比较，专线一般实行紧致的人员配置，不做大的人才储备计划。基于资金实力和节约人力成本的考虑，专线也会力求充分发挥员工的劳动积极性，尽可能做到人尽其才，从而达到紧缩人员编制的目的。

专线对岗位的操作要求高，而且各岗位的操作连贯性也很强，相互间的影响大。专线员工除去空降型人才外，基本上会从基层开始培养员工，采取梯次供给人才的方法即员工从基层开始培养，再逐级往上培养输送。通过这种方式培养出来的员工不但熟悉专线操作的各项任务要求，动手能力强，而且稳定性好，不会随便辞职，到后来基本上能成为专线的骨干。专线对好员工的定义是能做好本职工作，不使本岗位工作影响其他岗位操作。对优秀员工的理解应该是不但要能很好地完成本岗位工作，还要能协助或参与安排、指挥其他岗位工作。专线员工培养重在岗位操作技能的培养，而对于那些有潜质的员工，可以从多岗位操作来培养，争取把员工培养成操作多面手，成为专线骨干。

专线培养员工可以参照其他类型企业的员工培养方法进行，而专线在运营过程中通过各种培养员工方法的融合，形成了独特的员工培养方式。

（1）提供开放式平台，鼓励员工自学成长。专线在操作过程中会形成一线操作和办公室两个功能区块，功能区块内是集中办公和保持内部开放的状态，各岗位间的协同性强且衔接紧密。这就给功能区块内的关联岗位员工提供了相互观摩学习的机会，大家可以在操作合作中相互交流学习，也可以相互观摩学习，这是员工的一种自我学习，也是大家的共同学习，员工可以利用工作实践，提升自身的操作水平，达到提高能力的目的。

（2）安排有经验的老员工带领新员工工作。

以老带新是大多数企业培养新人的方法，老员工通常是专线的骨干，不但熟悉专线的各项操作，经验丰富，而且对所工作的专线也比较了解。由老员工代教新员工往往能达到很好地培养新员工的目的，但是前提是专线老员工要能起到好的榜样作用，要愿意教新员工，也要会教新员工，同时新员工也必须是愿意学且是会学习的可塑之材。

（3）专线有组织、有计划地培训员工。专线的员工培养除了员工的自觉主动学习之外，专线还应积极介入，主动培养员工。员工培训是对在岗员工的岗位操作培训，专线可以定期或不定期地对员工进行操作上的指导，组织员工对各种操作方法和操作方案进行讨论，不断总结工作中的经验教训，营造一种相互交流学习的氛围，以达到培养员工的目的。专线培训员工可以采取开会学习讨论、现场操作指导等方式进行，也可以通过制定操作规范和操作要领，要求员工严格遵照执行，借此达到提高员工能力的目的。

（4）通过推荐的方式安排准员工去别的专线工作学习，等专线需要时再召回来。这是一种比较隐蔽的培养员工的方式，前提是专线必须保证对员工的可控，员工在培训好之后能主动回归专线。专线在筹划开设或人员充足时，可以采取输送代培的方式，把不熟练的亲信安排到别的专线去上班学习，等自己需要时再召集回来。这有种"挖人"的嫌疑，但不失为专线培养熟练员工的良策。

3. 留住员工

市场竞争的本质是人才竞争。随着我国逐步步入老年社会，各企业之间的人才争夺战会越来越激烈。专线作为典型的劳动密集型行业，本身就缺乏人才，人才竞争势必会愈发激烈。专线人才流失可能导致两种严重后果：一是专线花费大代价培养的人才跑到竞争对手那里去，反而增强了对手的实力；二是得力干将出走，开设同一方向的专线，给专线自己增添了新的对手。因此，留住人才成了专线不得不思考的问题。

企业留人是一门学问，专线在经营过程中是想留住优秀人才，必须下一番苦功夫，从多角度来进行安排。

（1）营造公平竞争的工作环境，做到任人唯贤。

鉴于专线家族式企业的现状，专线在经营过程中必须打破任人唯亲的经营意识，无论是亲戚员工还是社会员工都要平等对待，鼓励员工之间公平竞争，凭能力上岗。专线要在员工中做到赏罚分明、一视同仁才能激发员工的进取心，只有这样才能留住真正的人才，才能保证专线生产经营的有序开展和专线的健康发展。

（2）制定合理的薪酬制度，严格贯彻执行按劳分配原则，鼓励员工多劳多得，推行切实可行的员工激励机制。

"吃大锅饭"不只是国企的专利，在民营经济体中也大量存在，典型的表现是干多干少一个样。要想打破"大锅饭"的局面，最直接的手段是引入量化管理方法，制定工作量标准，实行量化管理。专线的"大锅饭"主要反映在各操作团队的"吃大锅饭"，从而引起团队内各操作岗位之间的纷争，严重降低团队的劳动效率，挫伤员工的工作积极性。如果实行工作量化管理，贯彻按劳分配原则，则能够激发员工的劳动积极性，使有想法的员工多干多学，这样既可以提高生产效率，又可以达到专线培养人才的目的。

（3）购置生产必需的材料工具，保障员工食宿，尽量提供员工满意的工作、生活环境，合理安排工作时间。

各专线由于实力的差距，为员工提供的工作生活条件不一样，但为了留住员工，保证生产经营活动的正常开展，专线都会尽力为员工营造良好的工作、生活环境。

①工作方面。专线及时购置生产经营所必需的生产设备、工具和办公用品，努力提高工作的便利性，降低员工的劳动强度，提高生产效率；科学制订工作计划，合理安排员工的劳动时间，尽量避免无效劳动；加强各岗位之间的沟通协调，及时处理各种矛盾分歧，维持员工间团结友好的氛围，精心打造工作场所，为员工营造和谐欢快的工作环境。

②生活方面。在国内大多数专线包员工食宿的现实中，专线员工的食宿费用是一笔不小的开支。专线对员工食宿支出进行精打细算是一种做企业的思维，其本身无可厚非，但不能过于计较，妄图从中省钱，当然过于铺张也不现实。专线在员工食宿安排上，要坚持合理有度支出原则，保证员工吃饱吃好，同时也要让员工住好，切实保障员工食宿。

（4）用心倾听员工的诉求，对员工实行差异化管理，尽量满足员工的诉求点。员工工作除了共同的薪资方面的诉求外，其他的诉求点各不相同，有追求工作环境的，有追求在工作中学习的，有在意食宿方面的，也有看重情义的，各种人有各不相同的诉求重点。专线想要留住员工，必须找准员工的诉求点，想尽办法满足员工，当然前提条件是员工的诉求应当是合情合理的，专线要有能力解决。这就需要专线深入了解自己的员工，针对不同员工的诉求，对员工实行差异化管理，留住专线想要的员工。

（5）充分发挥人文关怀魅力，做有情有义的专线。

留人要留心，企业开展人文关怀的目的就是要让员工在企业能感受到家人般的关怀，以留住员工的心。专线要想做好人文关怀工作，必须花费精力了解员工个人，包括员工个人的社会关系、家庭状况等方面的情况。不但要关心员工日常工作、生活中的问题，还要尽力帮助员工解决社会交往、家庭生活中的问题。专线虽小，但如果有大的情怀，能一心一意地为员工着想，留住优秀员工自然是水到渠成的事情。对员工来说，有情有义的专线也会是一个很好的雇主。

第二节　车的问题

车辆是专线生产经营活动开展的基本生产要素之一，专线货物转移离不开车辆作为运输载体作用的发挥。专线提送货物和干线运输都需要车辆，因此车辆问题是专线运营必须考虑解决的问题。由于车辆与货物在专线经营过程中存在着共生共存的关系，两者之间相互依存，互为矛盾体，如果撇开货物来谈车的问题，将毫无意义，所以专线在解决车辆问题时，必须以货物量和货物状况为依据，结合货源情况来分析车辆的问题。专线在分析车的问题时，很多时候是指干线运输车辆，实际上货物短途提送方面有着更大的用车需求，只是干线运输的单次运费高，运价受市场影响大。在此，我们以专线的整体用车问题来加以分析。

2.1　车辆选择

专线的车辆选择是运力组织调配的前提，目的是满足提送货物和干线运输的用车需求，解决专线的车辆供给问题。车辆选择与专线的资金实力、业务规模、货物状况相关，当然也跟客户的服务要求有关。专线应该根据自身的实力和生产经营需求，选择合适的车辆执行货物运输任务，保障车辆供应，保证各种运输任务及时有效完成。

1. 车辆来源

专线运营车辆来源有两种渠道：一种是专线自行购置车辆，包括专线支付部分资金与人合伙购买车辆；另一种是调配社会车辆。专线可以根据自身的运营需要来选择合适的车辆供应渠道或将两种车源渠道结合起来，以解决专线的运力供给问题。如何解决车源问题，这跟专线的规模、实力紧密相关，也跟专线的经营思路相关，而且两种车源渠道在专线的经营中各有优缺点，最好能做到操作时的扬长避短。

（1）自行购置车辆。

专线购置车辆包括专线自行出资购买和与他人合资购买两种方式。专线购置的车辆用于满足专线生产经营过程中的用车需求，主要为专线自身服务。从用车需求方向来看，专线自行购置车辆分为购置中小型货车提供提送货短途运输服务和购买大型货车提供干线运输服务。专线可以根据自身的经济实力、业务规模和管理水平来决定如何购置车辆。

专线自行购置车辆可以很好地解决车辆问题，而且自有车辆的可控性强，提供服务有保障，特别是在季节性车源供应紧张时，自有车辆能保证专线的正常运转，同时专线通过自行购置车辆参与公司营运，能够实现经营利润的最大化，但是专线自行购置车辆对专线的实力和经营管理水平要求高。如果专线盲目作出购车决策或者车辆管理不善，专线自有车辆可能会造成营运亏损，甚至成为专线发展的包袱。所以，专线在选择自行购置车辆来执行运输任务时，应综合分析自身的资金实力、货源保障和车辆营运管理水平。

①专线购置车辆需要准备充足的资金，保证足够的支付能力。无论是购买中小型货车还是购买大型货车，专线都需要准备大笔的资金，特别是购买大型的干线车辆所需要的资金巨大，如果专线抽调大量流动资金来购买车辆，则可能会造成资金周转困难，反而影响专线的正常经营。

②专线的业务量稳定，有充足的货源来维持自购车辆的正常营运。专线购买车辆的目的，说得好听一点是为了保障服务提供，尽可能为客户提供及时有效的服务，其实质是专线为了追求经营利润最大化而采取的经营策略。专线购买车辆应基于自身的货源保障，专线购买中小型的提送货车辆应有相应的提送货物量，而购买大型的干线运输车辆则应做到专线两站点间货物互发，不然专线的自购车辆将造成车辆营运亏损，侵蚀专线的利润。

③专线要会管理车辆，懂得车辆的经营之道。专线自行购买车辆，除了给专线的经营提供便利之外，也对专线的管理提出了更高的要求。专线不但要做好自身主业的经营管理，还要经营管理好自己的车辆。车辆是赚钱的工具，专线在经营自有车辆时，面临一系列的问题需要解决。

• 招聘合适的驾驶员。专线聘用驾驶员的要求比较高，不是仅仅要求驾驶员会开车，驾驶技术好而已。专线聘用了驾驶员之后，会把自有车辆的经营管理权交给驾驶员，由驾驶员负责车辆的营运管理。因此，专线自有驾驶员不但要驾驶技术好，还要有充分的责任心，做好车辆的维修保养工作，同时还要善于经营车辆。如接送货车辆驾驶员就必须懂得如何搭配货物，如何安排行驶路线，如何与客户沟通安排交接货物等事项。

• 做好自有车辆的日常维修保养。专线经营自有车辆要保持车辆始终处于合法正常的可使用状态，在保证车辆状况正常的同时，专线还应该控制车辆的维修保养费用支出，降低车辆使用成本，所以专线最好是懂车才买车。

● 要知道如何做好车辆的营运管理。专线做好自有车辆营运管理，要考虑三个方面的问题：一是要保证有充足的货源，让车辆满负荷营运；二是降低车辆的故障率和避免交通事故的发生，减少车辆停运时间；三是要控制车辆的营运成本，提高车辆的营运效益。车辆营运总的思路就是在控制成本的前提下，让车辆不停地跑起来。

(2)调配社会车辆。

社会车辆可以理解为除专线自有车辆以外的，能为专线提供货物运输服务的车辆。社会车辆是一个很广的概念，它可以是长期提供社会运力的车辆，也可以是临时进入物流市场，提供短暂社会运输服务的车辆。社会车辆的主体包括个体运输户、各种运输公司以及临时在物流市场寻找货源的经济组织。在我国的专线行业内，社会车辆主要是个体运输车辆和挂靠在运输公司名下而实际上属于个人的车辆，这部分车辆是专线货物运输的主力军，特别是在专线的干线运输中，个体运输车辆起着主导作用。

社会车辆以运输服务为根本，依靠收取货物运费为生，流动性强，具有明显的趋利性。在我国物流领域，社会车辆是一个十分庞大的群体，承担着国内公路运输任务的绝大部分。因此，在专线运营中，社会车辆是不容忽视的车辆来源，即使是在自有车辆充分配置的专线，在某些特殊时期，社会车辆也会作为运力补充使用。

作为一种社会资源，社会车辆具有一些比较突出的特点。

①以赚取运费为生，趋利性明显。社会车辆以车辆营运为生，追求多拉快跑，在运输货物时，往往希望能有较高的运价。社会车辆承接运输任务时，关注的焦点是运价和运费支付方式，只要运价高，运费好结算，其他的事情都好解决。当然，社会车辆营运同样要遵循市场经济规律，受制于供需矛盾与价格的关系，也逃脱不了个体间的相互竞争。

②社会车辆流动性强，区域市场的车源供需矛盾转变快。鉴于社会车辆以收取货物运费为生，趋利性明显，社会车辆的流动性很强。哪里有货拉就往哪跑，哪里运价高就往哪里去，任何区域市场的社会车辆供求状况变化都很快，有的地方车辆扎堆，而有的地方却一车难求。

③社会车辆中，各行为主体的经济状况、社会关系、利益诉求等不同，为追求各自的利益，很容易形成无序低价竞争，进而扰乱市场秩序。社会车辆这个群体十分庞大，分属不同的利益主体，各自的利益诉求不同，在经营车辆的过程中很难形成大的联盟，基本上是各自为政，只要车主觉得合适就会承接运

输任务，所以社会车辆在物流市场是处于无序竞争状态。当然，车辆的营运成本是竞争的底线，只是利润留存多少的问题。在社会车辆的竞争格局中，有双向对开货源优势的主体优势明显，可以综合评估车辆来回一趟的总收益，而不必计较单向运输的收益。社会车辆的无序竞争拉低了货物运价，造成了如今专线行业市场混乱的局面。

④社会车辆专线化趋势明显。社会车辆在长期的营运过程中会选定一条固定的线路营运，从而转变为专线车辆。专线是物流市场上货源的有力组织者，随着市场经济的日益发展完善，货物会更加向专线集中，最终社会车辆在专线化的同时发展到同专线合作，这样更加促使社会车辆的专线化。在专线与社会车辆两者之间的供求关系中，一方提供货源，一方提供运力，从而形成了相互依存的关系。

⑤社会车辆群体大，供给面广，车型丰富。社会车辆的供给为满足运输市场需求而来，参与的主体多种多样，各种车型应有尽有，对专线而言，可供选择的余地很大，专线在运营中可以充分利用社会车辆来解决运力供给问题。

2. 车型

现阶段，在我国物流市场上常见的货运车辆有平板车、厢车和高栏车三种车型，不同车型对专线场地硬件设施、货物形状等要求不同，为货物运输安全所提供的保障程度也不一样。专线在车型选择上，主要受货物状况的影响，更多的是考虑运输安全和货物装卸的问题，当然也跟客户的服务要求有关。专线具体需要什么样的车型，由专线根据自身的经营需要来决定。

（1）平板车。

平板车，顾名思义就是车辆货厢是一块平板的车辆，车厢四周没有其他的附属设施。行内人对平板车的理解是车辆在处于装卸货待命状态时，车厢四周没有其他的阻挡物品，可以自由地在车厢两边和车厢后面进行装卸货物作业。基于这种理解，平板车不仅包括本身就是平板的车辆，还包括低栏板车和可以拆掉栏杆的高栏车。平板车最典型的代表是平板大挂车（图5.1）。平板车在运输市场上广泛存在，是一种常见的车型。运用平板车装运货物的优势十分明显，具体表现在以下几个方面。

①平板车的车厢四周没有阻挡物，可以从车厢两边和后面同时进行装卸作业，装卸货物方便快捷，省时省力。零散货物和笨重货物的装卸车操作，可以在平板车的车厢两侧进行，借助叉车等装卸辅助工具，能有效缩短搬运距离，减少搬运次数，缩短劳动时间，从而提高工作效率。

②平板车号称全能型车辆，可以装载的货物种类多，特别适合装运大型笨

图 5.1 这是典型的平板大挂车，车货板上都放有保护货物运输安全的雨布和绳索，有时这些工具会装在工具箱里

重的机械设备，尤其是超宽、超高的异型货物。由于平板车车厢没有边框限制，叉车和吊车可以任意操作，异形货物的装运也十分方便，如果不考虑超限问题，基本上不会出现货物装不下的问题。

③笨重设备使用平板车装运的安全系数高。平板车的车厢在设计上对货物安全的考虑周到，车板四周有无数绳钩和齿钩，在装运货物时可以对单件的笨重货物进行单独绑绳捆扎固定。如有必要，也可以对车上货物进行整体捆扎保护。

④平板车在装运货物时，装货高度和装货宽度可以适度掌控，车厢空间使用充分，货物装载率高。平板车的车厢没有厢体限制，装货高度和宽度比较好把握，只要不超过公路限高和限宽要求范围，稍微超高和超宽并无大碍，这样就能充分利用车厢空间，提高车厢容积率。

虽然平板车的装运优势明显，但是其缺点也一样突出，并在一定程度上成为其他车型进入运力市场的理由。

①平板车对装卸货物的场地设施要求高。由于平板车的车厢顶部无任何遮挡，在遇到雨雪天气时，如果场地没有大棚便无法进行装卸货作业，这是平板车的硬伤，也是专线在场地选择时，必须搭建大棚库房的原因。专线选用大棚

库房的目的不只是堆放货物的需要，更主要的是在雨雪天气也能进行平板车辆装卸货作业。

②平板车装货要求高。平板车车板四周都没有护栏支撑，货物装车必须堆码整齐、互相切合，车上货物最好能咬合形成一个整体，否则很容易造成车辆四周货物的倾斜垮塌，严重的可能造成车上货物整体向车厢一边倾斜，进而造成重大货损事故乃至翻车事故。

③平板车盖解雨布麻烦，耗时长，而且盖雨布和解雨布时的踩踏容易损坏货物。平板车在雨雪天气营运，装车时要盖雨布，卸车时要解雨布，特别是干线平板车，无论是否雨雪天气，只要是装运专线零担货物都必须盖雨布，也要解雨布。更何况干线平板大车的雨布又大又重，为保证货物不受潮，必须加盖多层雨布，这样盖雨布和解雨布既耗时又费力。由于平板车在盖雨布和解雨布时没有支撑，人员不可避免地要在车顶货物上来回踩踏，而车顶货物本身就是泡货，支撑强度低，来回踩踏容易造成货物变形损坏。（图 5.2）

图 5.2　平板车装运货物时，由于货厢四周没有支撑，必须使用网兜把雨布罩住，这一方面可以把雨布固定好，另一方面也能很好地保护货物，但盖雨布和解雨布都要踩踏车顶货物，而且需要加盖多层雨布才不至于使货物淋湿受潮

④平板车上货物淋湿受潮风险大。车上货物淋湿受潮的情况大多发生在干线运输平板车上，虽然干线平板车在起运时加盖了多层雨布，做足了防雨措

施，但是雨布质量的问题和盖雨布的方法不正确，会造成车上货物淋湿受潮。干线平板车上货物受潮有三个方面的原因：一是雨布质量不好，有漏洞；二是车顶积水严重，雨水渗漏；三是盖雨布的方法不正确，安全工作没有做到位，货物把雨布刺破。平板车盖雨布的正确方法是雨布三层加盖法：第一层盖雨花布，第二层盖完好的防水薄膜，第三层盖防水油布，同时要尽量保持车顶货物中间高两边低，防止车顶雨布上积水。另外还要注意雨布不被硬物刺穿或运输途中被车顶异物刮烂。

（2）厢车。

我们通常所说的厢车是指全封闭厢式货车，在一定程度上可以理解为平板车的反面车型。厢车的车体在设计上固定了宽度和高度，货物的尺寸必须符合车厢的尺寸参数才能进行有效装运。为适应货物运输的需要，厢车从最初的集装箱式货车衍生出单边开门厢车、两边开门厢车、飞翼式厢车和不封顶厢车（图5.3、图5.4、图5.5）。其中不封顶厢车，从严格的意义上来讲，应属于我们后面要分析的高栏车的类型。

图 5.3　海运集装箱是典型的仅开后门的厢体，装运这种货柜车比较麻烦，搬运工作量大

厢车在运输行业的应用，极大地弥补了平板车的不足之处。厢车突破了装卸货物场地大棚的限制，降低了装货堆码的高要求，消除了平板车盖雨布的麻烦，避免了盖解雨布来回踩踏货物的变形损坏风险，也消除了车上货物淋湿受潮的隐患。使用厢车的好处很多，厢车货厢封闭，装运货物安全，但厢车的局限性也不容忽视。

图5.4　这是比较常见的公路运输专用厢车，边门的设计有利于车厢前部的货物装卸

图5.5　当下较为流行的飞翼式厢车，货物装卸相当方便，但装运大型笨重货物时不便固定

　　①厢车对货物的选择性强，对货物的要求高。厢车受厢体的限制，不能像平板车那样可以随心所欲地装运货物，厢车对货物的尺寸有明确的要求，货物尺寸不能超出厢体尺寸，而且厢车只能使用叉车进行货物装卸操作，无法使用吊车来吊装货物。所以，大型机械设备无法使用厢车运输，即使有的设备能装上厢车，但也很难在车厢内对设备单独进行固定，货物安全和行车安全无法保障。
　　②装卸厢车耗时长，工作量大。厢车不能跟平板车一样，在车厢两边任意

装卸，厢车要通过车门转运货物，离车门远的位置，搬运距离变长，有时需要多次搬运，这样就明显增加了工作量，延长了装卸货时间。这种情况在单开后门式集装厢车装卸货的过程中表现最明显，所有货物的装卸必须从车厢尾部经过，搬运距离超长。而多边门厢车和飞翼式厢车就可以很好地避免这种情况。

③厢车货厢容积有限，空间利用率低，货物装载率不及平板车。在厢车宽度和高度的限制下，厢车难以达到空间的充分有效利用，特别是在货厢高度的使用上浪费很大。厢车的容积有效使用率能维持在90%左右就很不错了，如果装车工人不负责，浪费20%的空间也很正常。因此，在计算厢车的有效装载量时，应考虑合理的容积损耗。

④厢车也应该注意防雨防潮。虽然厢车少了车上货物淋湿受潮的隐患，但是也不能对此麻痹大意。厢车在营运过程中要随时注意检查车厢的密闭性，避免出现车厢厢体老化渗水和车门渗水的情况。

（3）高栏车。

高栏车是介于平板车和厢车之间的一种车型，拥有平板车的某些特点，也兼顾了厢车的一些优点。高栏车的车厢两边有立柱和边栏杆，车厢顶部无遮挡设施，营运时需要加盖雨布（图5.6）。高栏车有两种类型：一种是车厢两边固定焊死，只能通过车后门和车边厢上部装卸货物；一种是通过拆下车厢边栏杆，选择从车尾和车厢两边装卸货物，但车厢两边的立柱无法拆下。高栏车在设计上兼顾了平板车和厢车的优劣势。在干线运输车型选择中，平板车和厢车之间基本上可以达到一种优劣势的互补，逐渐成为运输市场的主流车型，而高栏车处境相当尴尬，面临被市场淘汰的境地。

图5.6　高栏车有边框限制，需要随车携带雨布以防止货物淋湿受潮

3.车况

车况是指车辆的状况，它包含两个方面的内容：一是车辆本身的状况，要能保证正常营运；二是车辆作为货车能安全地装载货物运输。这也就是我们通常所说的车辆状态正常，能安全装货运输。专线选用车辆，首先要检查车况，只有车况正常才能使用，不然很容易造成不必要的麻烦。

（1）车辆本身状况。

车辆本身状况问题概指车辆应该取得合法的手续，具备合法上路营运的资格，同时车辆状态良好，能正常上路行驶。

①车辆手续齐全。车辆上路行驶必须具备合法的手续，而且货车还应取得相应的营运资格。货运车辆的合法营运要有有效的行驶证、保险、年检单证、营运证等相关手续，否则无法上路营运。如果车辆手续不全而冒险上路，存在因非法营运而被查扣的风险。

②驾驶员手续齐全。在讨论车辆问题时，随车驾驶员的情况很容易被忽视。而实际上驾驶员与车辆是相对应的一体化存在，随车驾驶员不但要拥有合法有效的驾驶证，而且驾驶证上的准驾车型要与所驾驶的车辆一致。在我国有的地方，货车驾驶员还必须获得从业资格证才能驾驶货车营运。

③车辆状态正常。车辆要保持正常的营运状态关键是要做好车辆的日常维修保养工作，使车辆随时能投入到营运工作中，而且应不使车辆在行驶过程中发生故障抛锚事件或其他因车辆自身问题而引发的事件。货车的日常维修保养主要是定期打黄油、更换机油机滤、检查更换轮胎、更换问题部件等。

（2）车辆可使用状况。

使用货车的目的是运送货物。专线在检查车况时，除了要认真检查车辆自身的状况外，还要核实车辆的可使用情况，车辆要能装运将要发运的货物，而且车辆应配备保证货物运输安全的必要设备设施。

①车厢情况。车厢情况主要是看车辆货厢的平整度和可承载重量的情况。货厢平整度要求与所装运的货物有关。在大多数情况下，零担货物对车厢平整度要求不高，而且只要不是车厢有问题，车底板的承重问题也不必考虑。只是在使用厢车时，要考虑车厢内异味对食品类货物的影响和车厢厢体的密封性。

②随车设备设施。随车设备设施是保障货物运输安全的必需品，这在使用平板车装运货物时最为常见。平板车的随车必备设施包括大绳、雨布、绷带等，在运送大型设备时，还要准备相应的铁葫芦，这些都是平板车在营运过程中用来保障货物安全的物件，也是专线在使用平板车时需要核实的情况。

178

2.2　车辆配置

车辆配置的实质是运力的配置。专线车辆配置从车辆选择上来看，可以分为车源配置和车型配置两个方面。车型配置比较简单，专线只需根据日常经营中的货源状况来确定合适车型即可。对于专线来说，真正有实际操作意义的是车源配置问题，也就是专线是否买车营运的问题。

1. 车源配置

专线车源配置是一个比较讲究的问题，它不仅涉及专线经营过程中的运力保障问题，与专线的实力、业务规模相关，也与专线的经营思路和经营策略紧密相关。专线的车源配置要求专线在决定选择自购车辆还是选择社会车辆来保障经营过程中的运力需求时，要根据自身的实际需要和发展计划来选择合适的车源配置模式，以实现专线最佳的经营模式。专线车源配置在现实操作中有多种模式可供选择，适用情况不同，优缺点不一。

（1）完全使用自有车辆营运。

专线完全使用自有车辆来实现运力保障，可以理解为专线的提送货和干线运输运力完全自给，也可以理解为仅是专线提送货运力的完全自给或是干线运输运力的完全自给。专线要想实现某一方面或全面运输任务的运力全部自给，必须具备相当的资金实力和业务保障能力，而且还要擅长经营管理车辆。专线运力的完全自给是一种排除使用社会车辆的完美营运状态，在某一时期内很可能会出现运力过剩的现象，造成车辆闲置。

①适用情况。在不考虑专线资金实力和车辆经营管理水平的情况下，专线要实现提送货运力的完全自给或干线运输运力的完全自给应基于以下分析。

● 提送货方面。专线提送货业务订单稳定，业务用车需求能保证专线维持自有车辆满负荷运转或基本养活车辆，不至于使车辆造成营运亏损；即使在业务繁忙时，专线也能通过有效沟通留住订单而不使业务外流；专线可以根据业务需求来决定自购车辆的数量。

● 干线运输方面。专线两站点间的货源充足，能实现干线运输的货物互发，以此达到运力供需的平衡，专线自有干线车辆充分自营，这是长距离干线运输专线自购干线车辆实现运力完全自给的必要条件；运距短的专线，自有车辆的返程空驶费用低，只需单向货源充足即可采取自主购车来保障干线运输用车需求，如果双向货源充足，则更能实现专线利益最大化，这也是大多数短途专线采取自购车辆运输的原因；专线干线运输运力完全自给的典型方式是甩挂运输。

②优点。专线实现运力配置完全自给，可以在经营过程中凸显出巨大的优势。

• 车源保障好，运力供应可控性强，专线的运力供给可以不受社会车辆供求关系的影响，有利于专线的长期稳定经营。

• 在运力完全自主供应的情况下，专线的运输成本固定化，从而可以制定自主的经营策略，把握市场竞争的主动权。

• 专线自有车辆调配自由方便，容易管理，省去了临时调用社会车辆的烦恼，能很好地为客户提供服务，有利于保障专线的服务提供。

• 专线运力充分自给可以实现专线经营效益的最大化。专线自有车辆在参照社会车辆定价的情况下，如果能实现饱和营运，不但可以给专线带来线路经营上的利润，还能产生车辆自身营运的利润。

③缺点。专线完全使用自有车辆经营的模式优势很大，但缺点也很明显。

• 大量购车会给专线经营带来很大的资金压力，盲目地购车很可能会大量挤占专线的流动资金，引起专线经营过程中资金紧张，影响专线的健康发展。

• 自有车辆营运会分散专线经营主业的精力。经营车辆的收益来源简单明了，在自有车辆较多的情况下，专线会不由自主地把精力放到车辆营运中去，从而出现本末倒置现象。

• 专线经营过程中出现的各种货源不足情况会造成专线运力过剩，自有车辆闲置，进而给专线经营带来压力，导致自有车辆的优势变成包袱。

(2) 自有车辆与社会车辆组合营运。

专线在选择自有车辆与社会车辆混合使用的经营模式时，可以采取以自有车辆为主、社会车辆为辅的运力组合模式，也可以采用以社会车辆为主、自有车辆为辅的模式，具体选择使用哪种模式，由专线根据自身的经营需求来决定。

①适用情况。自有车辆和社会车辆混合使用的运力配置模式，使用范围广，在专线行业内被广泛采纳。通常情况下，专线在稳定经营了一段时间，实现货源供应稳定后，为了收获最大的经济效益，往往就会考虑自行购置车辆参与专线营运。在这种运力配置模式的指导思想下，专线购置车辆应遵循合理有序的原则，探索自有车辆和社会车辆配合使用的最佳模式，发挥车辆配置的最佳效益。

• 以自有车辆为主、社会车辆为辅。专线的基础货源供应稳定，能充分保障自有车辆有效投入营运，在货源充裕、运力紧张时，吸纳社会车辆加入，作为自身运力的补充。

● 以社会车辆为主、自有车辆为辅。专线货源组织有力，能同时满足社会车辆和自有车辆营运。在正常经营时期，专线以社会车辆为主要运力，自有车辆作为运力补充手段。但当市场供求发生变化社会运力供应紧张时，自有车辆可以发挥应急作用，缓解专线的用车荒。

②优点。专线自有车辆和社会车辆组合运用，可以充分发挥两种车源的优势，为专线经营注入相当的活力。

● 社会车辆加入专线营运，能为专线提供坚实的运力保障，切实解决专线的用车荒。同时，专线不必把过多的资金投入到购置车辆中，保证专线经营现金流的充足。

● 车源的优化组合使用，有利于实现专线经营效益的最大化。

● 运力供应的充分保障有利于专线专注于货源的组织供应，致力于专线的经营管理，具备了把专线做大做强的运力基础。

③缺点。专线自有车辆和社会车辆在专线车辆的调配使用过程中存在经济利益冲突，尤其是在专线货源供应紧张的时候，如何保障双方车辆的营运收益成了专线要协商解决的难题。专线在面对利益损失时，很难做到一碗水端平，平等对待自有车辆和加盟社会车辆。

（3）全部使用社会车辆营运。

完全使用社会车辆营运是指专线不自行购置车辆，所有的运输业务通过调配社会车辆来完成。专线在经营过程中，通过长时间的运输业务合作，会与社会车辆达成合作共识，把长期合作车辆转变成专线的业务合同车，从而形成一种长期稳定的供需关系。基于合作约定，社会合同车辆在任何时候都要优先保证合作专线的运力供给，专线也必须优先配载发运合同车。双方在合作中各取所需，达到利益平衡。

①适用情况。专线完全使用社会车辆参与货物运输任务，有三方面的因素考虑：一是专线实力弱小，为保证专线正常经营发展的资金需要，不打算自行购置车辆；二是专线经营不稳定，货源组织无保障；三是专线不擅长经营管理车辆。全部使用社会车辆营运的模式比较适合实力弱小的小型专线。

②优点。在我国运力市场上，社会车辆供应充足，可供选择的余地大，专线可以充分利用社会车辆资源为自身的发展服务。专线运力完全市场化，可以给专线经营带来比较大的优势。

● 专线没有使用大量资金购买运输车辆的压力，可以充分保障经营过程中的现金流，有利于专线开发市场，拓展业务。

● 没有自用车辆营运方面的困扰，有利于专线全心全意做好日常生产经营管理，一心谋求做大做强。

● 社会车辆供应主体多，专线选择面广；车型种类丰富，专线可以根据业务需要灵活调配。

③缺点。专线在经营中完全依赖市场提供车源，也会表现出突出的经营劣势。

● 专线对车源的控制力弱，无法保障运力的稳定供应。这种情况在单向发运的专线中表现最明显，当区域市场出现季节性运力供需矛盾时，专线可能面临无车可用的窘境，严重威胁专线的正常运营。

● 社会车辆运价随市场波动变化快，除了合同车辆的运价稍微稳定外，临时调用社会车辆的运价很容易侵蚀专线利润。当然，当市场运力富余时，专线也能很好地享受车源红利。

● 相对于自有车辆，社会车辆的运费支出高，专线无法实现经营收益最佳化。

● 使用社会车辆需要及时支付运费，专线必须保证充足的现金流，以随时支付运输费用。

● 由于缺乏相互了解，临时调用的社会车辆在配载装车或干线运输中，可能会给专线带来各种各样的问题。

2.车型配置

专线的车型配置比较简单。在实际经营过程中，专线会根据经常性的货物状况和客户的装运要求来确定适合货物运输的主力车型，对于那些特殊装运要求的货物，则可以通过临时调用社会车辆来弥补运力空缺，从而避免货物配载装车的不便。专线在经营中如何选择车型自有独到见解，目的是尽可能选用合适的车型装运货物，以方便货物的装卸和安全运输，同时实现配载装车效益最大化。

（1）以平板车为主力车型的专线。

鉴于平板车辆装卸货物方面的优点，专线应以机械设备等大型、异型、笨重货物为主要货源，这样才能充分发挥车型优势。同时，平板车对专线站点的硬件配套设施要求高，专线站点必须在仓库场地搭建大棚，否则遇到雨雪天气无法进行正常的装卸货作业。以平板车为主力车型的专线，可以搭配少量其他车型来满足非常规运输业务需求，也可以临时调用社会车辆中的其他车型为己所用。

（2）以厢车为主力车型的专线。

厢车对专线站点场地的要求比平板车低一些，但对货物的要求高。由于厢车无法装运大型、异型、笨重的机械设备，采用厢车为主力车型的专线通常以小件规则货物为主要货源。这类专线在车型配置时,可以采取以厢车为主、平板车为辅的车型搭配模式。如果平板车的用车需求很低,也可以采取临时调用市场上的平板车的方式来满足临时性平板车用车需求。

2.3 车辆使用管理

任何行为主体购买车辆的目的都是在经营车辆的过程中获取运费收入,以实现车辆的营运收益。专线经营的本意在于通过提供货物运输服务来获取经济利益,这是专线的主业。专线自行购买车辆参与专线经营服务,是因为专线的货物运输业务能够为自购车辆带来营运效益,并不是所谓的为了保障服务提供。单纯地为了专线经营服务而自行购买车辆,在经济上并不划算,甚至可能会成为专线经营发展的包袱,因此如果在经济上不可行的情况下来保障专线服务,专线完全可以吸纳社会车辆来满足自身的运力需求。所以,作为专线的副业,专线自购车辆在营运过程中,应该参照社会车辆的运价进行独立核算,以评价自有车辆的营运水平。

专线车辆使用管理是专线在经营过程中,对所有参与专线货物运输服务车辆的管理,是建立在车辆合理配置基础上的专线运力保障工作。从专线经营本业的角度来看,车辆是专线开展生产经营活动必需的生产要素之一,车辆的使用为专线的生产服务。

1. 车辆供应保障

车辆作为货物实体转移的载体,在专线经营中起着不可替代的作用。专线日常生产中的提送货服务和干线运输安排都离不开车辆,而且专线的用车需求大、频率高,因此车辆供应保障是专线稳定经营的必要前提条件。专线在经营过程中的车辆供应保障,通常会采取以下三种有效措施。

(1)组建专线自有运力。

专线在资金充足和货源充裕的双重保障下,可以考虑自行购买车辆来保证专线经营的运力供应,也可以采取入股的方式与他人合伙购买车辆来参与专线的货物运输工作。专线自购车辆和专线入股车辆存在的根本原因在于专线有充足的货源来保障车辆的正常营运,这两种类型的车辆都是专线的自有运力,它们都是应专线需求而存在,同时也是在营运的过程中为专线提供服务。专线自有车辆的可控性强、调配方便,资金雄厚和货源充足的专线比较适合组建自有运力。

(2)组建合同车队。

合同车在本质上是社会车辆。社会车辆和专线在货物运输市场上属于供需双方，一方提供车辆，一方使用车辆，双方在长期的经济合作中形成一种比较稳定的供求关系。专线在经营过程中为保障运力供应可以合同的形式把长期使用的社会车辆固定下来，专供专线生产使用。在运力市场处于买方市场的背景下，专线可以通过社会车辆交付合作押金，拟定相应合同条款的方式约束社会车辆行为，保证合同车在任何时候优先装运本专线的货物。组建合同车队伍是专线在运力市场化过程中常采用的车辆供应保障方式，适用范围广，只要专线货源稳定，就可以考虑引入合同车辆。

（3）临时调用社会车辆。

临时调用社会车辆是专线在运力供应紧张时采取的车辆供应保障措施。那些小型的、货源不稳定的专线，在经营过程中也会采取临时调用社会车辆来满足经营用车需求。临时调车应用灵活，选择范围广，有时可以捡到运价低廉的回程车辆，但车辆供应保障性差，很容易造成专线服务脱节，不利于专线的稳定经营。临时调用社会车辆最有效的方式是通过熟悉的驾驶员推介的方式来保障车辆供给，当然专线也可以去停车场寻找车辆或通过车辆信息平台找车。临时调用的社会车辆在与专线的长期合作中，可以被专线吸纳为合同车，从而按专线合同车辆的使用进行管理。

2. 车辆使用管理方法

车辆跟驾驶员是一体化的存在，两者是运力供给的统一体，专线车辆管理是管理车辆也是管理驾驶员。由于专线规模大小不一，专线的车队规模大小也不一致，规模大的专线运输任务重，用车需求大，车队规模也大，反之亦然。因此，专线在生产经营过程中必须采取有效的方法来管理车辆，以保障运力供应，维持专线的正常生产经营活动。

（1）根据专线状况选择合适的车源配置模式，同时优化车型配置。

车源配置和车型配置是专线车辆管理首先要解决的问题，车源配置可以解决专线运力供给问题，而车型配置是为了保障运力供给的合理有效。专线经营是一个持续不断的过程，每天都有大量的用车需求，而且不同的货物对车型有不同的要求。专线进行车源配置和车型配置就是要解决车辆的有效供给问题，保证专线日常经营中的用车需求。

（2）建立车辆使用管理制度，对专线自有车辆和合同车辆进行有效管理。

车辆跟专线在经济关系上是一种供需关系，两者之间构成一对供需矛盾体。站在专线经营的角度看，专线对车辆的管理是基于专线生产经营的需要，是对车辆使用过程中的管理。专线的车辆使用管理有着广泛的含义，内容丰富。

①对专线合约车辆进行建档备案，随时掌握车辆信息。专线的合约车辆包括

专线自有车辆和合同车辆，这些车辆是专线的可控运力。专线在日常经营中要实时了解车辆的状况即车辆的车况和营运动态，以保证运力的合理、有效供应。

②公平公正对待专线合约车辆。专线在调配使用车辆时，不可避免地会遇到自有车辆和合同车辆的选择问题，为维持车辆队伍稳定，专线应遵循公平公正原则，按先来后到顺序排队装运车辆，决不能为一己私利而影响运力的平稳供应。

③专线车辆使用调配应以货物装运为主导，优先保障专线服务提供。当货物与车型之间出现矛盾时，专线应当以货物发运为优先原则，适时选用合适车型装运货物。这其实是专线与车辆在合作时的利益冲突点，解决矛盾的方法在于专线必须坚持服务优先原则，保证服务的及时有效提供，要求车辆的经营收益必须让位于专线的整体利益。

④对驾驶员进行必要的安全教育和服务培训。专线对车辆运输安全的诉求最重要地体现在对货物安全的需求上，专线对驾驶员进行安全教育培训的宗旨是保障车辆行驶安全，以保障货物运输安全，货物的运输安全才是专线的利益所在。驾驶员服务培训是为了培养驾驶员的服务意识，使驾驶员达成与专线一致的服务理念，为客户提供高品质的提送货服务。

⑤建立车辆考核评价体系，对合约车辆进行有序管理，择优选用。对车辆的评价考核应综合车型车况和驾驶员的素质进行，选择与专线经营发展目标相契合的车辆和驾驶员作为合作对象，以做好专线的货物运输服务。

（3）积极组织货源，保证专线合约车辆充分营运。

专线能够吸引车辆加入的根本原因在于专线的货源有保障。对专线运力稳定供应最大的威胁并不是运力供应紧张的时期，而是货源供应不足的时候。货源不足会导致车辆停运，影响车辆营运收入，因此专线在经营中必须积极组织货源，特别是在货源季节性供应紧张时，更要想方设法及时发运合同车辆，只有这样才能保持车辆队伍的稳定，防止运力流失。

3. 运费结算

运费支出在专线的日常经营支出中占大头。俗话说"车辆一响，黄金万两"，这当中包含着两重含义：一是车辆发动营运，专线会有营业收入，会产生经济效益；二是车辆启程运输，专线必须支付运费。车辆在运营中的油费、过路费都要以现金的形式支付，这就要求专线保持充足的现金流，用于支付车辆的运费。运费支出是专线绕不开的结，专线的车辆运费支出必须是实时的现金支付，不然车辆无法启运。

（1）运费结算方式。

专线的运费支付方式选择比较多样化，基本上都是采取先服务后付费模式，或者先支付部分费用，待运输任务完成后再支付剩余部分。对不同运输任务，专线的运费支付方式也不尽相同。

①干线车辆运费支付。专线的干线运费金额比较大，运费支付通常会采取先付到付或先付回付的方式支付。对专线合约车辆可以选择先付回付的方式进行运费结算，而对于那些临时调用的社会车辆，则会选择先付到付的方式支付。专线对干线运输车辆运费推后支付的目的是基于对干线运输质量的保障需要，如果货物在干线运输过程中出现淋湿受潮、遗失或交通事故等因驾驶员问题造成的损坏情况，专线就可以通过扣除相应运费的方式来向车辆索偿。

②提送货车辆运费支付。专线短途运费结算应秉承先服务后付费的原则，在专线费用支付中，短途运费一般采用回单付的支付方式，对专线合约车辆有时甚至可以采取月结支付方式结算。专线单趟短途运费金额较小，但经历长时间的积累也会变成较大的数额，不过月结支付方式仍然可以极大地缓解专线的日现金流压力。

（2）有关运费注意事项。

运费是车辆的营运收入，对专职驾驶员来说，运费就是其收入。因此，驾驶员在与专线合作的过程中，运费的高低和运费的结算是其最关心的问题，所以专线在使用车辆装运货物时，要注意合理解决运费问题。

①随行就市制订合理的运价水平。专线和车辆在本质上分属不同的经营主体，两者在合作上不可避免地要进行运价的商议。运价高低由车辆供需双方商议确定，具体金额受运力供需矛盾、燃油变化、运距长短、装卸货物难易程度、运费结算速度等因素的影响，运价高低事关专线和车辆的利益，涨跌互现。专线运价确定应坚持随行就市原则，切不可因货源充足而随意压价。

②运费加补和扣减要按约定严格执行，不可言而无信。专线在与车辆的合作中处于强势地位，但也不能随意扣减驾驶员运费，否则很容易失信于驾驶员，造成运力供应的不稳定。对驾驶员而言，运费该加的必加，该扣的不扣最好。因为运费高低直接关系到专线的经济利益，专线在操作时最好做到该补的必补，该扣的必扣，如果要答应补偿的却不补偿，最后就会失去信誉。

③运费按约定结算，不无故拖欠或借故拖延结算。车辆作为货物运输的载体在专线经营中存在着不可替代的重要作用，货源是车辆稳定的基础，运费按约结算是车辆稳定的重要保障。车辆运费的延迟结算会引起驾驶员的巨大争议，严重的时候可能会导致专线步入无车可用的尴尬境地，这种情况在专线行业内并不少见。虽然有的专线确实是因为资金周转困难难以做到按时结算车辆运费，但从维护专线良好信誉的角度出发，专线应该想尽办法按约定时间及时结算车辆运费，不然失信于驾驶员会造成专线有货无车装运的局面，进而损害

专线的行业信誉。

第三节　货的问题

货物是专线的服务标的。为客户提供货物的搬运、装卸、运输、配送等服务是专线的核心工作内容，专线的人员问题、车辆问题的协调解决都是为货物运输服务进行的，专线操作流程的质量管理和安全管理，其中心点也都是货物。换个角度来看，货物问题是专线的业务问题，这也是我们在本节中要讨论的问题。专线业务好，说明专线的货物量大，货源供应组织得力。专线在业务上对货物问题的把握主要是：组织货源，积极拓展货源渠道，稳定专线货物供应，维持货量充足；合理承接货物，做好货物结构搭配，优化货物配载装车，实现货物配载利润的最大化；协调处理好货物、人员、车辆之间的矛盾，保证货物进出畅通，解决货物周转过程中的问题，顺利完成专线对客户承诺的服务。

3.1　组织货源

货源即业务，是专线生产的根本。专线通过承揽货物运输服务，运用自身服务体系实现货物实体的转移来完成对客户的服务承诺，并在服务过程中获取经济利益。专线的整个服务体系的建立，都是以货物为基础，以货源为前提，因此组织货源是专线的工作重心。货源组织是专线业务拓展和开发客户的过程，任何一家专线在经营过程中都必须千方百计地拓展业务，保障货源稳定。鉴于专线经营是一个长期、持续的过程，专线每天都需要联系业务，安排车辆发运，因而货源组织是专线日常经营管理的工作重心，是专线每天都要做的重要的基础性工作。

1. 寻找货源

专线的开设及稳定经营是建立在城市之间经济联系紧密、商流活跃、物流需求旺盛的基础之上。如果专线节点城市之间没有充足的物流需求，专线的持续经营便难以为继，而在经济联系紧密、物流需求大的城市之间，往往存在同向专线多、竞争激烈的情况。即使专线处于独家经营的状态，在专线设立初期和专线的发展阶段，为了抢占市场，追求经营利润的最大化，专线也应该不遗余力地寻找货源，保证货物供应。

对于寻找货源，我们可以从专线缺少货物和寻找货源方法两个方面来加以分析。

（1）缺少货物。

缺少货物是指专线货源不充裕，货物量不足以满足专线车辆的正常发运，也可能是专线货物虽然充足，但是货源结构不合理，某种类型的货物供应不足，无法实现配载装车的利润最大化。因此，这里所说的缺少货物，并不是我们通常所理解的缺货少货状况，缺货最直接的后果是专线利润的损失，所以利益追求是专线千方百计寻找货源的源动力，缺货是专线寻找货源的主要影响因素。

专线在常态化的经营过程中，每天都要面对装运货物发车的情况，由于专线客户在发货频率和发货数量方面的不确定性很大，即使业务再好的专线也无法保证不会出现缺货的情况。在经营过程中，专线缺货有两种情况，即经营性缺货和结构性缺货。

①经营性缺货。在我国公路运输领域，车辆装载货物通常以所装载货物的重量为计费依据，因此专线在装运整车零担时，往往会优先考虑把车辆的重量装到位。在缺货的情况下，专线车辆装载重量不足，车厢位置闲置，如果此时车辆的发运成本不变，少装载的货物量将直接侵蚀专线的利润，这种因专线缺货而造成车辆无法满载的情况，我们可以定义为经营性缺货。（图5.7）

图5.7　这是干线车辆没有实现体积满载的表现，车厢容积的浪费对专线来说是经济利益的损失，如果车辆的装货重量也没有到位的话，发运这种车辆对专线毫无经济效益可言

经营性缺货是专线经营过程中比较常见的情况，尤其是那些新开设的专线由于客户群体小，每天接收的货物又必须及时发运，缺货的情况经常发生，严重的时候甚至每天都会为缺货而焦虑。实际上，即使实力雄厚、货量充裕、发车量大的专线，在遇到货物着急发运时也会有缺货的情况发生。经营性缺货是专线在干线车辆发运时所面临的车辆没有满载，处于部分重量和体积闲置的情况。对于专线来说，只要能多装一件货便多赚一件货物的钱。因此，专线解决经营性缺货问题的根本途径在于积极寻找货源、开发客户、增大货量，争取做到发运的车辆不出现部分空载行驶的情况。

②结构性缺货。结构性缺货并非严格意义上的缺货，不是专线无货可装运，而是专线所接收货物的结构不合理。在概念理解上，我们可以把结构性缺货定义为专线在经营过程中所承接的货物类型比较单一，货物结构不合理，无法达到配载装车的最佳效益。专线结构性缺货最典型的表现是重货多泡货少或泡货多重货少。结构性缺货的专线在组织车辆装运时，能够做到把车辆的重量装到位或者把车辆的体积装满，但是由于缺少泡货或重货，无法在配载装车时实现货物装运重量和体积的双到位，做到车辆满载发运。在专线讲求配载效益的背景下，这种体积的浪费或重量的折损会托高货物的发运成本，造成专线利润损失，虽然不至于出现亏本发运，但是往往经济效益不佳。

在实际运营过程中，长期结构性缺货专线的经济效益不高，而且会逐渐形成一种卖力不赚钱的困局意识，感觉自己纯粹是在做义务劳动。专线发生结构性缺货的情况一方面跟专线自身的客户结构有关，可能专线的客户群发货类型比较单一且相似，导致专线出现重货集中或泡货集中的局面。另一方面跟专线发运站所处城市的产业布局有关。如重工业城市提供的货物以重货类居多，而轻工业城市发运的货物多以泡货为主，当然这也不是专线结构性缺货的决定性因素。结构性缺货跟专线的经营思路和业务拓展密切相关。

专线在面临结构性缺货困局时应积极转变经营思路，针对缺货方向寻找货源，开发客户。在实际经营中，专线甚至可以采取降价的策略来承揽货物，以做到货物类型的多样化，达到货源结构平衡。

（2）寻找货源方法。

寻找货源在本质上等同于拓展市场，开发客户。关于客户的开发问题，我们在客户管理论述中已经探讨过，因此对于寻找货源，我们可以从主动寻找货源和被动寻找货源这两种方法来分析。

①主动寻找货源。主动寻找货源是专线在经营过程中对自身的经营状况有深刻的了解，明白自身所缺货物的类型，从而主动出击有目的地寻找货源，拓展业务。主动寻找货源是基于专线对自身持续稳定经营和健康发展并获取最佳

经济利益的追求，这种主观能动性有多种表现形式。

● 在到达站城市寻找产地为专线发运站所在城市的商品。产地为专线发运站所在城市的货物极有可能是从产地直接发运过来的，只是没有交由本专线承运而已，这种情况可以作为专线寻找货源的一个方向。

● 通过行业内朋友间的交流互换情报，相互提供货源信息。

● 从流动性强的社会车辆驾驶员处获取信息。很多的社会车辆驾驶员流动频繁，往往不会固定装运某一家专线的货物，尤其是在车辆需求旺季时，谁出价高就拉谁的货，因此这个群体拥有丰富的货源信息。

● 在信息平台上寻找货物。随着我国社会信息化的发展，各种物流信息平台不断出现，专线可充分利用信息平台优势寻找货源。

②被动寻找货源。被动寻找货源是指专线在业务开发中虽然采取了积极措施吸引客户，但很多时候仍然需要等待客户主动来联系货物托运事项，寻求物流合作。在货源供应关系中，专线是被寻找的一方，所以在专线经营中有"开门做生意，待客上门来"一说。专线要想在被动寻找货源中有所建树，需要做好大量的前期工作。

● 专线在经营过程中必须坚持服务第一、客户至上的经营理念，想客户所想、急客户所急，全心全意做好物流服务，在行业内树立良好的口碑。坏口碑会一传十、十传百，好的口碑同样也会声名远扬，用服务好的名声来吸引客户是专线经营的首选策略。

● 做好专线的宣传推广工作。专线的宣传推广涉及广告费用支出，从实际操作经验来看，专线的这类投入是值得的，而且也是必不可少的。专线可以在合理安排、科学统筹的基础上安排广告投入，针对专线所处的不同经营时期恰当地选择诸如物流书刊广告、车身广告、散发名片、派发传单、送广告礼品、网络广告等宣传推广模式，扩大专线的知名度，引起客户的注意。

● 接好业务洽谈电话。"电话一响，黄金万两"，专线很大一部分业务其实都是在电话洽谈中达成的。当然，在当今的社交工具中也包含了 QQ 和微信，在这些不见面情况下的业务洽谈中，专线对业务负责人要有较高的素养要求，包括人员素质和专业能力，争取做成每一单来电业务。

● 认真接待上门客户。客户主动上门洽谈业务实际上是对专线软硬件实力的考察。专线对上门客户不应好大嫌小，区别对待，而应该一视同仁，热情款待，充分向客户展示自己的实力。

2. 保障货源

货源保障是专线持续稳定经营的前提。专线在长期的营运过程中会形成一个庞大的客户群，虽然在现实中很少有那种每天都发货的客户，但是鉴于专线客户数量大，存在着一部分客户不发货但别的客户会发货的情况，每天不同客户的发货能够维系专线的稳定经营。保障货源其实是保证货物供应的稳定，在一定程度上也表现在客户的维护上，具有两重意思。

(1)稳定型货源。

保障货源稳定最有效的方法是抓住那些有长期稳定物流需求的客户，这种客户越多越有利于专线的稳定经营。稳定型货物对物流需求稳定，而且发运的频率比较高且固定。与那些季节性货物和节假日礼品型货物的高度集中发运不同，也跟成套设备的一次性发运完成不同，稳定型货物是一种长时期稳定的供应模式。专线行业常见的稳定型货物有以下几种。

①生产原料型货物。生产原料包含的范围很广，包括生产所用的各种化工原料、食品添加剂等，是工业生产中不可或缺的原料。这类货物需求稳定，只要工厂不停产或原材料采购地不变更，专线能把服务做好，就可以为专线提供持续不断的货源。生产原料型货物的单次发货量通常比较大。

②生产用零配件型货物。零配件型货物的供应方向很稳定，而且供应时间长，是专线最可靠的货源，只要配件供需双方的供应局面不被打破，其物流需求就不会中断。在生产用零配件型货物中，汽车零配件的物流需求是典型代表，甚至因此催生了专业汽车零部件供应链物流。

③消费类货物。消费类货物是进入流通领域的商品，指向消费终端。消费类货物的涉及面广，包括各种日用消费品、食品、饮料、服装、建材等，其物流方向跟消费流向一致。消费类货物的发货量会随着商品的逐步普及而增大，直至市场成熟而稳定，当然也会随着商品的逐步淘汰而使得发货量变小。

④指定港口进出口类货物。这种类型的货物在港口城市中普遍存在。我国城市港口的分工日益细化，各港口的服务范围相对明确，因此通过港口进出口的货物在来去方向上比较固定，这对专线经营中的货源稳定供应起了很大的作用。

(2)保障货源措施。

保障货源对专线的生存有着十分重要的意义。只有货源稳定供应，专线才能做到稳定经营，不至于出现经营性缺货的情况。为保证维持长期稳定经营，专线必须采取十足的货源保障措施来维持客户群的稳定，这样才不会造成客户流失。客户交替轮换快，不断发生开发了新客户却失去了老客户的情况，进入这种境地的专线无法获得健康的发展，也难以做大做强。

①抓好客户服务质量管理，为客户提供稳定优质的服务，保持专线老客户群体的稳定。专线的客户积累是一个持续不断的过程，所有老客户都会经历从

初次合作发展到长期稳定合作的过程。专线对经常合作的客户要以持之以恒的决心为其提供满意的服务，不以发货量大小或发货频率高低来区别对待，从而保障货源稳定。

②保障稳定型货物的供给。稳定型货物的供给是专线稳定经营的重要保障，只要这类货物的物流需求不变，专线就能够获得稳定经营的货源。在专线领域，大家对这种类型的货物通称为打底货，打底货是专线干线车辆装车发运的保障。当然，在市场上每天都会有偶然需要发运的大票货物，专线也可以承接这些货物作为发运的打底货物，但这些货物的供应稳定性不明，很可能是一次性发送，因此只能作为专线经营的补充。稳定型货物的供给才是专线长期稳定经营的保障。

③顺应市场变化及时调整经营策略，增强服务理念，提高服务水平和服务能力。物流服务随着社会分工和经济的不断发展而发生变化，物流服务内容也已经从单纯的货物运输服务扩大到要求提供提送货服务、装卸货服务、上楼服务等，将来更有可能会要求提供信息收集之类的服务。随着客户所要求的服务内容不断增多，服务要求也越来越高，专线应做到与时俱进，满足不断变化的客户要求，服务好自身的既有客户。

④对重要客户的发货情况实时跟踪，及时核实异常发货客户的情况并采取行动挽回客户，防止客户流失。专线老客户的异常举动可表现为：一是发货的频率变低，而且间隔期不断变长；二是发货量由大变小，单次发货量也变小；三是货物托运费结算方式改变，付款周期不断变长。面对客户的异常举动，专线要及时行动，深入了解客户情况，对可能流失的客户加以挽回。

3.扩大货源

扩大货源等同于专线开发市场、拓展业务，也就是我们通常所讲的客户开发，是专线不断发展壮大的保证。专线行业有一种比较特殊的现象，它表现为在正常的经营思路和服务理念支持下，只要专线一开始营运，货物的发运要求会逼迫专线不断地扩大经营规模，不断地扩大货源供应来满足配载发车需求，但是只要专线刻意压缩规模或变相地对客户挑三拣四以求维持发货量在一定的水平，就有可能造成专线的客户流失，走入每况愈下的恶性循环。这种现象可以定义为群聚群散效应。专线货物供应充裕，可以给配载装车提供充足的保障，实现配载装车的最佳效益。在专线长期经营中，笔者个人倾向于努力扩大货源供应，把专线做大做强，而不应该刻意控制货物量，压缩经营规模，片面追求优质货源、高额利润局面，谋求实现所谓的精品专线目标。扩大货源供应可以有效解决专线缺货的问题，同时也是专线做大做强、树立行业品牌的必由之路。

专线扩大货源供应可以协同客户开发工作进行，通过采取有效的措施来实现目标。

（1）通过各种各样的方法寻找目标客户，主动与客户洽谈合作，把潜在客户转化为现实客户。在概念理解上，所有的专线经营方向上有物流需求的客户都可以定义为专线的潜在客户。专线在寻找货源时，应主动紧盯所有的潜在客户，积极寻求业务合作机会，千方百计扩大货物来源。

（2）实时注意目标客户的一举一动，抓住机遇获取专线的理想货源。专线的目标客户可以理解为那些发货量大的客户或货物类型正好是专线短缺的客户，这类客户对专线来说是比较优质的客户。专线应抓住每个偶然一次的合作机会，争取与客户建立长期的合作关系。

（3）积极调整经营策略，主动参与市场竞争。专线同行之间的竞争无非就是比服务、拼价格。在各专线服务差异比较大时，价格因素的影响并不大，很多客户都会为选择优质服务而忽视价格诉求，但在专线服务同质化的趋势下，价格的优势便凸显了出来。专线在市场竞争中应集中精力提供有别于竞争对手的差异化服务，同时采取有竞争力的报价方案参与争夺客户的竞争。

3.2　货物结构问题

专线经营主要以货物配载来谋求经济利益。在公路运输以车辆所装载货物的重量为计收运输费用依据的前提条件下，专线通过合理的货物配载，在保证车辆载货重量的同时充分利用车厢空间，从而实现车辆装货重量和装货体积的完全到位。这种车辆的载重和车厢体积的共同充分利用，相比仅是车辆载重或车厢体积单一的充分利用，可以达到较高的费效比，实现更大的经济利益。因此，与单一货物的整车运输不同，专线的零担整车运输会讲求车辆载货重量和载货体积间的相互结合，追求车辆装货重量和体积的双满载。这也就要求专线在承接货物时，要区分好货物结构，合理搭配装车。

1. 货物结构类型

货物结构分类在专线领域是很值得重视的问题。在货物发运洽谈中，首先问到的是"货物多重，有多少方"，这明显是在询问货物的重量参数和体积参数，然后以此区分货物类型，选择确定相应的计费标准来计收运费。货物结构分类的现实意义在于一是专线该以什么样的标准来收取货物的运费；二是专线据此标准来合理承接、配载货物。货物结构分类通行的定义分为重货、泡货以及介于重货和泡货之间的衍生品——重泡货。

重货和泡货是相对的概念，在定义上很好理解，但在量化指标区分上不好说。专线对重货和泡货的界定标准，每个时期都不同，主要跟当时的道路交通法规对车辆超限的规定相关，同时与车辆的载重和车厢容积相关。参照我国当前的交通法规和大部分车辆的情况，我们来对重货和泡货的标准进行界定：我国目前的道路交通法规对运输车辆按轴数进行限载，规定六轴车辆的总重量不超过 50 吨。以此来推算一台货厢长 17 米、宽 2.8 米、高 2.8 米，空重 20 吨的厢式挂车，这台车可载货重量 30 吨，可装货体积扣除合理折损后为 120 立方米，据此得出重量与体积比是 1∶4，这时我们可以把每吨 4 立方米以下的货物按重货计收运费，每吨大于 4 立方米的货物按泡货计收运费，至于重泡货的界定，我们可以取中间值，每吨 4 立方米的货物是典型的重泡货，即 30 吨货物正好是 120 立方米。因此，专线在划分重泡货时，会把介于每吨货物 3 立方米和每吨货物 5 立方米之间的货物定义为重泡货，然后给重泡货制定一个收费标准。在后面的分析中，我们可以参照货物的重量与体积 1∶4 这个数值来进行重货与泡货的界定。

（1）重货。

重货是指质量较重、体积相对较小的货物。在专线的实际操作中，可以把每吨小于 3 立方米的货物都归类为重货，按货物重量计收运费。从专线配载装车需要的角度看，重货的重量与体积比值越大越好。货物的重量与体积比值越大，说明货物的体积越小，占用的空间越少，可以为专线车辆腾出更多的空间来装运泡货。如一台车在选择重货打底装车时，相同重量的重物，体积小的能使车辆腾出更大的空间，为专线装载更多的泡货。配载装车效益最简单、直观的理解是同一台车在同等装载重量的情况下，选择装更多货物的配载方案产生的经济效益必定会更好一些。所以，重货的区分选择对专线配载装车具有巨大的操作价值。

重货的区分选择最好的参照物是水，即每吨 1 立方米的比值，专线操作通常以此为依据来评价重货的优劣。每立方米大于 1 吨的货物可以看作纯重货，如果这种货物好装卸又好配货，那就是好重货，而那些每立方米小于 1 吨的介于重泡货之间的重货，则视为一般重货。

如果按照重量和体积 1∶3 的界限值来进行货物的划分，把大于 1∶3 数值的货物都统归为重货类，那重货的类型多种多样，涵盖的范围十分广泛。大部分的金属原材料、化工原料都是重货，其他大类货物中也有部分货物属于重货。在重货里面，专线关注度最高的是钢铁类货物（包括钢材、钢板）和化工类货物（包含桶装化工、袋装化工），这两大类货物的物流量大，在专线发运的货物中占比高。

（2）泡货。

泡货是指体积较大、重量相对较轻的货物，泡货的定义是相对于重货概念提出来的。在专线实际操作中，可以把重量与体积的比值小于1：5的货物都归类为泡货。泡货和重货的结构类型正好趋向相反。专线在承接货物时，分别会给重货和泡货设定计费依据，这是行业内通行的计价方式。当然有的专线也会把泡货按重量与体积比值折算成重量，然后按重量计收运费，如快运公司在泡货计费时，一般会按泡重1：4或1：5的比值，把泡货体积折算为重量，以此向客户计收费用或计付运费给物流分包商。

鉴于我国公路运输车辆以所装载货物的重量为依据收取运费，在装运整车零担时，专线重货会承担大部分的运费成本。而在保证装车货物总重量不变的情况下，泡货又是以重量的形式来分摊运费成本，这就造成了泡货比重货更高的费效比，而且泡货越泡费效比越大，由此可以看出泡货才是专线利润最大的基础，这也就可以理解为什么专线在配载装车时追求车辆重量和体积双到位。在车辆所装载货物重量和体积到位的前提下，车上装运的泡货越多，车辆的配载效益就越高，如果泡货越轻，效益就会更高。

专线泡货的归类选择可以界定为重量与体积比值在1：5以下的货物，重泡比值越小，说明货物越泡。泡货在商品大类中分布面广，各门类产品中都有，其中主要集中在轻工业类产品中，典型的泡货有塑料制品、发泡食品、海绵及泡沫制品等。

（3）重泡货。

重泡货是指体积大、重量也较大的货物，是介于重货和泡货之间的一种货物类型。专线行业把重量与体积比值在1：3至1：5之间的货物定性为重泡货，这类货物在拥有重量的同时，相应地把空间也占用了。重泡货在专线配载装车中无法体现出配载的价值，所以重泡货在专线中最不受待见，相应地其计费的标准也会比重货和泡货的计费标准高一些。在当前运输车辆大型化的背景下，重泡货的中间值是1：4，当货物的重泡比值在1：3至1：4之间时，货物可以在参照重货计价的基础上上浮10%至20%，以此作为计费依据，上浮部分的费用可看作重货发泡部分的补偿。当货物的重泡比值在1：4至1：5之间时，货物可以在泡货计价基础上上浮10%至20%，相应的上浮部分的费用作为泡货配载装车重量折损的补偿。因此，专线为了实现较高的配载装车效益，重泡货的收费价格会高于纯重货，也会高于纯泡货。虽然重泡货的计费会高于其单独的按重量计费和单独的按体积计费，但是在零担整车的配载装车效应中，重泡货的装车效益比不上纯重货和纯泡货搭配装在一台车上的效益。

重泡货的重量大，体积也大，在专线的经营中属于经济效益最不佳的货

公路零担专线务实
（实操版）

物，但在经营性缺货时，重泡货也能为专线创造较好的经济效益。虽然重泡货不大受专线待见，但在所有零担货物类型中，重泡货的占比也不会低。重泡货类货物主要分布在食品类货物、机械设备类货物和日用百货中。（图5.8）

图5.8　这是一整车的日用品，典型的重泡货，货物的品种多，外包装尺寸不一

2. 货物结构搭配

　　专线货物结构搭配最理想的模式是纯重货配上纯泡货，而且是大吨位、小体积的纯重货和大方量、小重量的纯泡货之间的搭配，如30吨载重120立方米容积的车辆装运27吨、5立方米的钢板，再配上3吨、115立方米的海绵货物。这种理想状态的货物配载是一种梦想，专线在配载装车中的货物结构搭配只能尽量朝着这种理想的货物搭配模式接近才能最大化地实现配载装车效益。不过，专线要想做好配载装车时货物的结构搭配工作，还得先保证有充足的货物可供配载装车选择，且货物处在富余状态。

　　专线承运的货物五花八门，货物票数众多，单一货物量小且相当零散。货物结构的搭配只能根据装车的大票货物类型进行，如果装车的大票货物是重货，则主要考虑搭配泡货，相反如果装车的大票货物是泡货，则主要考虑搭配重货。装车货物结构的搭配要建立在货物富余、保证货物运输时效和安全的基础上，做好预发运货物中重货、重泡货、泡货类型的搭配，科学装运车辆。实际上，货物结构搭配与配载装车操作相辅相成。

货物结构搭配讲求科学、合理原则，要在保证服务质量的同时，追求最佳的经济效益，因此货物结构搭配要遵循配载装车管理要求，并在一定意义上从属于专线的配载装车操作。如果站在专线大系统的操作上看，货物结构搭配工作本身就是专线操作流程中配载装车环节的工作内容。

3. 货物结构优化解决

货物结构优化的本质是解决专线结构性缺货的问题，其目的在于促使货物配载装车搭配合理，实现经济效益的最大化。由于货物流通转移顺序的关系，专线在承接货物运输服务的过程中处于被动接受地位。客户发什么样的货物，需要提供什么样的服务并不是专线说了算，专线只能被动接受，选择做或者不做。很多的时候，客户托运的货物并不是专线所期待的类型，专线想要什么类型的货物便来什么类型的货物的愿望不切实际，只能在客户群广大的基础上，在各客户托运的不同类型的货物中谋求货物结构的平衡。当然，专线在实际营运过程中，可以充分认识自身的经营状况，发挥主观能动性，积极优化货物结构，解决货物结构不平衡问题。

（1）调整经营策略，通过各种优惠措施来争取多承揽所需货物类型。

专线经营策略的调整主要倾向于实施让利措施，即降低收取货物的相关服务费用。这看起来会侵蚀专线的利润，其实不然，专线整车零担运输装载的货物量大，货物票数多，虽然单票货物收费低会影响整车的效益，但是如果放在货物有无的角度来看损失部分的收费，那少收的那部分费用基本上可以忽略不计，更何况配载装车才是专线利润的来源点。当然，如果要是能以较高的价格来承接货物，对专线来说自然是更好。

专线的让利揽货措施真正实施起来有三种途径。

①直接降低收费标准，压低收货价格。专线针对自身所缺货物类型采取低价揽货策略是最直接有效地改变货物结构的手段，尤其是在那些竞争激烈、物流市场发展比较成熟的节点城市。物流市场成熟的城市竞争激烈，物流公司相对稳定，行业利润微薄，专线的低价策略能快速吸引市场的眼球，特别是吸引利微的第三方物流企业。

②提供有条件的免费上门提货或送货上门服务。免费上门提货或免费送货上门服务在一定程度上会增加专线的费用开支，但专线在具体操作中可视货量大小、提送货距离及货物类型对于专线的稀缺程度来制订执行方案，尽量控制成本。这种揽货方式在物流市场早已普遍化，部分城市甚至已经发展到除了考虑距离外的无差别免费上门提货服务。

③免费或低价为客户提供临时仓储服务。专线通过为客户提供临时仓储服

务能很好地抓住客户，维持客户稳定。同时，由于客户的货物存放在本公司仓库内，专线可以随心所欲地配载装车发运，这样更有利于专线优化配载装车货物结构。

（2）开发潜在目标客户，解决专线货物结构不平衡问题。

专线经过长期的经营会逐步加深对市场的了解，然后在结合自身情况的不断调查研究中，可以把那些发货量大、货物结构单一且货物结构类型正好与本专线短缺的货物类型相一致的尚未合作的客户视为潜在重点客户，通过长时间的接触跟进，在恰当的时间把客户公关下来。在这里，恰当的时间节点有多种理解。

①市场环境发生变化，客户的原有物流供应商或涨价或停止经营的时候。

②客户的原物流供应商出现重大服务质量问题的时候。

③客户谋求物流供应商多元化。

这种客户所发运的货物一定要是专线所短缺的货物类型，而且只要客户开发成功，专线的货物结构将得到极大改善。

（3）同行之间拼车发运或调用社会车辆配车。

货物结构失衡是专线行业的常见现象，有的重货多缺泡货，有的泡货多缺重货，各专线面临的情况不一样。从利益优化的角度来看，专线同行间应摒弃"同行是冤家"的观念，在相互间的货物结构互补时可以采取合作方式解决货物结构失衡问题，从而实现合作共赢。当然，专线也可以采取调用社会车辆配货的方式，把富余的货物配走。这两种配车发运方式都可以较好地解决专线短时间内货物结构失衡的问题，所产生的经济效益也比专线在货物结构单一的情况下发整车零担要好。但是这样的做法只能是临时性的货物结构失衡解决方案，治标不治本，无法解决专线长期性的货物结构失衡问题。

（4）在专线承运的货物中进行货物类型替代，实现另类的内在货物结构优化。

在专线承运的货物中进行货物类型替代，说白了就是专线对存量货物进行优化配置，做出各种配载装车方案，然后选择最佳的方案实行配载装车操作。选择货物类型替代是专线面对结构性缺货时别无他法的无奈之举，但也不失为专线生产自救的最佳选择，如果方案执行得当，可能会为专线带来不错的经济效益。

虽然专线选择使用货物类型替代来进行货物结构优化的行为无法达到货物结构最佳的效果，但是总比整车装运重货或整车装运泡货这种单一结构货物的发运要强。实际上，使用货物类型替代来优化货物结构的方案在操作上有一定的窍门。

①使用重泡货替代。在干线运输车辆以装车货物重量计收运费的背景下，专线无论是缺少重货还是缺少泡货，都可以选择用重泡货来替代。在此，我们可以分别解释一下。

● 重货多、泡货少的情况。重泡货的收费比重货要高，即使重泡货是按重量计收运费，装运同等重量重泡货的运费收入也一定比重货运费收入高，更何况重泡货里还存在按货物体积计收运费的情况，其体积换算成重量的效益会更好。

● 重货少、泡货多的情况。如果重泡货是以重量计收运费的，自然可以按重货类装车，而如果重泡货是按体积计收运费，直接的配载装车也无妨，因为同等体积的重泡货比纯泡货的运价要更好。

②使用异形、不规则货物替代。异形、不规则的货物通常没有包装，要么会占用车厢底盘位置，要么会占用大量的车辆空间，在货物多的时候，专线承运这类货物会影响整体的配载装车。异形、不规则货物在零担货运市场上的运价很高，而且还不受待见。专线在货物结构不合理时，可以承揽异形、不规则的货物，以其高运价来充抵货物结构不合理带来的配车损失，达到整体收益不差的另类货物结构优化。

3.3　货物周转问题

货物在专线的周转过程从卸货入库开始，直到货物交接给收货人，办完交接手续时止。这期间，货物由专线代为保管并由专线负责货物实体的转移操作。专线整个服务体系的建设以提供货物运输服务为宗旨，以提供与专线相对应的服务为前提来配置各种服务资源，包括人员的配置和各种设备设施的配置等。专线为自身生产经营配置的资源比较紧凑，必须提高资源的利用效率才能收获好的经济效益。因此，专线在承接货物运输服务业务过程中必须讲求货物快进快出原则，只有这样才能节约专线服务资源，同时提高资源的利用效率。

货物作为专线提供服务的标的，其周转是专线工作的核心内容，专线服务流程中各环节的操作都是为实现货物安全快速的周转服务。相应地，专线的各种服务资源包括仓库、叉车、人员、车辆等的配置也都是为实现货物的周转而进行。在专线的各种资源中，人是决定性因素，车辆是唯一的纽带工具，为此我们在货物周转问题上重点分析人与货物之间的矛盾、货物与车辆之间的矛盾以及因车辆问题而衍生的货物与货物之间的矛盾。

1.人与货物之间的矛盾

人是在专线诸多生产要素中唯一能发挥主观能动性的要素。关于人的问题，我们在前面已经就专线人员的配置、人员的协调管理进行了论述，比较详细地阐明了专线为生产经营所进行的人员方面的安排和管理。专线对人的问题的处理都是围绕货物周转问题进行，至于人与货物之间的矛盾，反映的是员工在操作层面出现的问题，突出地表现在经常与货物接触的一线操作团队中。

（1）人与货物矛盾形成因素及表现。

人与货物之间发生矛盾，其主观在人，客观在货物，是专线员工在遇到货物周转过程中的某些因素时产生的负面情绪反应。人与货物之间的矛盾在专线生产活动中有多种催生因素和呈现形式。

①客户服务要求过多、过高引起的员工对货物的排斥情绪。客户服务要求高，体现在诸如上门提货装车服务、送货上楼就位服务及装卸货物时的各种要求和注意事项等。虽然客户的要求对专线的服务提供能力来说并不过分，而且专线也乐意提供这种收费服务，但是员工会因为嫌麻烦而对这类客户心生厌恶，进而对货物产生抵触情绪，极不情愿装卸货物。

②专线货多人少，员工因为干活辛苦而对货物心生怨恨。专线业务好、货量大，但人手不足，员工经常在人员短缺的情况下工作会抱怨货物的不断到来，从而滋生出对货物的反感情绪。

③货物难装难卸造成员工长时间高强度地工作，这样的货物最不受员工欢迎。大量的小件货物或大量的笨重货物及那些不规则、异形货物，这些货物的搬运装卸工作会大量消耗员工的工作时间，增加员工的工作强度，因此难以获得员工的好感。

④员工个人情绪的宣泄迁怒于货物。这种情况比较好理解，就是员工的情绪不稳定，把心里的怨气发泄到货物上。

（2）人与货物之间矛盾危害。

人与货物之间的矛盾是员工在工作中日久积累的一种负面情绪的反应。这种类型的矛盾在专线日常经营活动中反应不是很激烈，经济损害不明显，比较容易被专线忽视，但如果任其发展，也会给专线带来比较大的损失。

①人与货物之间矛盾的持续僵持会引起员工不断地抱怨和投诉，久而久之会引起专线老板的偏信，从而导致做出错误的经营决策，造成客户丢失。员工对货物的抱怨很多时候是利己性的，专线老板应对货物情况进行科学地分析判断，再作出经营决策。

②人与货物之间矛盾的发展激化会促使员工把所有的怨气发泄到客户身上，各种抨击挖苦甚至言语侮辱都可能出现，目的是赶走客户，避免再次装卸此类货物。

③增大货损风险。员工带着情绪装卸货物很容易把怨气发泄到货物上，特

别是在憋着一肚子火的时候，这种情况下很容易造成货物损坏，直接损害专线的经济利益。

④对货物的厌恶情绪会极大地影响员工的工作热情和工作积极性，降低劳动生产效率。

（3）人与货物之间矛盾解决。

人与货物之间矛盾的产生是员工的认识问题在工作中的体现，对专线的持续稳定经营十分不利。在人与货物这对矛盾体中，人是主观的，而货物是客观的，专线在化解这种矛盾时要找到矛盾的主体，认识到货物的客观存在性，进而采取积极的干预措施。

①加强员工的学习教育工作，提高员工对专线行业的认识和对专线岗位工作的认可。员工通过学习可以加深对专线的了解，熟悉岗位工作内容和要求，为接下来的岗位工作做充足的心理准备。

②合理分配工作任务，降低劳动强度，同时提高劳动效率，缩短劳动消耗时间。人与货物之间的矛盾主要发生在因货多人少或货物装卸困难而造成员工高强度劳动或长时间工作的情况下，员工此时的不良情绪不但会影响工作效率，增加货损概率，而且有可能埋下重大安全隐患。

③加强团队的协调管理，努力营造团队内部积极乐观的工作、生活氛围，疏解员工的不良情绪。

2. 货物与车辆之间的矛盾

在公路零担专线中，货物与车辆是一对矛盾共生体，货物流通需要车辆作为载具，货运车辆本身就是因为货物流通而存在，两者互为依存关系。专线对所有车的问题处理都是以货物为前提条件，离开货物来谈论车辆的情况将变得毫无意义，而如果没有车辆作为载具，货物也无法正常周转。

在专线的营运过程中，货物与车辆之间的矛盾突出地反映在干线运输安排中，呈现形式各种各样，专线必须集中精力来解决这些矛盾才能实现货物供应与车辆供应之间的平衡，做到把车用好、把货走好，实现专线经营的稳定和健康发展。

（1）货多车少的情况。

货多车少的情况常见于专线快速发展时期，这个时期专线的业务发展迅速，货源供应充足，车辆的供应节奏一时没跟上货物的增长。当然，专线客户群的集中发货也会造成车辆供不应求。此外，物流市场上出现的季节性车源供应紧张也会导致货多车少的情况发生。

货多车少情况体现的是货物充足，有利于专线进行高效地配载装车操作，收获可观的利润。但是在货物运输时效要求紧急的情况下，车辆的短缺会造成货物积压，无法及时发运，引起客户投诉。因此，针对货多车少的情况，专线应积极采取措施，按照不同的情况分别采取应急预案。

①利用有限的车辆资源为老客户和重要客户服务，维持专线客户群的稳定。车源供应紧张不是专线开发客户的时机，而是专线维护客户的时候，这是专线应有的生存危机意识，特别是在季节性车源供应紧张的时候，谁有车源谁就能更好地稳住客户。当然，如果专线拥有充裕的车源，这也一定是开发客户、拓展市场的最佳时间。

②多收小票、零担货物，少收甚至拒收市场中的大票货物。专线长期稳定经营需要的是数量众多的小客户，而且小批量发货的客户中也存在着大客户。专线在车源紧张时期广收小票零担货物可以有效扩大客户群，这比使用有限的车辆资源去服务市场上突然出现的发运大票货物的客户要靠谱得多。

③为保证客户服务临时调用社会车辆。调用社会车辆，尤其是在市场上车源供应紧张的时候调用社会车辆会花费高昂的费用，有时甚至还不一定有车可调用。为保证服务、稳定客户，高价临时调用社会车辆也是专线在车源供应紧张时不得已的选择。

④合理安排货物装车，充分发挥稀缺车源的效用。在专线承运的众多货物中总有一些时效要求宽松的货物，专线可以利用货物轻重缓急的差异性，优先装运那些赶时间或重要客户的货物，把那些不赶时间的货物压下来拖后发运。

⑤在确定马上有车赶来装运货物，而临时调不到社会车辆或社会车辆要价过高时，可适当安排延迟装车。这种情况在中长途专线中比较常见，中长途专线运输距离远，路途耗费时间长（普遍耗时在 24 小时以上），专线可以抓住晚上不卸车的时间差来安排延时装车。为保证服务质量，专线延时发车时间以不超过 12 小时为最佳。

⑥适当提高车辆运价，鼓励车辆尽快返回专线装运货物。专线车辆营运追求的是往返双向收支的平衡，专线运价上涨可以看作是车辆单向运费上涨，能起到吸引车辆尽快返程的效果，进而保障专线的车源供应。

（2）货少车多的情况。

如果排除因专线经营出现问题而造成货量减少的情况，货少车多大多发生在专线发运站货运市场处在货源季节性淡季的时候，抑或是回程货源充足，车辆扎堆返程。当货运市场上出现货少车多情况时，会引发抢货大战，市场竞争激烈，而如果仅是专线货少车多，则会是另外一种情况。车多虽然可以为专线提供充足的运力，但是等待装运货物的空车过多会给专线经营带来压力。为维护车辆队伍的稳定，专线有必要想尽办法尽快安排车辆发运。

干线车辆的固定成本高、费用开支大，长时间的等待会大幅增加车辆的营运成本。因此，专线在解决货少车多矛盾时，为维护车辆稳定，保证后期车辆供应，可以考虑站在车辆的角度来解决问题，尽快安排车辆发运。必要的时候，专线可以采取部分让利措施多接货物，以求尽快发运车辆。

①安排车辆排队等待装车发运，鼓励后面的车辆为前面的车辆倒货。货少车多情况体现的是专线货源供应紧张，大量车辆空置等待发运。货少车多是一种相对情况，多发生在货运市场季节性淡季时期，并不表示专线经营出现问题。面对货少车多情况，专线应按先来后到原则组织车辆依次排队等待装运，同时鼓励车队抱团取暖，相互间进行支持，其中安排后面的车辆为前面的装运车辆短驳货物就是一个不错的选择。当然，专线应当对短驳货物车辆进行合理的费用补偿。

②与车辆协商降低运价，鼓励车辆少拿快跑。少拿快跑的推行需要专线和车辆共同配合，具体的操作模式为：专线与驾驶员协商，把车辆的闲置等待费用开销转移到运价优惠上，以降低专线的运费支出。相应地，专线适当降低配载装车要求，尽可能加快发车频率，缩短车辆的空置等待时间。

③车辆随行就市降低运价，让专线拥有运价优势，能以较低的货物收费承揽货物，从而掌握市场竞争的主动权。市场上货少车多，车辆间抢货拉的情况凸现，车辆运价应声下跌，货物运价随之下滑，如果专线车辆不随行就市下调运价，专线原有的收费标准将毫无竞争优势，专线收不到货车辆也就无货可装。

④主动为车辆联系货物装车。当车辆空置积压严重时，仅凭专线自身的业务量难以短时间内将车辆发运完毕，而长时间的等待会增加车辆的营运成本，引发驾驶员的不满情绪，此时专线可以考虑为车辆寻找其他货源，安排车辆去同行处装货或在信息平台上联系整车业务，也可以鼓励驾驶员到附近城市或专线行车路线沿线城市装货。

⑤允许驾驶员自行联系业务发车。在能力有限的情况下，专线可以允许部分车辆自行联系业务，以缓和货少车多的矛盾。

（3）货物与车型相冲突的情况。

在专线经营中，大多数情况是以货物类型来选定车型，这样安排可以很好地满足客户要求，而且车辆已经装上打底货物，专线如期发车有了保障。如果是以车型来定货则可能由于受车型的限制，很多货物都装不了，从而造成车辆发运困难。因此，专线在面对货物与车型的矛盾时，会优先考虑货物的要求，据此选定合适的车型来提供货物运输服务。

（4）货物周转服务提供与驾驶员意愿相冲突的情况。

货物跟驾驶员的直接冲突一般发生在要求干线车辆提供上门提货或送货上门服务的时候。由于车辆是由驾驶员驾驭的，货物跟驾驶员之间的矛盾其实就是货物与车辆之间矛盾的人文化表现。两者之间发生冲突的因素有很多种，总的来说，可以分为两大类：一是与货物有关的因素包括提送货的距离和道路状况、装卸货物的时间安排、货物的装卸和运输问题以及收货人或发货人的因素等；二是驾驶员个人素养问题。在这众多引发矛盾的因素中，任何一种都可能成为驾驶员拒绝出车的理由。

专线在处理这种车辆与货物之间的矛盾时，主要是针对驾驶员采取措施，尤其是在专线处于主导地位的态势下，更应该采取直接果断的手段解决问题。

①对驾驶员晓之以理，动之以情，劝说其主动驾车提货。干线车辆直接提送的都是大票货物，专线可以向驾驶员明确解释客户对专线的重要性和货物对车辆发运的决定性作用，耐心劝说驾驶员听从专线调度安排。

②给车辆驾驶员合理的费用补偿。干线驾驶员在提供提送货服务的过程中，不可避免地会产生一些费用，有时候还可能会耽误几天时间，这些情况都会无形中增加驾驶员的营运成本，专线应承诺并实现对驾驶员的合理费用补偿。

③直接替换车辆，安排其他车辆执行本次运输任务。专线在调度安排车辆执行运输任务时，应该对驾驶员做耐心细致的说服工作，如果驾驶员仍不为所动，则可以安排后续车辆顶替并先行安排装运发车。

（5）货源与车源之间的关系。

货源与车源之间的矛盾是货物与车辆矛盾的更深层次发展，如果不以社会背景为前提，货源与车源之间的关系可以有无数种存在可能。我们现在要讲的是在当前物流市场现状中，车源供给广泛，车辆处于供大于求的局面，运力过剩，此时货源处于主导地位，货源影响并控制着车源。用行业话来理解就是谁掌握了货源，谁就能控制车源。"有奶便是娘"，是当前物流市场货源与车源之间关系最真实的写照。

3. 货物与货物之间的矛盾

人们所托运的货物在社会经济关系中是没有任何联系的，虽然它们的流向可能相同，但是由于发运人或接收人不相同，它们之间本身也毫不相干，可是当它们同时集中于同一条专线时，相互间便有了交集，形成一对对矛盾体。专线通过承运货物向客户收取一定的物流费，再通过完善的服务体系并支付一定的服务费用开支来完成货物的周转过程，从而赚取费用差价。在专线接收的众多货物中，专线必须对货物的周转过程进行统筹规划，争取以最安全、最快捷、最经济的方式来实现货物的周转，由此便衍生出了货物之间的矛盾。

货物之间的矛盾在专线业务洽谈时就已经出现，集中爆发于配载装车环节并最终在配载装车过程中得以解决。货物与货物之间的矛盾是由专线车辆问题引起的对专线经营影响比较重大的矛盾体系，这种类型矛盾的有效解决有利于专线稳定健康的经营，同时能够做好一系列的配载装车工作并实现配载装车效益最大化。

（1）货物间发运安排问题。

货物发运安排讲的是货物之间存在的优先安排装车发运的问题，其前提是专线当天的货物装不完，必须考虑如何留货不发运。在经营性缺货的专线，专线承接的货物本身就不够装车，自然就不必为货物的孰先孰后发运而担忧。而在货量充裕的专线，每天都有装不完的货物，因此专线每天都必须做好货物装车发运计划，把当天要走的货物优先安排配载装车。货物发运安排问题跟专线的服务质量息息相关，具体操作起来有一定的学问。

货物发运安排是专线经营的策略问题，它在一定程度上反映了专线的智慧。专线要解决货物发运安排问题，必须要对自身的客户有充分的了解，对要发运的货物做好统筹规划，掌握解决问题的技巧。

①急货、积压货和重要客户的货物优先安排发运。积压货已经在专线耽误了时间，没有理由再次拖后发运，而急货和重要客户的货物通常都是有严格的到货时限要求，专线必须优先安排装车发运才能保证服务质量。

②把装卸困难或不好配载的货物先装车发运。专线承接的货物类型复杂多样，当天很难预料第二天的情况，如果把那些难装卸和不好配载的货物积压到第二天发运，则很可能会造成第二天收到的同类型货物无法当天发运，这就可能形成恶性循环，影响专线的业务承接。专线压货，最好是压好装卸、好配载的货物。

③小件零散货物优先发运，尽量积压少数客户的货物。专线的货物是每一票代表着一个客户，大量的零散货物代表着众多的客户。专线积压大量零散客户的货物和仅积压少数客户的货物是有很大区别的，应对少数客户的投诉一定比应对大量客户的投诉要轻松些。

④为了专线自身利益，对一些货物实行部分先走。在专线配载装车过程中，经常会碰到有的货物不装则车辆装不到位，而如果要装又会装不完的情况，这时就可以对此票货物实行分开装运。有时专线也会为了保证某票急货先走而将另一票货物分开装运，这种一票货物分别装在不同车辆上发运的情况也就是专线行业里常说的货物拆装发运。

（2）货物间搭配问题。

　　货物搭配问题在专线业务洽谈时就已经表现出来，此时货物之间的矛盾处于预案演示阶段，有两种表现形式：一种是基于专线准备装货发运车型前提条件下的货物间的矛盾，矛盾预案包括车辆准备装什么货物、配什么货物和能配什么货物等；第二种是建立在专线仓库现有货物基础上的货物间的矛盾，具体要解决可以配什么货、怎么样配货和有什么样的货配等问题。货物搭配问题预案会在专线配载装车预案中得到验证，在配载装车过程中得以完善并实施完成。

　　货物搭配问题有货物结构搭配问题和货物类型搭配问题之分，两种问题在解决过程中采用的方法不一样。

　　①货物结构搭配问题。货物结构的搭配和优化都是属于处理货物之间矛盾的范畴。货物结构搭配涉及重货之间的搭配、泡货之间的搭配和重货与泡货之间的搭配问题，另外还包括重泡货物的搭配问题。这些问题直接关系到专线的经济利益，是专线在承接货物和配载装车时必须优先考虑解决的问题。至于这些问题如何解决，这里面有很多的学问和技巧，专线可以通过各种货物结构搭配方案对比来选择实施最佳方案，然后在实际操作中不断改进完善，努力达到最佳的效果。货物结构搭配中存在各种类型货物混装的问题，在操作中必须兼顾货物安全和经济效益。

　　②货物类型搭配问题。货物类型划分是货物在类别上的一种简单分类。由于货物类型的概念比较笼统，范围界定难以清晰，只能做到大致归类，如化工类货物和非化工类货物、机械设备和非机械设备、有包装和无包装等。同类型货物中还存在货物结构之分。货物类型搭配问题主要关注货物的安全问题，特别是相同结构、不同类型货物的搭配装车可能会造成某类货物被污染，如食品与化工类的混装就可能导致食品受到污染，有些货物的混装还可能引起化学反应，这些都是专线在货物类型搭配时要重点关注的问题。

　　（3）货物间堆码摆放问题。

　　货物堆码摆放是专线具体实施配载装车操作的过程。专线把承运的各种货物按照既科学合理又有经济效益的原则进行集中配载装车，实施集零为整战略，为后续的干线运输做准备。众多货物装在同一台车上，如果不进行科学合理的堆码摆放，大概率会造成货物的损坏，同时也无法达到车辆满载的效果，进而严重损害专线的经济利益。

　　货物堆码摆放必须运用一定的力学知识原理，了解所装货物的结构类型和性质，对货物的集中装运可能造成的后果有充分的预知。鉴于专线干线运输距离长的特点，加上路上可能出现的各种未知情况，货物堆码摆放要确保绝对的安全性，做到万无一失。

①重货在下，泡货在上。重货的体积小、重量大，应该作为打底货装在车厢下部，而泡货体积大、重量小，可以堆码在重货的上面，这样才不至于泡货被重货压坏。而对那些重泡货则视货物的具体情况决定是装在重货上面，还是腾出部分底盘位置码放至车厢底板上。

②遵循力学原理，货物必须码放平整整齐，讲究打底货物以面受力。重货虽重，但也有不耐压的货物，泡货虽泡也有体积大、重量也不小的泡货。对那些不耐压的重货，应堆码摆放平整，最好铺垫上夹板之类的辅材，以形成一个整体的受力面，然后再装泡货。而在装那些体积大、重量也不小的泡货时，对下面的打底货物也应该采取类似的保护措施。

③做好货物之间的隔离防护措施。不同包装和不同类型的货物在集中摆放时应做好隔离防护措施，或隔甲板或垫纸皮或包毛毯，防止相互间的挤压摩擦而损坏货物。

④先装大件货物，再装小件货物。大件货物体积大，占用的位置多，装车摆放要求高。先装大件货物可以省去计算预留大件货物位置的麻烦，提高配载装车效率。

第四节　单车效益核算

单车效益核算是指以单次发运车辆为核算单位，对车辆所产生的经济效益进行核算，其算法是以托运单为依据，把车上所装运的所有货物的相关收入包括运费、提货费、送货费、上楼费、保费等汇总记入车辆毛收入，减去车上货物周转产生的所有费用的总和包括干线运费及其他相关费用、货损赔偿、送货费、中转费、吊车费、卸货就位费等得出的差值即为单车毛利润，也就是单车效益核算结果。单车毛利润是单车效益核算的重要经济指标，也是对专线相关操作环节进行考核评价的重要依据。在单车效益核算时，通常不把代收代付款项记录收支项目，如果是系统自动生成的单车效益核算结果，代收代付款项则并不影响单车毛利润结果的真实性。

单车效益核算主要反映的是专线操作上的问题，能真实反映专线的操作水平和盈利能力。在行业内，其实大家都想采取单车效益核算的方法来进行专线的经营管理，但是由于单车效益核算无法全面覆盖专线的经营收入和营运支出，真正将其纳入经营核算的专线并不多。我们之所以在此将单车效益核算归入专线经营核心问题是因为它对专线的经营管理有着重要意义。

4.1 单车效益核算的意义

专线因承接货物的物流服务而向客户收取一定的费用，撇开专线应得的利润不算，这笔费用里必定包含了货物的物流服务成本，而成本的支出涵盖了服务所需的各种支出。专线在提供服务的过程中，不可能没有服务成本，最简单的道理，没有人能有本事在不发生费用的情况下就把大量货物进行空间的转移。没有产生服务成本，说明专线没有提供服务，客户也就没有必要支付费用。专线承接的货物在实际上是必须完整地走完专线的整个操作流程，而在整个流程中，干线运输是一个十分重要的节点，即专线承运的所有货物都必须通过干线运输来实现空间的转移，而且干线运输还有一个特点就是货物的集中装车发运，然后再参照干线运费是专线服务成本中的大项支出，这就给单车效益核算的推行提供了现实基础。

单车效益核算在收入上圈定了车上货物总的服务费用收入，在支出中又可以细化到每票货物的最终服务成本，最关键的是干线车辆在专线服务链中的唯一桥梁作用。因此，单车效益核算对专线经营管理有着非凡的意义。

1. 财务管理效率高，核算简单，能直观地反映专线的经营效益

专线通过承接货物服务来获取收入，承接的货物越多，收入也就越高，这是专线的主要收入来源，也是专线的主营业务。专线收货量大，收入就高，但这并不代表专线的利润就高，专线的营业收入必须扣除掉后续的服务提供成本才是专线的毛利润收入。由于专线收取的所有货物都要经历从集中装车发运到分散配送的过程，如果单独去分摊核算每票货物的成本费用和利润，则财务工作量巨大，而且没有必要。因此，以干线车辆为核算单位来对专线的经营效益进行分析，简单明了，反映出来的专线经营效益也更真实。

在专线的单车效益核算体系中，所有的营业收入已经囊括其中，各单车收入总和减去所有单车的货物服务支出得出的毛利润，加上专线的营业外收入，再扣除其他所有的费用支出，即为专线的纯利润。相比较专线采用统收统支的大财务管理模式，单车效益核算模式的效率更高。

2. 单车效益核算是对专线各相关环节操作效益的考核依据，为各环节的操作改进指明了方向

与单车效益核算紧密相关的环节包括洽谈接单、开单、配载装车、干线运输、分流出库等，这些环节操作的好坏会直接影响单车效益核算结果。反过来，单车效益核算结果如何，可以从这些环节中去查找原因，同时对出现问题

的环节加以改进。

3. 单车效益核算依据货物装车清单可以对所有装车货物的收入项和费用支出进行全面准确的快速审核，而且能及时找出漏收项目和多支出项目并查出原因

专线单车效益核算中除了干线运输费用和与干线运输相关的其他费用实行整车货物共同承担、统一核算之外，其他的项目包括收入、货损赔偿、分流费用等都可以具体落实到每票货物，这样专线就可以在单车效益核算时，对所有装车承运的货物进行收入和费用支出的审核，查找出其中的问题项目。

4. 单车效益核算结果可以充分体现专线的经营水平和经营质量

在专线圈子里，相互之间打招呼时常问的一句话是"你昨天发了几个车"，一听回答说发了多少多少，突然就会觉得对方很厉害，生意做得好。其实不然，专线发多少车体现的是货物量的问题，只能表示专线生意好，并不能说明专线经营质量高，而如果在其中引入单车效益核算指标，就可以明确展现专线经营质量的高低。通常情况下，专线零担整车的毛利率在20%以上才可以算是发车效益好，专线的经营质量高。

4.2　单车效益核算利润点

单车效益核算里的利润点可以理解为所有可能影响单车毛利率的专线操作节点，包含与车上货物相关的服务费用收入项和服务成本支出项，以及配载装车环节。具体包括货物托运费收入、配载装车、干线运输及费用支出、分流出库费用支出及其他相关支出。

1. 货物托运费收入

货物托运费收入是专线在承接货物时向客户收取的货物周转服务费用。货物托运费是专线的收入项，从严格意义上来说这也是专职于公路零担专线运输公司的唯一收入项，其他任何与专线零担货物运输无关的收入，都只能算专线的营业外收入，与专线本业无关。因此，专线的收入单一，凭托运单就可以全部入账。

在一张完整的托运单上，货物托运费视服务内容分为很多的收费小项。在此，要特别强调，不管是发货客户支付服务费用还是收货人支付，我们都只能把那些明确需要专线提供服务并计收了相应费用的项目算作真实的服务项目，并把相对应的收费记入专线的货物托运费，以此作为单车效益核算的收入依

据。至于那些代收代付款和佣金等项目，只有在单车效益核算时扣除，这样才能体现专线收入的真实性。

（1）货物托运费收入项。

托运单中的货物托运费收入项目分为运费项和其他自主收入项。

①运费项。

运费是货物的运输服务费用，是收入项里的主要部分。运费的计收依据是货物从专线发运站流转到到达站过程中应承担的所有成本支出。货物运费通常采取专线报价形式，按货物的重量或体积来计收。运费的构成包含了货物的干线运费、货物的其他分担费用及专线合理的利润，各构成部分在运费中所占的比重，要视专线的经营操作水平而定。

②其他自主收入项。

专线的其他自主收入项包括货物的提送货费用、临时仓储费、外出卸货费用、保险费等，是由专线依据自行报价向客户收取并且由专线来控制相对应项目支出成本的收入项目。在这里有个关键字眼即自主，自主收入项可以理解为专线能控制向客户服务收费和服务成本支出的收入项目，比如送货费项目，在专线自行向客户报价收取并由专线自主控制送货成本支出时，就可以记入专线的自主收入项。如果由客户定价支付给专线，并由专线代为支付，则只能记入代收代付项目，跟专线的真实收入无关。

（2）货物托运费收入总额。

货物托运费收入总额会随着专线承接货物量的增大而增加。这里对量的理解可以是货物总重量，也可以是货物总方量，其中任意一项的增加都会使货物托运费收入总量变大。收货量变大有利于专线对后续操作环节的各种成本开支进行优化，提高专线服务提供过程中的费效比。因此，货物托运费收入总额的变化会对专线利润升降构成比较大的影响。

（3）货物托运费议价。

货物托运费议价发生在专线业务洽谈环节，目的是尽可能多地向客户收取货物的托运费。在一般操作常识中，专线会按照货物结构分别制定收费标准，即重货按重量计费，泡货按体积计费，然后所有货物按结构分类，参照收费标准分别计价收费。这种仅以货物结构划分来单一收取托运费的方式只能收到货物的基础性服务费用，而对货物类型的差异性和服务的差别化则没有收取费用。因此，专线应该在参照货物结构收费标准的基础上，结合货物类型和不同的服务要求实行货物托运费议价。货物托运费议价可以适当增加货物的服务价格收费，从而增加专线的毛利润。

货物的托运费议价可以从货物的包装、装卸难易程度、提送货距离、服务要求、费用结算方式等方面入手，按不同的影响因素向客户加收不等的服务费用。所以，业务洽谈环节操作对专线的营业增收很重要。

2.配载装车环节操作

配载装车环节是专线的第二利润源泉，也是最大最重要的利润来源。随着公路零担货运市场的发展，货物的运输服务价格愈发透明，专线服务同质化加深，再加上各种物流信息平台的推广应用，专线的货物托运费计收基准价不断下降到几乎与发运成本价持平，专线的收货差价不复存在。至此，专线的第一利润来源几近消失，于是配载装车的重要性不断凸显出来。在市场竞争日益激烈的情况下，专线的利润将来源于配载装车操作，专线的发展将最终依靠配载装车创收增效，这是行业的共识。

（1）配载装车增效原理。

配载装车并不会增加专线的货物运费收入总额，其创收增效的原理在于在干线运输费用一定的前提条件下，通过不断优化配载装车操作，使车上装载货物的运费总额最大化，从而形成货物运费总收入与干线运输费用的最大比值，这种情况下的单位费用产值是最大的，这也可以理解为费效比高。

在干线运输车辆不断大型化的今天，车辆装载的货物多、干线运费高且干线运费在专线经营成本中属于最大的单项费用支出，如果因此形成的车上货物运费总收入与干线运输费用的比值越大，说明配载装车产生的利润越多，这也就验证了配载装车是专线最大、最重要利润来源的说法。

（2）配载装车增效前提条件。

专线要想在配载装车中赚取利润，并非空口说出来就行，而是必须具备一定的前提条件。

①在现行的车辆以装车货物重量收取运费的情况下，干线车辆要有足够大的载重量和充足的装货空间。目前物流市场上的长途运输主力车型在不超限的情况下，载货重量通常在30吨上下，载货空间在120立方米左右。

②专线业务量大，货源充足，每次装车都有足够的货源，不存在经营性缺货的情况。

③专线货物结构合理，最好能实现车辆配载装车满载的情况，达到干线车辆装货重量和体积双到位。

④配载装车操作团队具备丰富的专业技能，能够有效执行最优的配载装车操作方案，实现最佳的配载装车效果。

（3）配载装车增效演示。

在满足配载装车增效的前提条件下，我们以上海到长沙的干线运输来做演示。

演示要素说明：

整车零担干线运费包车价 10500 元，车辆载重 30 吨，折合发运成本 350 元/吨；车辆容积 120 立方米，折合发运成本 87.5 元/立方米。以此做参考，专线的重货收费成本标准价定为 350 元/吨，泡货收费成本标准价定为 87.5 元/立方米。

假设条件一：

专线现有一票大重货，30 吨、15 立方米；一票大泡货，120 立方米、10 吨；零担货物若干，但至少有可满足两台车发运的货物总重量，大票货物允许分拆装车发运；大票货物刚好满足整车发运条件，即按 10500 元/车发运。

在专线最优化的配载装车方案中，第一车要实现最佳效益（大致精确）：装 20 吨纯重货，配 110 立方米泡货，总收益为 7000 元加 9625 元，等于 16625 元，减去运费 10500 元，毛利润所得为 6125 元。

第二车效益较次，10 吨、5 立方米加 10 立方米，剩余的车辆容量再配零担发运。

只有这样，专线才能整合好货源优势，实现配载装车效益最大化。当然，以上只是推演而已，现实中的情况可能要复杂些，但操作节奏应该如此。专线在干线发运车辆较多的情况下，应先保证前车的配载装车效益，最后发运的车辆可能只是为了发运货物，保证服务质量而已，并不是为了追求经济效益。

假设条件二：

在演示要素相同的情况下，专线现有一票大重货 30 吨、15 立方米，一票大泡货 120 立方米、10 吨，允许专线分拆装车发运，专线该如何报价接单？

首先配载装车的操作与方案一相同，按照专线 20% 的合理装车毛利润来算，车上的货物运费收入总额应不少于 13125 元。

A 组：重货接货价不变，车上 20 吨重货运费收入为 7000 元，那 120 立方米泡货报价可以低至 56 元/立方米。这种接单操作方法中，虽然泡货价格很低，但是将泡货的收货价折算成重量计算，仍然能达到 672 元/吨，远高于 350 元/吨的发运成本价。

B 组：泡货接货价不变，车上 110 立方米泡货，运费收入为 9625 元，那 30 吨重货报价可以低至 175 元/吨。这种接单操作方法中，第一车的利润保证了，但余下的 10 吨重货和 10 立方米的泡货在按成本价发运时，会产生将近 1200 元的亏损，亏空金额有点大，这会给装运的干线车辆带来很大的配载压力。

C 组：按照市场化操作，为同时保证接到此两单货物，可以一起降价接单，在确保重货 300 元/吨可接单后，泡货报价可以低至 65 元/立方米。这种接单方法中，余下的 10 吨重货亏空有 500 元，如果把剩下的 10 立方米配上车，综合后亏空只有不到 150 元，基本上不会对专线操作产生影响。

这就可以充分说明专线配载装车的巨大优势，即使货物运价远低于发货成本价，通过高效的配载装车操作，专线也可以获取可观的利润，同时发货人也收获了不错的经济利益。这也间接说明专线的配载装车环节操作不是简单的体力劳动，而是一项技巧性高、能充分展示操作智慧的工作。在物流行业各市场主体竞争激烈的格局中，配载装车将会成为专线生存的唯一生命线，是专线在市场角逐中立于不败之地的撒手锏。

3. 降费增效操作节点

专线降低费用的支付实际上就是效益的增长。在单车效益核算中，专线降费增效的可操作节点有干线运输、分流出库及其他费用支出项目。

(1) 干线运输。

专线所使用的干线运输车辆无论是专线自有车辆、合同车辆还是社会车辆，在营运过程中都是独立于专线本业之外的存在，都应该视为单独的经济利益体。从自身经营利益的角度分析，专线有降低干线运输成本费用的需求，而且在实际经营过程中，专线也应该随行就市地使用干线运输车辆，做扎实干线运输环节的降费工作。

①与干线车辆达成两装两卸的合作，在协议提货范围内，干线车辆应无条件提送一票货物。这样的免费提送货能为专线节省配送费用支出，有的专线甚至与干线车辆实行两提两送的合作模式，也就是专线行业内通常所说的三装三卸。

②干线车辆重量无法装到位时与驾驶员协商运价，争取降低干线运输成本。经营性缺货或泡货多重货少的专线经常会发生车辆重量无法装到位的情况，这时专线应该主动与干线驾驶员协商运价，以降低干线运费。

③扩大专线货源供应，同时缩短干线运费结算周期，积极支付干线运费，以货源和快速结算运费优势吸引干线车辆愿意以较实在的干线运费加入专线合作。在专线行业内，货源是吸引驾驶员的一个因素，但运费结算速度更能引起驾驶员的注意，如果专线两个条件都具备，即使运费低一点，驾驶员也乐意。此外，往返货源充足的专线也具备这种吸引力。

④实时关注运力市场动态，在恰当的时机大胆使用低运价的回程车辆。

(2) 分流出库。

货物分流出库环节费用支出主要是货物的配送费和中转费。因为专线的配送费和中转费在接单时就已经按报价确定，而不是采取实报实销方式，所以专线有对配送费和中转费支出进行干预的动力，可以通过积极的配送服务和中转服务价格谈判来降低费用支出，实现降费增效目的。

货物分流出库环节的降费增效举措属于分流出库质量管理的范畴，我们在第三章的分流出库质量管理中已经分别对配送和中转降费增效操作进行了分析。配送费和中转费的降低确实可以达到降费增效目的，但在专线的单车效益核算中，分流出库环节产生的配送费和中转费及其他相关费用支出必须按货物逐票如实登入，其中的集中配送货物成本费用应分摊记入每票货物中，以便在单车效益核算时进行费用统计，同时也有利于专线财务进行费用核查。

（3）其他费用支出项目。

在专线单车效益核算中，干线车辆装运的货物托运费总收入统计起来简单，常规费用支出项如干线运费、中转费、配送费等也很明确，而那些非常规的应记入单车核算成本的费用支出却容易被忽视，有时可能会被归入其他支出项。

①干线车辆超限罚款及相关费用。专线以零担货物居多，货物的重量难以把握，更何况有的客户很有可能会瞒报货物重量。在驾驶员不知情的情况下造成的货物超重，其后果轻则罚款，重则花大笔费用卸载转运货物。相对于超重处罚，超高、超宽遭遇处罚的现象比较少，即使有遇到，罚款金额也不大。针对车辆超重的情况，专线应认真核实车上货物重量，最好能在车辆起运前过磅核实，以避免干线车辆在路上的超重罚款。

②专线自担部分货损货差赔偿。货损货差情况是任何专线都无法避免的，只是频率高低和金额大小的区别。货损货差造成的损失处理应视情况而定，如果是有责任主体的损失，如干线车辆上的货物淋湿受潮造成的损失及损失赔偿，应由干线驾驶员全额承担，而不应将损失赔偿记入单车效益核算中的费用。其他的货损货差赔偿，只要存在专线承担的部分，都应记入单票货物的费用，纳入单车效益核算中，冲抵干线车辆毛利润。

③其他具体发生在某一票货物上的费用支出。这样的支出项目多，但往往金额不大，如装卸某票货物时临时雇用工人支出等。

4.3　单车效益核算方法及操作流程

单车毛利润是单车效益核算的结果，也是专线经营水平和经营质量的重要指标。为真实反映专线的操作水平，专线单车毛利润数据应力求真实准确，做到能反映正确的经营信息。为此，专线在进行单车效益核算时，应严格按照核算流程采集录入真实准确的经营数据，运用科学合理的方法进行单车效益核算。

1. 单车效益核算方法

在网络技术不发达的时候，专线单车效益核算工作做起来比较麻烦，很多事情都需要财务人员手工去做，而且各项费用数据的采集比较耗时、费力，想要把核算结果及时整理出来很困难。但如今的网络技术已经高度发达，各种物流管理软件日益完善，专线借助于物流管理系统可以及时了解货物的流通周转情况，想要进行单车效益核算也变得十分简便，而且很多物流软件本身就含有这项功能，只要按程序操作就可以了。

现阶段专线在进行单车效益核算时，会依靠物流软件系统自动生成的配载装车清单，赋予相关经办人员一定的权限，各自及时录入装车清单上各票货物的真实物流服务支出费用（包含干线运费），等到装车清单上的货物全部流转到客户手上，并且费用录入完成后，系统便自动完成了单车效益核算，单车毛利润数据也就有了。单车效益核算结果的真实性要求在托运单各项数据输入时，必须认真仔细填写真实的各分项数据，同时干线运费和各装车货物的费用支出数据也要真实有效并按分项要求填写。这就是专线行业比较通行的单车效益核算中的系统算法，具体的核算结果出炉时间要视专线到达站货物分流出库速度和数据录入的效率而定。

2. 单车效益核算操作流程

单车效益核算操作从最初的配载装车开始，直到装车货物分流出库完毕及相关费用支出录入完成时止，必须完整地从头到尾走完这个流程。具体在操作时是一环连一环，环环相扣，如果上一步的工作没有完成，则无法进行下一步操作。在进行单车效益核算流程操作前，首先要保证专线物流软件系统中货物数据完整，托运单数据真实有效，之后才能开始在系统中进行配载装车操作。

（1）把所有装车货物进行系统装车，生成装车清单。

其实系统里的装车设计理念源自人工手写操作。配载装车前，必须填入干线车辆相关信息，包括车号、车辆信息和驾驶员信息，然后按实际配载装车情况，把系统里的货物逐一进行装车，确认无误后点击完成装车，此时货物装车清单便自动生成，车辆处于等待发运状态。一份完整的装车清单包含了所有的装车货物和每票货物的收费信息，从中可以明确知道装车货物总收入和各装车货物的分项收入情况包括代收代付费用等信息。

（2）发运干线车辆。

与驾驶员确定干线运费，明确运费支付方式并填写系统运输合同，然后确定发车。干线车辆一经确认发车后，便显示运输途中状态，直到车辆到达专线到达站，点击到站确认车辆到达时结束。

（3）确认车辆到站，车上货物进入到分流出库状态。

车辆确认到站，车上货物由运输途中转入到站状态，到达站操作人员随即开展货物的分流出库操作。在操作系统之外，到达站人员必须依据干线车辆的装运清单对卸车货物进行逐票清点，核单核货，确保货单一致。

（4）及时把每票货物分流出库并把相应的费用支出数据登录系统，最终得出单车效益核算结果——毛利润。

完整的货物分流出库费用支出数据必须是在货物完全分流之后产生。按照专线对货物分流出库操作的要求，到达站必须及时安排入库货物的分流出库工作，尽量做到货物不积压。只要装车清单上的货物分流完成，相应的各票货物的分流支出费用就已经确定，等到及时把费用支出数据分别录入系统后，货物装车清单中的数据采集工作便完成，单车效益核算工作结果产生。另外，在费用录入时，我们建议以干线运输车辆为单位把跟干线运输车辆运输途中相关的营运支出记入其中，以便得出真实有效的单车效益核算结果。

第六章

公路零担专线开设

专线作为社会商品流通活动的参与者，在经济形式上属于实体企业，提供的产品是货物的流通服务。由于专线提供的是实体物品的具体转移过程的服务，专线必须借助各种软硬件设施和其他辅助工具来保障服务的提供。所以，专线在开展生产经营活动之前，要先进行服务资源的配置，搭建好自己的服务支持系统。

近年来，我国的社会经济发展迅速，物流市场日益完善，物流市场主体的经济活动逐步规范化，早已告别了那种"租一个门面，摆一张桌子，接一门电话就是一条专线"的时代。在物流市场竞争日益激烈的背景下，专线的开设应讲究经济学原理，在以谋求最佳经济效益和保障最优服务提供为目标的前提条件下，做好生产经营的前期准备工作。

专线开设有大量的准备工作要做，涉及很多的问题，主要分为两大类：一是做好专线开展生产经营前的各项前期准备工作；二是专线经营如何起步的问题。从专线开设时各分项准备工作的实施计划来分析，具体包括专线生产设备设施配置、人员及相关问题解决、开业营销策划、营运起步和资金预算等五个方面的问题。

第一节 生产设备设施配置

专线物流服务的提供需要借助于各种生产要素的合理配置，否则无法正常开展生产经营活动，而生产设备设施是专线开展经营活动的物质基础，也是专线开设必须首先解决的问题。专线开设准备工作中优先解决的生产要素有场地、办公室及相关配套、生产辅助工具等，这些都是专线开展生产经营活动必需的先决条件。

1.1 场地

场地即我们通常所说的仓库及相关区域，是专线生产营运的中心。专线的服务标的——货物，要通过场地来实现集零为整和化整为零操作，而且专线货物四次交割的节点都是在专线场地进行，同时在专线的固定费用支出项目中，场地租金是专线最大的单笔支出。场地的重要性不言而喻，专线开设必须先解决场地问题，然后再根据场地来做其他的准备工作。

专线的正常营运需要同时配置发运站场地和到达站场地，两个场地缺一不可，其中任何一个场地的选择不合理，都会对专线发展造成影响。鉴于场地在专线生产经营过程中的重要性，在选择确定场地时，专线必须综合考虑各方面的因素，选择适合自身的场地来开展生产经营活动。专线场地是否合适，有多个指标来衡量，而要能完全满足专线各方面要求的理想场地是不存在的，专线只能对衡量场地优劣的指标进行综合分析，选择确定合适的场地。在专线行业内，场地通俗的说法是仓库。

1.场地位置

场地位置选择主要是考虑专线经营的便利性问题，当然也要顾及专线整体的经济利益。场地位置选择在专线发运站和到达站之间会存在一定的差异，但总体上是相同的，专线场地位置选择有以下优先参考因素。

(1)场地周边交通状况好，方便车辆进出。

作为货物流通载体的车辆在专线生产经营中被大量使用，无论是专线的车辆还是客户的发货或提货车辆，都是围绕着专线的场地在运转。专线场地周边的交通一方面要路况好，另一方面要路面宽、不堵车，这样才能提高车辆的通行效率，有利于专线货物的顺利进出。交通状况差，特别是经常处于拥堵地段的专线，发货客户或提货客户经常会浪费大量时间在路上，久而久之很可能会造成客户流失。

(2)场地离专线客户群近。

场地离专线客户群近的好处很多，除了有利于专线与客户的沟通交流、培养专线稳定的客户群之外，还可以从发运站场地和到达站场地来分别进行分析。

①发运站场地离客户群近：客户发货方便，不必舍近求远，能大量降低客户的发运成本，同时专线在安排上门提货时，可以减少提货准备时间，节省提货开支。

②到达站场地离客户群近：客户提货方便，在为客户提供送货服务时，送

货距离短，可以提高服务效率，降低配送费用支出，提高专线的经济效益。

（3）专线场地周围配套资源丰富。

专线场地周边配套资源是一个很广泛的范畴，大可以囊括衣、食、住、行方面，但具体到与专线经营相关的物流配套资源方面，其范围就小了很多。

①专线场地附近停车场配套。专线场地附近有停车场，可以方便专线干线车辆的临时停放，有利于专线车辆的调度安排，不至于驾驶员把车辆挤放在专线狭小的场地内，影响场地内的货物装卸操作。

②专线附近的非同向专线同行。非同向专线之间在经营上存在着一定的互补性，专线发运站周边的非同向专线同行可以形成经营方向上的互补，共同吸引客户，可以分别为客户提供不同方向的物流服务。这可以理解为客户在专线附近就能把所有的货物发运完成，不必再为发运某些货物东奔西跑；而专线到达站周边的非同向同行，则可以在业务上形成互补，为专线中转货物的快速分流出库提供便利。

③其他一些配套资源。比如干线驾驶员所需要的旅馆、饭店、加油站等。

2. 场地大小

专线场地大小考虑的是场地的适用性。专线场地并不是越大越好，也不是越小越好，而是要使场地的大小与专线的生产经营规模相匹配，正好够用或略有空余最好，这样才能充分利用专线的场地资源，又不至于出现场地紧张或场地资源浪费严重的情况。专线对场地大小的选择，主要是基于专线目前的生产经营规模和经营发展需要两方面的原因，具体的影响因素有很多。

（1）专线货物进出量的大小。

专线货物进出量大，场地内的货物就多，用车需求也大，场地就要大一些，反之就可以小一些。

（2）货物的出库速度。

专线的仓库只是起着临时仓储的作用，其使用效率反映在货物的周转率上。货物的出库受客户对货物的服务提供时间和专线的生产效率影响，专线仓库的出货速度快，货物积压所占用的仓库面积就小，所需要的场地也就小。

（3）专线的经营发展需求。

专线场地要能满足专线一定时期内的经营发展需要，不使场地成为专线经营规模扩大的瓶颈。当然，如果为专线长期发展预留过多的场地会给专线带来沉重的经济负担。

（4）场地大小与专线的发车形式也有关系。

干线车辆不提货、不送货，专线就必须考虑车上货物全部存放在专线仓库，场地就要大一些。

3.场地类型

专线经营场地有两种类型：一种是独门独院形式；另一种是物流园区形式。这两种场地类型中，独门独院形式是小众类型，对专线的经营并没有多大裨益，而且独门独院场地大多涉及违法搭建的情况，随时处在拆违的风险中，无法为专线的稳定经营提供保障，正逐步走向没落。反观物流园区形式则是形势一片大好，物流园区形式跟城市的发展规划密切相关，得到了政府部门的大力支持，物流园区块优势的充分发挥能更好地为城市发展服务。

（1）独门独院形式。

独门独院形式是指一家专线或少数几家专线选择某一独立的封闭区域来作为专线经营场地。独门独院场地能给专线较大的经营操作自主权，生产活动受外界的干扰小。但专线在独门独院场地内经营难以享受到物流资源集中带来的便利，有时可能会影响专线业务的增长或增加专线的服务提供成本。

（2）物流园区形式。

物流园区形式是工业园区形式在专线行业的一种运行模式。它是指园区开发商投资建设物流园区，再把园区经营场所进行划分，向广大专线招商，吸引专线入驻经营，选择物流园场地经营的专线需要服从园区的统一管理。物流园区形式又可分为两种：

①传统的人货不分离园区。在这种园内，专线人员的生产和生活在一起，各专线都在自己的场地上解决员工的食宿问题。选择人货不分离场地经营有利于专线员工生产和生活的安排，比较符合专线的经营特点。但是大量人员的聚集不利于园区的安全管理，尤其是生火做饭容易诱发火灾隐患。

②实行人货分离的园区。这种园区把专线的营运场所和生活场所分隔开来，能有效地维持园区的生产秩序，但必须合理解决入驻专线员工的生活问题。从物流园区的发展方向来看，人货分离园区是物流市场集中发展的主流。

4.场地配套设施

场地配套设施是指场地内应有的有利于专线开展生产经营活动的附属设施。场地配套设施是专线确定经营场所的重要参考条件。

（1）场地内的大棚。

专线操作需要大棚场地，即使是完全使用厢式车辆运输的专线也不例外，场地大棚是专线行业的标配。在专线集中的物流园区里，大棚档口是专线生产场地的最大特点。

（2）专线办公区域。

专线的营运场所和办公场所是一体化的存在，即使两者不在一起，但也不能相隔太远，否则操作起来不流畅，会影响专线各环节的相互沟通。因此，专线场地内应有办公区域配套，并且最好是营运场所与办公场所在一起。

（3）专线员工食宿解决。

在当前推行人货分离物流园区建设的浪潮中，园区既然不允许专线自行搭建员工食宿区，那就应该建好员工食宿配套设施，解决专线的后顾之忧。

5. 场地使用时间

关于专线场地使用时间问题，本来不算什么事，但是在现实中却还真因此出现过很多的问题，而且有的问题对专线的经营影响很大。由于专线对场地的依赖十分严重，可以说离开了场地，专线就无法经营，场地的稳定对专线的稳定经营意义重大。

众多在某一场地长时间经营的专线的经历告诉我们，稳定的经营场地可以给客户以踏实的感觉，有利于专线客户群的稳定，同时也有利于塑造专线的品牌形象。而如果场地使用时间过短，则会给专线带来很多的问题，甚至可能给专线带来重大损失。

（1）专线场地使用时间过短，不利于建立稳定的客户群，而且场地的搬迁会打破原有客户群的稳定。基于各种利益关系，专线会在新场地形成新的客户群，在新的客户群稳定之前，专线的经营稳定性会受到冲击。如果场地搬迁不成功，专线的生意很可能从此走向下坡路。

（2）专线场地使用时间短，频繁地更换场地会给客户一种不稳定的感觉，总使人觉得专线经营上有什么问题，从而降低客户的忠诚度，影响专线客户群的稳定。

（3）专线行业内有句话叫作"搬一次家穷三年"。专线更换场地之后，必须重新在新场地的基础上进行宣传、印刷单证，同时还要在新场地重新搭建新的场地经营设施，如搭建新的办公室，新的员工食堂、宿舍等，这些会消耗专线大量的财力，再加上专线业务上受到的冲击，"搬一次家穷三年"还真确有其事。

基于以上分析，专线在选择确定经营场地时，应充分考虑场地的使用时间，并且尽量争取在某一场地长时间经营，避免非专线主观原因造成场地的频繁搬迁。而如果场地被迫更换，如场地拆迁、场地过小等，专线也应选择更好的场地以更新的面貌开展经营活动。

6.场地租金

场地租金是专线经营过程中绕不过去的坎。专线开设要同时租赁两个场地，而且两个场地的大小必须跟专线的经营规模相匹配。在物流市场日益完善的今天，物流设施也不断地完善，并逐步向专业化、智能化方向发展，这也就不断推高了场地的租金。在专线的固定成本支出中，场地租金占了大部分，因此场地租金问题也是专线在选择场地时无法回避的问题。

场地租金高低跟场地的位置、大小、类型、配套设施和使用时间等息息相关，专线选择经营场地必须综合各方面的因素，选择性价比较高的场地作为经营用地。针对专线场地的性价比分析，有下面几种情况可作为参考。

（1）场地租金高低与专线营运成本之间的互为涨消关系。

专线场地租金低，在地理位置上自然不占优势，专线相应的接货成本和配送成本就会增加，相反专线的经营成本则会降低。两者相比较，成本的增加可能会超过高出的租金，即使不会高出租金，再结合其他方面的优势，高租金的好位置场地也比低租金的偏僻场地要有利。

（2）场地租金高低与专线经营便利性的关系。

场地周边配套和场地自身的配套对专线的经营影响很大，配套齐全的场地租金高，但有利于提高专线的营运效率，同时也可以降低专线的营运成本，如中转分流供应商配套好的场地，专线的中转分流出库效率就高，中转付费也会低一些。

（3）场地租金高低与专线场地使用风险的关系。

专线场地使用风险涉及专线经营中的场地安全和场地使用时间保障问题。租金高的场地各种安全防范措施到位，专线可以放心使用，而且场地使用时间约定规范，不必担心诸如拆违、突然搬迁之类的风险发生。

1.2　办公室及相关配套

专线开设在确定好场地之后，接着要进行办公室及相关配套设备设施的建设。在当前专线进入物流园区的经营模式下，专线的场地大棚及仓库已经由园区做好配套，但办公室还是需要专线自行搭建，办公室的配套设备设施也要专线根据自身的生产经营需要进行相关配置。

1.办公室

专线经营实行的是操作和办公一体化营运，即操作和办公都会在专线租赁的场地上进行，也就是专线办公室通常会建在专线场地上或离场地很近的地方，这样可以方便专线操作流程中各环节之间的相互沟通协调，便于经营管理。所以，专线在选择经营场地时，必须提前做好场地布局。

在以往人货不分离的园区内，如果专线有较长时间的场地使用合同，一般会考虑自行搭建办公室，并且在场地空间的利用上会更细心。办公室的搭建做两层布局，一楼做办公室和食堂使用，二楼安排员工住宿，这样就同时解决了专线办公和员工的食宿问题，一举三得。而在当前人货分离的园区内，专线搭建的办公室只能作为办公室使用，如果建高了反而会浪费资金。因此，大多数专线一般会考虑租赁或购买活动板房来做办公室使用，这样既经济又实惠，真要更换经营场地的时候，还可以把办公室拖走，这比当初花费大量资金建固定办公住宿场所的经营方式节约了不少的资金。

2.办公室软硬件配套

办公室软硬件配套是专线办公的重要辅助工具，可以提高专线的办公效率。在专线开设时，办公必需的软硬件要优先添置，否则会影响专线正常经营活动的开展。

（1）办公硬件设施。

办公室硬件设施的主体是购置办公家具，为员工办公提供一个安静舒适的环境。其他的专线办公的必需硬件设施有电脑、电话、传真机、打印机等，这些硬件是当前物流信息化发展的必需品。如果要满足客户服务需要的多样化，可能还需要专线购置复印机和扫描仪等。

（2）办公软件设施。

专线的办公软件配套设施包括网络、物流软件、财务管理软件等，这些软件设施与办公硬件设施配套使用能大幅优化专线的经营管理，提高专线的管理水平和运营效率。

（3）其他办公配套。

专线的其他办公配套包含很多的物资，其中最重要的有托运单和标签。这两样东西在专线的生产过程中缺一不可。

①托运单。

托运单是专线在为发货人办理货物托运时向发货人开具的货物托运凭证，是一种一式多联的单据。托运单分为手工单和电脑单，手工单是专线行业最初使用的单据，由专线开单人手工填写。在如今信息化背景下，手工单可作为网络系统异常情况下的应急手段，也可以为专线员工外出提货时向客户临时开具托运单所用。电脑单是通过电脑录入数据制单，由打印机打印出来。电脑单又分为全机打印单和套打单，全机打印单的打印效率低，费用高。从降低成本和提高效率的角度来看，专线可以选择托运单套打方式开单。

②标签。

专线承运的货物多种多样，为了对每票货物进行有效区分，专线必须给货物贴上标签，加以分类识别。标签是以不干胶的形式粘贴在货物上，在采取人工填写标签的情况下，专线需提前印制空白标签，然后按照托运单上的货物信息填写相关内容，再由责任员工分别粘贴。标签具体贴多少、怎么贴由相关负责的员工根据操作需要来决定。员工写标签的随意性大，容易出现货物混淆难以区分的情况。还有一种是机打标签，由系统控制，在托运单制作完成后，标签自动打印出来。这种打印标签的形式成本会高一些，但可以有效避免人工填写时的疏忽。

③其他办公配套材料还包括专线自制签收凭证、财务账本和其他一些办公用品等。

1.3 生产辅助工具

生产辅助工具是专线在生产经营过程中用以辅助生产，提高劳动效率的工具。生产辅助工具的应用可以有效降低工人的劳动强度，缩短工人的劳动时间，极大地提高劳动效率。在当前物流市场已经进入半机械化操作的情况下，生产辅助工具成了专线生产的标配。专线的主要生产辅助工具有叉车、地托车、托盘。

1. 叉车

叉车已经成为专线行业最重要的生产辅助工具。专线开设要考虑发运站和到达站两边场地的叉车配置问题。由于叉车的价格不低，如果刚开始就购买两台全新的叉车，必定会给专线造成不小的资金压力，所以在专线开设初期，要对叉车的配置问题进行经济上的研判。

（1）在经济实力允许的情况下，购置新的叉车。

参照目前的市场价格，任何品牌的两台全新叉车按专线要求4米高的龙门架、1.5米的叉齿、左右侧移10厘米来进行配置的话，至少需要十万元。在专线前期投入需要节省的前提要求下，两台新叉车会是一笔不小的开支，不过从专线长期经营的角度看，直接购买新叉车投入专线经营比其他获取叉车的方式要划算一些。因此，建议准备长期经营专线的专线老板在资金允许的情况下，尽量购买新叉车投入到专线生产经营中。

（2）采取分期付款的方式购买新叉车。

贷款买叉车对新开专线来说是一个不错的选择，这样既买到了新叉车，又节省了资金,虽然支付的费用会高一些,但是专线可以把节省下来的那部分现金用于回报率更高的经营中去,以充盈流动资金。

（3）购买二手叉车。

从"有总比没有强"的出发点来看,专线购买二手叉车也是可以的,毕竟支付的费用比较少,但是专线应对所购买的二手叉车了解清楚,避免在使用过程中出现故障频发或者维修费用高等情况,到头来反而得不偿失。

（4）租赁叉车。

从市场上租赁叉车是新开专线投入最少的获取叉车的方式,对专线经营起步阶段的促进作用明显,但在专线经营稳定之后,还是要考虑自行购买新叉车。租赁叉车是轻资产型专线常用的解决叉车问题的方法,在专线经营困难需要转向时,不必担心会要解决叉车的问题。

2. 地托车

地托车是工人在平地上拖动整托货物平移的工具。在平地上拖动重量较轻的货物,拖车比叉车更方便快捷,而且安全性也比叉车要高,因此地托车被广泛运用于物流生产活动中。地托车作为一种省力的生产辅助工具,其价格不高,具有经济耐用的特点,专线可以视生产需要合理配置。

3. 托盘

托盘是专线在卸货时堆码货物所用的工具,同时也是地托车拖动货物和叉车叉动货物的重要平台工具。使用托盘堆码货物可以避免搬运工长距离搬运货物,从而加快装卸货速度,大量节省劳动力和劳动时间。托盘是专线最实惠的生产辅助工具,费用低、效果好,专线可以大量配备。

（1）托盘分类。

托盘在材质上可以分为木托盘、塑料托盘和金属托盘,三种托盘在实用性上各不相同。

①木托盘。木托盘是以木头和木板为材料制成的托盘,这种托盘制造成本低,破损修复方便,被广泛运用于专线生产中。

②塑料托盘。塑料托盘以塑料熔制而成,有生塑料托盘和熟塑料托盘之分,其中熟塑料托盘要耐用些。塑料托盘的制造成本比木托盘高,重复利用率比木托盘低,如果损坏了,只能做报废处理。这种托盘在工厂中使用比例大些。

③金属托盘。金属托盘属于特制型托盘,使用对象针对明显,通常是客户定制生产,不过有的专线也会用角钢焊制大的铁托盘来码放泡货。金属托盘价

格昂贵，结实耐用。

（2）专线托盘来源。

托盘来源其实是一个无关紧要的话题。专线托盘最初的来源是购买所得，但是由于托盘在不断地重复利用中会产生破损消耗，数量越来越少，专线的再次大量购买会增加费用开支。于是，专线有了另一个托盘来源渠道，即通过合理的客户允许的拆托货物方式补充专线托盘供应。

4. 其他生产辅助用品

其他的生产辅助用品如缠绕膜、胶带等，也是专线生产经营的必备物资。如果专线的大铁桶装化工业务多的话，也可以考虑购买大桶夹来辅助生产。

第二节 人员及相关问题解决

有关专线人员岗位配置的问题，我们在前面已经进行了相关的探讨。专线在实现稳定经营后，人员的结构会很清晰，岗位也会很明确，如果专线的经营规模大，一岗多人的情况也很正常。然而新开设专线在人员方面的调配就截然不同。由于人力资源支出成本加大，即使实力再强大的老板，在专线设立之初也会对人员的调配小心翼翼，绝对不愿意消耗过多人力资源，浪费资金。

2.1 人员的调配

新开专线的人员调配不可能像进入稳定经营期专线的人员调配那样随意自如，专线开设时的人员配置应本着节约人力成本的原则，杜绝资源浪费，把有限的资金放到业务拓展中去，而且专线在起步阶段更要注意保持人员的稳定，想办法选好人、用好人，尽量把人才培养好，为专线的后期发展培养骨干型人才。

1. 员工来源

专线行业里，纯资本运作的公司比较少，家族式企业居多。在专线开设初期，员工大多跟老板存在或多或少的亲戚关系，也有一些是朋友关系，这对专线老板的创业初期帮助很大，可以以强大的员工凝聚力帮助专线顺利度过成长期。不过，当专线发展稳定后，这些亲近员工的弊端便会显露出来。

（1）亲戚员工。

其实不光是专线行业，在我国任何家族式企业中，亲戚员工都是无法完全避免的现象，区别只是亲戚员工在员工数量中占比大小的问题。亲戚员工在专线开设初期会有一种家族的荣誉感，做起事来责任心很强，而且往往会不辞劳苦，不计报酬，这有利于专线快速步入正轨。

（2）朋友或朋友介绍的员工。

这类员工做事中规中矩，有时会碍于朋友面子，勉强自己留下来。当然，这些人当中也有很优秀的员工，可以为朋友的事情尽心尽力。专线在开设初期，对这种类型的员工可以放心使用，基于朋友的关系，专线老板不必担心他们做出些乱七八糟的事情来。如果遇到贴心的朋友员工，更是可以放开手脚，大胆使用。

（3）招聘社会员工。

专线开设初期，在亲戚员工和朋友员工占主导的情况下，专线也可以少量招聘社会员工，通过不断的试用考验留下那些品行端正、有能力的员工作为专线发展的后备人才。

2.岗位分配

在第四章中讲到的关于人员岗位配置的情况是成熟型专线的员工基本工作岗位配置。岗位安排是专线各环节操作的需要，能做到各岗位各司其职，各尽其事。但是在专线开设初期，业务并不繁忙，专线没有必要提前安排人员值岗，浪费人力资源，而应该坚持人尽其才，一人多岗，尽量节省人力成本。专线开设初期应该在重要岗位上安排骨干人员，避免人员在岗位分配时的面面俱到，出现人多无事可做的情况。

（1）叉车工。

叉车工属于技术型工种，要求具备熟练的叉车操作技能，持证上岗。严格地说，叉车工岗位具有排他性，不是任何岗位员工都能胜任。所以，在专线开设初期，应考虑优先安排叉车工岗位。

（2）仓库管理员。

仓库管理员负责货物的清点交接和仓库管理工作。在专线发运站，仓库管理员还应负责货物的标签粘贴工作。仓库管理员对货物在库区的交接全面负责，其岗位职责对专线的质量管理意义重大。

（3）业务负责人。

业务负责人在专线开设初期可以全面接手专线办公室工作。在专线开设初期，发运站的业务负责人可以负责从业务洽谈、开单、回单管理到专线财务等办公室工作。当然，能胜任如此多岗位工作的人必定是专线老板或老板的亲人。而到达站的业务负责人也可以全权负责从财务到中转专员、配送专员等岗位工作。

（4）数量有限的搬运工。

搬运工是各岗位人员都可以兼任的岗位，一般不包含女性。在专线开展初期，业务不怎么繁忙，只要员工肯干，叉车工、仓库管理员和业务负责人都可以当临时搬运工。不过，从专线发展的角度看，专线在开设初期还是应该聘用少数骨干搬运工人做人才培养计划，为专线后期的经营发展储备人才。

3. 岗位协调管理

专线开设初期，人少货少，员工关系简单，并不需要花费太多的时间去协调处理员工之间的事情，但是专线在此时可以尽量让员工去扮演各岗位角色，找出各岗位相互间的沟通协调问题，尽早制定岗位制度，明确岗位职责，为后期生产经营过程中的岗位协调管理做准备。

2.2 员工保障措施

员工保障措施的制定实施是针对企业的人才留用计划而来，在当前社会背景下，专线的开设难度已不可同日而语，新开设专线的最新入职员工都可以视为专线的骨干人员。为留住人才，同时也为了规避专线生产经营过程中的一些意外情况，专线在并设初期应不吝啬资金为员工提供十足的保障措施。

1. 为骨干员工购买五险一金

一直以来，大家普遍认为只有在正规单位工作才能享受五险一金待遇，在专线领域似乎是不可能的事情，其实新开设的专线可以大胆创新，尝试给骨干员工购买五险一金。虽然这会使专线的成本费用支出大幅增加，但是在人才竞争日益激烈的市场环境下，这种大胆举措必定会给专线的平稳起步打下坚实的人才基础，并为后期的稳定经营提供充分的保障。

2. 为员工购买意外伤害保险

专线经营过程中的员工意外伤害难以避免，造成的后果大小不一。专线开设应充分认识到员工意外伤害所产生后果的严重性，杜绝发生专线还未赚钱就出现员工意外受伤赔钱的情况。当然，要想避免产生员工意外伤害大额赔款的情况，专线唯有为员工购买意外伤害保险。这当中，专线更要注意保险的生效时间节点，切忌在保险生效前留岗试用员工，否则即使购买了保险，也无法获得意外伤害理赔。

3. 准备好劳保用品

劳动保护用品是专线生产的必需品，虽然不能防止意外伤害的发生，但能有效降低受到伤害的程度。专线常用的劳保用品有手套、胶底鞋等，在一些稍微正规的专线，甚至还会为一线员工配发防止货物意外掉落砸伤人的安全帽。

2.3　员工食宿问题解决

员工的食宿问题解决最能体现出企业对员工的重视程度。专线在生产性质上属于劳动密集型企业，参与生产经营活动的人员较多，加上工作的节奏比较快，工作时间不确定，专线通常都会主动安排解决员工的食宿问题。专线员工的食宿解决方式，我们已经在员工的食宿安全管理中进行了详细的讲解，相对于人员较少的新开专线，我们也可以再做一遍分析。

1. 员工就餐问题解决

专线员工在饭前饭后都有生产任务在身，用餐时间不宜过长，否则很容易影响工作开展，所以员工的就餐问题就成了专线经营中的大问题。是选择请人做饭还是选择给员工发放用餐补贴？员工一多，各人的想法各异，专线真不知道如何是好。但是在专线开设初期，由于人员规模小，生产任务轻，员工的饮食问题还是比较好解决。当然，每餐吃外卖的成本必定很高，经济上不可行，而如果是选择在园区食堂就餐，虽然麻烦少，且又经济实惠，但品质可能会差一些。所以，在专线开设初期，建议最好还是雇人做饭，整体开支不算大，而且食物品质有保障。

2. 员工住宿问题解决

相对于就餐问题，员工住宿问题就简单多了。专线员工通常只有在下班之后才会有时间休息，因此在人货分离园区生产经营时，专线可以就近租赁房屋供员工集体住宿，即使距离稍微远一点也无大碍。当然，员工住宿条件不能太过随便，专线应该让员工感受到舒适，保证能让员工休息好。

第三节　开业营销策划

专线开业营销是一整套的营销策划，是专线正式开始营业前所做的各种各样的营销计划和营销活动，旨在帮助专线在开始经营后能快速起步，早日进入平稳发展期。在专线开设筹备期，只要把经营场地、公司名称、经营路线、联系方式等确定下来，就可以开始制订相应的营销计划。

3.1　广告宣传策略

在当前公路零担专线以电话洽谈接单为主的前提条件下，广告宣传是常见而且很重要的扩大专线知名度的方式。在专线开设初期，专线的各种广告宣传计划应同步进行，基本上要做到开业就能在市场上见到广告。广告宣传与专线经营启动的配合很重要，如果广告创意好，再加上其他吸引人的措施，往往可以收获最佳的宣传效果。大多数专线在开业伊始都会采取广告轰炸的模式进行全方位宣传。专线广告宣传常见的方式有书面广告、车身广告、散发名片或传单、赠送广告小礼品、在信息平台上发布广告等。

1. 书面广告

书面广告是比较传统的早期专线广告宣传方式，是一种由专线选定版面并支付一定费用给广告商，并由广告商设计发行的广告宣传方式。书面广告分为月刊和半月刊，发行范围和发行量由广告商决定。在物流市场比较集中的城市，书面广告的市场反应不错，可以达到预期的广告效果，但专线在选用书面广告时，应该注意一些细节问题，否则会影响广告效果，难以获得预期的宣传效应。

(1)广告内容设计要言简意赅，要能明确表达需要告知的内容。

专线打广告无非就是要告诉发货人找谁托运货物而已，确切的广告内容有专线公司名称、专线经营方向、发货到货地址和电话，至于其他可有可无的内容最好省去，免得影响广告版面，干扰客户读取有效的信息。

(2)广告版面位置选择要科学合理，讲求最佳的费效比。

专线开设初期，可以运用整版封面来做广告宣传，虽然费用昂贵，但效果很好。如果专线实力允许，也可以连续多做几期多家广告公司的整版封面广告来进行集中的市场广告轰炸。对封面广告的看法，专线行家里手认为绝对不能为了贪图便宜而选择1/2版或1/4版来发布广告，这样虽然花费的成本减半，但是广告效果却可能减倍。其实书面广告里最实在的版面在广告书内的前五页，最好是正面1/2版，这是从人们看书的习惯中分析出来的，这些位置比封面便宜很多，又符合大家的阅读习惯，这样的广告做出来既大气又经济，而且广告效果好。

(3)广告色彩要鲜艳，够吸引人。

广告色彩以红色最能吸引人，红白搭配和红黄搭配的色彩，对比感较强，因此在广告设计上，可以选用红底白字或红底黄字的广告页面设计。至于是否选择其他色彩的页面设计，可以通过视觉对比来选定或者看广告书中其他广告的页面设计情况再确定，以利于人们在阅读广告内容时便于区分选择。

2. 车身广告

车身广告是指把广告内容喷涂或粘贴或悬挂在车身上的广告宣传方式。车身广告投入小、流动性强、广告效果好，是新开设专线进行广告宣传的不错选择。专线利用车身制作广告来宣传要符合相关的法律法规，最好是选择正规的广告公司来合作，利用自有车辆或合同车辆来制作车身广告。

3. 散发名片或传单

散发名片或传单是一种比较原始但很实在的广告宣传方法，专线可以自行委派员工或雇人操作。名片或传单的派发要求一张传单或一张名片对应一张名片的回收，视收集回来的名片数量来确认散发工作成果。这种广告宣传方法一般针对物流园区内的同行客户，而且物流园区越集中，宣传的效果越好。在采用散发名片或传单的方法时，专线名片或传单的制作水平要求高，越有特色就越能吸引别人的阅读兴趣。

4. 赠送广告小礼品

赠送广告小礼品的方法可以参照名片或传单的散发方法操作。赠送的广告小礼品应该是那些日常所用的印有专线相关广告内容的小物件如打火机、无碳复写纸垫板、鼠标垫等，这些小礼品具有一定的实用性，可以反复使用，接受者一时半会不会忍心丢弃，广告目的容易达到。但对专线来说，购买小礼品的费用比较高，难以实现大范围的任意派发。

5. 在信息平台上发布广告

这是一种全新的网络广告模式，耗费的人力、物力小。随着物流网络信息技术的发展，网络广告会越来越被专线所推崇并逐渐成为物流广告发布的主流。

3.2　市场上广造人势

专线广告宣传可以起到很好的造势效果，特别是在显眼的位置集中投放大量广告更是可以吸引人们的注意力，这些其实都是一些外在的效果反应。在专线开设初期，想要获得真实的宣传效用，还是在于专线内部的人气造势程度。

人气即财气，广告的真实效果反应就是人气，但广告不能立马见效，在专线的开业营销策划中，除了要大力做广告宣传，在外大造声势外，专线还要在行业内大造人势，把专线经营的气势做起来。

1. 行业内朋友访问

物流行业里的一手货源基本上都是凭关系拿到手里，而专线处于物流供应链条的最底层，加上实力较小，几乎难以接到一手货源。专线的货源大多是流转了几次的二手、三手货源，因此行业内的朋友也就是圈内的朋友是专线相当重要的资源，有的可能成为专线的客户，有的也可能为专线介绍客户，从而形成互利互惠的利益体。在当前经济背景下，要想在人生地不熟的城市成功地经营一条专线几乎是不可能的事情。专线在开设初期，行业内或多或少会有一些朋友，这些行业内朋友的关心和帮助能聚集专线的人气，带动专线快速起步和向前发展。

(1)积极走访同行朋友，加深相互间的感情，以期获得同行朋友对新开专线的支持。

物流圈子比较小且经营场所比较集中，人员的流动性大，专线在开设初期应积极在圈内走访，主动上门拜访同行朋友。这样一来可以加深相互间的了解，增进感情；二来可以互换情报，相互介绍客户，实现资源共享。

(2)通过通信工具主动问候同行朋友，介绍新开专线的相关情况，交流经营管理经验。

现代通信工具发达，有电话和QQ、微信等社交软件，使用起来既经济又方便。对那些距离较远的同行朋友，可以通过社交软件经常主动地进行联系，广交四方朋友，扩大专线自身的影响力。

2. 拜访客户

专线开设初期的业务量较小，生产经营正处于起步阶段，各环节的操作也都还在磨合期，很多的同行朋友都不敢把货物贸然转向这边来发运。这个时候，专线可以借业务合作的名义积极拜访客户，实则为了增进与客户的沟通，吸引市场人气。这种方法运用得当能极大地增强客户的信任感，为后期的合作打下坚实的基础。

3. 加入物流行业组织

我国的物流市场以公路零担专线市场最为庞大，市场主体众多。在以公路运输为主导的行业组织里如物流行业协会、专线联盟等，几乎都会有专线公司的影子或者由专线占据主体，各种物流行业组织里的成员基本上都是在行业里有一定影响力的公司。新开设专线积极加入行业组织，可以有效地提升专线形象，扩大市场影响。

4.开业宣传

开业是专线扩大宣传的最佳时间节点，借开业时间进行大规模宣传造势是各类企业的常用手段。专线开业时可以广发英雄帖，诚邀市场同行客户及相关行业单位来参与庆祝活动，以聚餐、茶话会的形式把大家聚在一起，借以宣传专线，相互交流经验。虽然大规模操办开业庆祝活动会花费大量资金，但如果专线做好开业活动策划，精心布置实施，一定会收到巨大的宣传效果。

3.3　收货策略

专线开设初期的客户群较小，货物量不大，经营性缺货是不可避免的问题。缺货不但会影响专线服务资源的利用，造成各种资源的闲置浪费，推高专线的营运成本，还会影响专线的配载装车，直接侵蚀专线的利润，严重的时候还可能会导致专线干线运输发车困难，促使专线作出压货的决定，进而影响专线的服务提供。长期的经营性缺货会影响专线的持续稳定经营，延长专线的成长期。所以，专线在营运初期，要制定实施适用的收货策略，想尽办法扩大货物承运量。

1.低价收货

低价收货是指专线以低于市场平均收货价格来接收承运货物。目前的零担货运市场是处于那种随行就市状况，行政干预少，没有物价部门核准的收费标准价格。很多时候，某一方向专线的收货价格都是以一段时间内干线运输成本价为依据来作为收货标准价。如在某一段时间内，上海到广州的零担整车干线运价为12000元，装货标准为30吨或120立方米，那么上海到广州的收货标准价可视为400元/吨和100元/立方米。专线低价收货时就会把收货标准价降低，以比同行低的价格来承接货物。低价收货是一种比较有效地扩大货量的方法，但必须科学使用，否则会产生一系列的负面效应。

（1）专线低价收货应有一定的时间期限要求。

专线低价收货时间要明确，可以定为开业期间的一至两个月内，这样的时间跨度基本上可以普惠到市场上的经常发运客户，能够达到理想的吸引客户的目标。如果专线毫无限制地低价收货，一方面会引起同方向专线出台相对应低价措施，从而造成市场上竞相降价抢货的局面，导致大家都没钱赚，这种情况对新开设专线的后续经营极为不利；另一方面，低价收货难以维持专线合理的利润空间，市场主体的趋利性会使得专线的服务质量缺乏保障，而且专线后期的突然涨价措施会引起客户的强烈反感，造成客户大量流失。

（2）选择性的低价策略。

选择性低价策略是指专线在接收货物时实行差别化的价格策略。针对不同的发运状况、不同的客户、不同的货物类型，专线往往会采取灵活的定价策略。

①好货低价。专线所谓的好货是指那些好装好卸、易于配送、好配载及纯重或纯泡货物。其中，特别是好配载的纯重货和纯泡货对装车效益的提升很大，即使专线低价承接，仍然可以获取较大配载装车收益。

②好客户低价。好客户是指那些认可专线的经营理念，与专线相处融洽，能够站在专线立场上来想问题、做事情的客户。对专线来说，运费结算迅速的那类客户必定是好客户，专线对这样的客户执行价格倾斜政策很正常，也很有必要。

③临时性低价收货。专线采取临时性低价收货手段，一般是在出现经营性缺货或车多货少的情况时。专线经营性缺货情况发生时，对装车货物的类型没有太多的要求，只要有货且能装上车就能增加效益。而如果专线在车多货少时采取临时性低价策略，更多的是为干线车辆组织货源，让车辆正常跑动起来。

④低价接收大票货物。大票货物是专线干线运输的主货，专线每天进行业务洽谈工作都会根据当天的主货进行。新开设的专线因为货物量有限，没有大票货物打底，很有可能无法自主发运干线车辆。从专线正常发运的需求出发，专线可以也应该考虑低价接收大票货物。

（3）货量优惠乃至免收部分费用。

货量优惠措施的实施可以与广告宣传配合进行，新开专线可以在广告宣传中针对单票单件的小件货物在一定重量和体积范围内免收干线运费，以获得人气。当然，在实际发运当中真正要求专线免单的客户不多，即使有也是那些贪图小便宜的客户。另外，针对重量或体积较大，达到一定量的货物可以少收或免收提送货费，这也是专线通用的低价收货方式。一般达到免收提送货费标准的货量会定在重货5吨以上，泡货10立方米以上。

2. 挑客户不挑货物，大量接收货物

零担专线市场圈子并不算大，经常发货客户的口碑好坏，很快就能在圈内广泛流传。专线在开设前期，应对圈内的情况做一定的调查摸底，最好要把握好整个市场的氛围，把那些信誉等方面不好的客户优先精选出来，排除在合作名单之外，而对于那些市场反应比较好的客户则可以大胆合作。同时，出于对

发货客户所接手的货物必须发运的认识，专线在开业初期应毫不挑剔地收货，特别是正面临经营性缺货的困境时，根本选无可选。

基于挑客户不挑货物的初期营运经营理念，专线可以大量接收货物，努力增加货物量。

（1）确保电话业务不流失。

专线的业务是以电话洽谈接单为主，只要电话铃一响，很可能表示业务来了。专线开业初期，货物量不足，经营性缺货情况突出，必须认真对待来电业务，尽最大努力做成每一笔电话业务。当然，即使专线处于经营稳定期也应该要认识到电话接单的重要性。

（2）谈好自找上门洽谈的业务。

不管客户是看到广告宣传、朋友介绍，还是刚好路过而来找专线洽谈业务，对于一家新开设的专线来说，都是件可喜可贺的事情，这说明专线的广告宣传起了作用。客户直接上门谈合作说明了他的诚意，只要专线的整体形象能给客户留下好的印象，业务合作基本上可以敲定。像这种客户主动上门的业务，专线要积极主动把握，决不轻易放过任何一单生意。

（3）做好朋友介绍的业务。

在社会交际圈中，大家普遍认同朋友的朋友就是自己的朋友。朋友介绍过来的业务也就相当于朋友的业务，朋友能介绍业务过来，说明朋友是支持专线的，是给力的，新开设的专线正好需要这样的朋友的支持。因此，专线要认真对待朋友介绍过来的业务，即使货物类型不怎么好，也不应轻易拒绝，要有"先啃骨头后吃肥肉"的思想准备，就算不赚钱，也要想尽办法做好朋友的第一单业务。

（4）接收同行拒收的货物。

撇开客户的因素，同行拒绝接收的货物基本上都是属于有一定操作难度的业务，其中的原因很多，大部分会体现在下面五个方面。

①难装难卸的货物。如大票的小件货物装卸车时间长，工作量大。

②异形、不规则、不好配载装车的货物。

③包装差或没有包装，容易造成货损的货物。

④不便于中转或中转到达不了的货物；配送要求多，同行无法提供所要求的服务。

⑤同行不发车或车已装满货物，无法按时发运。

专线要想把同行拒收的货物收下来，还是要有相当的勇气和实力，而且有时候解决问题还要靠智慧。当然，如果专线能做好同行排斥的业务，收获的利润一定很可观，同时客户的忠实度也一定很高。说实在的，对于新开设的专线，客户往往都会先试着发运，而且会先把那些难以操作的货物拿来试水，借此试探专线的水平，这也就对专线的操作水平有很高的要求。专线服务承诺必须说到做到，新专线更要诚信经营。

3. 在物流信息平台上找货

在如今网络发达的社会，各种物流信息平台竞相出现，找车找货的平台都有。信息平台上的货物以整车的大票货物居多，但也有一些需要配车的货物。新开设专线可以根据自身的发展需要，适当地从信息平台上找货，以解决经营性缺货的问题。当然，信息平台上也有一些比较好的、有价值的客户资源，专线可以从中发掘。

第四节　营运起步

专线的开设首先从场地的选择确定开始，直到所有的服务资源配置完成，至此构建好专线完整的物流操作服务体系，这一切都是在为正式的生产经营活动开始做准备。专线营运启动后，场地租金计费开始，员工的工资也开始计算，专线的固定成本支出日复一日地累加。不论专线业务如何，这些成本支出都少不了，如果再加上其他的诸如广告费用支出等，专线的日常开支会相当地庞大。专线此时的收入很少，而且承运货物时的运费收入并不能算是严格意义上的收入，只能算作代收费用而已，只有在货物服务完成之后产生的毛利润，才能作为专线真正的收入，这也就可以理解我们前面所讲的单车效益核算的重要性。专线收取的货物托运费不能直接对冲专线的固定成本支出，只有经营的毛利润才是真正意义上的收入。所以，专线营运起步的概念可以理解为专线从收取第一票货物开始，从这以后所进行的一切货物发运事宜，直到专线能稳定地发运整车零担，并且专线的财务收支能够达到平衡。

专线开设最困难的是营运起步的问题。专线如何快速起步，从初期亏损阶段进入平稳发展期，是一门很深的有关专线经营的学问。专线从承运第一票货物开始，不管收到多少货物，每天都要思考如何把货物发运出去。在营运起步阶段，专线的货量小，经营性缺货严重，无法思考盈利的问题，只能想办法降低亏损，尽量缩短营运起步阶段。

由于处在营运起步阶段，专线操作流程中各环节还没有实现满负荷运转，各项支出比较固定，真正意义上的变动成本反映在干线运输环节。而且干线运输的安排可以决定专线亏损的大小，因此营运起步所关心的就是专线在营运起步阶段如何控制干线运输成本，减少专线开设初期的亏损，尽量缩短专线所处起步阶段的时间。

4.1　配车发运

配车发运是专线在营运起步阶段常用的干线发运方法，是指专线在货量不足以发运整车零担时，通过临时调度市场上未满载的社会车辆把专线所承运的货物给其配车装走。选择配车发运最佳的前提条件是专线的社会车辆资源丰富，与驾驶员关系好，而且驾驶员也愿意帮忙。虽然双方在经济利益上是一种互惠互利关系，但是熟悉的驾驶员更热情，更有利于专线调度车辆，使用起来也放心。当然，在当前网络信息发达的时代背景下，专线也可以在物流信息平台上调用社会车辆为己所用。

1. 配车发运操作要点

专线配车发运是干线运输的一种组织形式，操作起来比较简单。

（1）专线根据承接货物的情况调度车辆。

社会车辆配货一般有按重量计费和按体积计费两种方式，如果两者相差不大，则会按大的数值收取运费。专线在向驾驶员通报货物情况时，应该一并告知对方货物的重量和体积及所需要的车底盘位置。同时，为了防止装车前可能增加货物，专线应向对方承诺保底货物重量或装车货物体积，多装运的货物则按单价计付费用。双方应提前确定运输单价、装货时间，并明确运费结算方式。专线调车的时间在中午时段最好，如果有熟悉的驾驶员提前联系装货，晚一点再联系确认也可以。

（2）配载装车。

配货车辆到达专线发运站，专线首先要核实车上货物情况，对车辆预留的配货位置进行核实确认之后才能开始配载装车操作。如果驾驶员已装多家同向专线的货物，则要求驾驶员对即将装车的货物进行清点，以免发生货物混淆的情况。通常情况下，配货驾驶员也会自觉地对配车的货物进行数量清点。专线要如实告知装车货物的重量和体积，避免发生车辆超载情况。

（3）到站卸车。

配货车辆到达专线到达站，到达站安排人员卸车，及时清点货物并确认货物已如实入库签收。

（4）结算运费。

在配车发运中，驾驶员的运费一般会实行到付结算即专线到达站在确认装车货物已完整无误卸车之后，向驾驶员支付运费。至此，专线配车发运任务完成。

2. 配车发运的优点

配车发运可以很好地解决专线在货物量严重不足时的干线运输问题，是专线在营运起步阶段的一种常用干线运输解决方案，大多数新开设专线在营运初期都会乐于选择这种方式来完成干线运输任务。

(1)配车发运是小规模的配载装车，能够给专线创造利润。

由于专线承运的都是小票零担货物，货物的结构类型各不相同，而配货车辆是以重量或体积来计收运费，虽然配车的运费可能会稍高一点，但是专线能够在装车时达到某种程度的配载装车效果，这样就能在干线运输中产生利润。在实际操作中，配车发运基本上不存在亏本发运的情况。

(2)配车发运操作灵活，专线的选择余地大。

社会车辆在已装车货物可以配货的情况下，对配货利润的期望不会很高，反正装多少都是一趟，能多装点就多赚点，在这种因素的作用下，专线的配车货物运费只要能达到驾驶员的最低期望值，就能吸引驾驶员前来配货。如果刚好是驾驶员所期待的货物类型，则对驾驶员的吸引力更大。很多时候，只要车辆不超载，专线可以随便装运配货车辆，直到重量和体积双到位。

(3)专线在经常的配车发运中可以发现好的运力资源。

专线在营运起步阶段的配车发运中，所调度的车辆其实都是长期跑专线的车辆。一段时间内的车辆调度利用，可以为专线积累不错的社会车辆资源，为专线后期的合同车辆选择提供了很好的车源基础。

3. 配车发运的缺点

配车发运是专线在经营性缺货时，为保证服务质量，同时又为了争取不产生营运亏损而选择的比较有利的干线运输方式，虽然优点很多，但缺点也比较明显。

(1)车源供应不稳定，专线的控制力弱。

有配货需求的车源供应受市场影响大，很多时候并不是驾驶员答应了就没有问题，还得看车辆的底货装车情况。因为驾驶员联系配车货物并不是在车辆装好了底货之后才进行，一般是在找到底货之后，马上联系配车货物，至于后来装车的底货会是什么情况，驾驶员也不知道。此外，车辆是否配货也会受驾驶员的情绪影响。像前面这些情况，专线完全无法把控。

①物流市场上的货源结构问题造成没有有配货需求的车辆供应，而即使有少量的车辆供应，也需要专线有能力才可以争抢到手。

②驾驶员同专线约定配货，但在装底货时出现的突发情况造成车辆无法配货，如车辆装底货时的突发状况包括订单取消、订单延期、货物状况发生变化致使车辆重量或体积装到位等，虽然专线与驾驶员有约在先，但是客观因素造成的车辆无法配货，专线只能无奈接受。

③驾驶员个人意愿改变。如果驾驶员不愿意配货，理由可以有无数种，即使专线明知其故，但也是无计可施。

（2）配车发运成本单价高于整车零担。

配车发运如果是按货物重量计费，其发运成本单价可能会与专线零担整体的成本单价相同或者略高，但是如果是以货物体积计费，其发运成本单价就会高出一大截。因为在零担整车运输中，泡货是按货物的重量来分摊运输成本的，而在配车发运中，配货车辆会以泡货的体积来计收运费。

（3）专线对配货车辆在运输过程中造成的损失追责处理困难。

专线调用的配车发运车辆很多都是临时车辆，如果在运输过程中出现货损理赔情况，驾驶员的理赔底线通常最多是免收运费而已。在货损金额较大的情况下，驾驶员也无力承担损失赔偿，专线货物损失的后期追偿工作开展会很困难，有时到最后甚至只能由专线自行承担。

（4）配货车辆运费的及时结算要求专线具备充足的现金流。

在专线的配车发运中，车辆的运费结算通常会采取到付结算方式，有时也会现付一部分，剩余部分到付。除非很熟悉的驾驶员，专线一般不会全部现付，而驾驶员也不会同意回单付。到付结算要求专线到达站要有充足的备用金用于支付干线车辆运费，所以专线的现金流一定要充裕。

4.2　同行拼车发运

同行拼车发运是指专线与同行同向专线把各自的货物共同装在一台车上来进行运输的干线运输模式。公路零担专线市场上的同向专线在业务上存在竞争关系，按理来说，竞争对手之间不存在合作的可能，但实际上并非如此。同向专线虽然是竞争对手，但是各专线都会有自己的圈子，各做各的生意就好了，大家在关系相处上也不一定就是水火不容，也可以做朋友，而且在困难时期抱团取暖还更方便、更有好处。

在经营平稳期，同向专线相互间的合作可能性很小，基本上没有什么利益上的纠葛。但是市场那么大，同向专线也有那么多，并不是每一条专线都能经营得很好，总有部分专线生意不景气，达不到每天发车的水平，有的专线可能要两天甚至三天才能收满一整车的零担货物。从物流运输时效要求来看，客户不可能接受货物迟到两三天，因此缺货专线收到的货物也必须及时发运，这就给新开专线与同行拼车发运提供了可能。

1. 同行拼车发运合作前期条件

互为竞争对手却能一起合作，这恰恰说明了市场主体的趋利性，双方都是为了经济利益。同向竞争专线能拼车发运是有前期条件的，除非双方的关系很好，否则不会存在谁愿意帮谁的问题。

（1）合作双方都经营性缺货，而且双方之间的关系还可以，有共同合作的意愿。

同向专线能一起合作，首要条件是双方都存在经营性缺货的状况。试想一下，双方互为竞争对手，如果不缺货，为什么要留下车位把对方的货物运走？这不是在帮对方吗？除非双方关系好，偶尔帮对方把急货发走，这样的同行拼车纯粹是朋友帮忙而已。当然，除了双方都缺货，还要有共同合作的意愿，如果双方水火不容，那还怎么谈合作？不过这当中有一个例外情况，就是干线车辆驾驶员在里面的桥梁作用即拼车双方在不存在共同合作可能的情况下，驾驶员为了把自己的车辆经营好，利用自己同专线双方的熟识关系，主动当起拼车责任人，联系专线双方为自己的车辆安排货物装运。

（2）没有其他可供选择的、经济的干线运输发运方式。

虽然同行拼车发运在一般正常的操作中，可以给新开专线创造利润，不至于出现亏本发运的情况。但是，基于双方之间是竞争关系的分析，同行拼车既帮了自己，也帮了对手，如果有其他的发运方式选择，专线是宁可不赚钱，也不会愿意同行拼车发运，而当要亏本发运时，同行拼车发运仍然会是一个比较好的选择。

（3）拼车双方的货物结构类型适合拼车发运。

同行双方的货物结构类型互补是拼车发运的物质基础。从两家专线的拼车方式来看，专线的货物结构互补是比较好的，这样双方都能实现盈利目的。如果双方的货物结构都很合理，各自都可以进行小规模的配载装车，这就更是皆大欢喜，基本上都能实现利润最大化。当然，在双方的货物结构类型相冲突的时候，为了保证服务，即使大家都会有亏损也不得不把急货拼车发走，前提是拼车发运造成的损失要比其他发运方式小。

2. 同行拼车发运方式

同行拼车发运是在同向专线双方都面临经营性缺货，且货物不能积压，必须及时发运，而其他的有效发运方式又没有选择的余地时，采取的联合装运一台车辆的干线运输模式。干线运输车辆是双方合作的纽带。拼车发运时，双方都是奔着把货物运好、做好自己的物流服务的目的去的。当然,双方都期待拼车合作能实现双赢,各自都赚钱,不至于亏本发运。基于达到双方合作的目的,同行拼车发运方式有多种选择。

(1)同行拼车发运时,一方货物打包定价交给另一方发运。

采取这种拼车发运方式一般由安排干线车辆的一方来负责调配。安排车辆的一方必须先确定好运费总价,然后按对方需要装运的货物情况给一个合适的价格,另一方的发运费用支付给安排车辆的一方,这也就是我们行业内通常所说的卖货,具体操作起来有两种形式。

①卖货方将发运货物参照发车成本价报给另一方确认,双方在各自的场地先后安排装车,然后由干线车辆分别送到各自的到达站场地卸货,卖货方将运费支付给安排车辆的一方,并由安排车的一方负责干线车辆运费结算。

②卖货方将发运货物短驳到安排车辆一方的场地,由安排车辆一方依据发运成本开具货物托运单,并由安排车辆一方负责货物的装车发运,货物到达目的地后,卖货方自行提走货物。

(2)拼车双方共同协商调度干线车辆,各自安排装货和卸货并分别同驾驶员结算运费。

在这种合作模式中,双方都要预先协商好装车货物的重量、体积和所要占用的底盘位置,先装货一方一定要按约定把空位足量留给对方。这就是以车辆底盘位置的使用情况来分担运费,比较适合双方都能进行小范围配载装车的情况。这当中有种特殊情况,就是双方的货物结构互补,也就是一方是重货、另一方是泡货时,如何分担干线运费的问题。如果按重量计算运费,那全是重货的一方则明显吃亏,这时最好的分摊干线运费的方法就是把泡货折算成重量,然后按折算后的重量全额计费,在车辆总运价不变的情况下抵减装运纯重货一方的运费成本,以体现双方的公平分摊原则。

(3)驾驶员主导的同行拼车发运。

驾驶员主导也就是由驾驶员来负责协调同行拼车事宜,拼车双方互不沟通联系,只认驾驶员一人。这种模式与配车发运的模式相近,可以参照配车发运模式来操作。

3. 同行拼车发运注意事项

同行拼车发运是同向专线在困难时期建立的一种临时合作关系,可以视作双方的抱团取暖。在市场经济关系中,双方的合作貌似很成功,但双方终究还是竞争对手,这种临时合作关系其实是在相互借力,只要其中的一方进入平稳发展期,双方的合作基础便不再存在,合作关系也就会随之终结。同行竞争对手之间的拼车发运虽然只是一种临时性的合作关系，但是双方都是平等的市场主体，不存在谁从属于谁、谁求谁的问题。从维护专线自身利益的角度出发，专线应该慎重处理双方合作过程中的细节问题，免得给人留下把柄，损坏自身形象。

（1）按约定进行拼车发运合作，不贪图小便宜。

同行拼车发运操作要严格履行对对方的承诺，不管遇到什么情况都要与对方保持沟通，绝对不要想当然地认为对方会觉得没关系，关键时刻宁愿牺牲自己的利益，也要为对方考虑。比如在双方合作中，经常会碰到货物到底要不要装重点、位置要不要少留点等方面的问题，把自家的货物装完了，却不管别人怎么样，这是双方合作中的大忌。困难时期只顾自己不顾别人，同行传出去，名声不太好。

（2）严守职业道德，不窥探对方的商业秘密。

对于新开设的专线来说，同向专线拼车发运的货物可能都是自己想要的或者可能是自己潜在客户发运的货物，但至少目前不是，现在只能看到眼里，心里明白就好。专线切记管住自己的手和嘴，不要随意拆解对方的资料袋查看收发货人信息，更不能据此联系客户，明目张胆地挖别人的客户。

（3）公正公平分摊拼车发运费用，不指望捞取对方的好处。

同行拼车发运最主要的目的在于双方都能以最经济的方式把货物给发运出去，保证各自的物流服务能正常提供，赚钱并非主要目的，当然双方合作也是为了在保证服务的同时能赚到钱。同行双方拼车发运费用应公开明示、公平分摊，要以装车货物的情况及约定来确定费用分摊，而不能以除此之外的其他事由来要求对方多支付费用。如果指望从对方身上捞点好处，可能会适得其反，到头来损失大头。

（4）不利用与干线驾驶员的友好关系坑害对方利益。

社会车辆驾驶员是具有典型趋利性的群体，谁给的钱多就拉谁的货。专线不要自以为跟驾驶员关系好就可以坑害对方，当你这样算计别人时，别人同样也会以这样的方式算计你。只要有利可图，你的驾驶员朋友也可能把你卖给对方。

（5）充分发挥干线驾驶员中间人的作用，对合作双方进行有效监督。

由于拼车发运双方在市场上处于竞争关系，当某些事情协调处理不圆满时，很容易诱发双方之间的矛盾。双方在争议处理过程中，自然是谁都在理，这时干线驾驶员应该做一名合格的中间人，及时化解双方的矛盾，绝对不能偏袒任何一方，做出有害于人的事情。

4.3　自行亏本发运

专线自行亏本发运是指专线所发运的干线车辆，其所装运货物的运费总额不足以支付干线车辆运费，这是一种发运即亏本的明显干亏。新开设专线在营运起步时采取配车发运和同行拼车发运模式来完成干线运输任务，或多或少会产生利润，虽然总体上会亏损，但至少会减少亏损金额。而专线如果自行亏本发运，那必然会扩大亏损范围，增加亏损金额。专线采取硬核的自行亏本发运必定是在其他发运方式行不通的情况下的无奈之举。试想一下，谁会愿意做亏本的买卖，而且还是明面上的账目亏损？

1. 自行亏本发运原因

专线自行亏本发运是一种迫不得已的干线运输方式选择。其实只要换成前面任意一种方式，都不至于造成这种亏损的局面，但是往往有时候专线为了做好服务，却不得不这样做，就算是干亏也必须做。

（1）专线承运的货物时效要求严，在配车发运和同行拼车行不通而且又处于经营性缺货状态时，自行亏本发运成了专线的必然选项。

这种状况看起来是一种假设的最悲惨境界，其实不然，新开设的专线就很容易遇到。我们现在就来推敲一下，首先我们确定专线使用的是社会车辆，专线调用的社会车辆可以装 30 吨货物，现在大车提回来 15 吨货物，按照现在的市场行情接单状况分析，15 吨货物最多只能收到发运成本价或稍高一点，那么车上还需要再装上同样价格的 15 吨货物才能够支付车辆干线运费。在已经有车的情况下，专线无法选择配车发运，而找同行拼车的可能性存在，但如果没有同行愿意拼车也很正常。这里需要说明一下：老专线在车源上一般都有了固定的选择，只有你把货交给他配走的可能，很难让他把货给你配走。而新开专线在起步阶段，一天要收到 15 吨左右的零担货物还是不容易的。在这种货物需要及时发运的情况下，专线亏本发运就成了唯一的选择。这种情况多发生在新开设专线，但在有主货的基础上，专线的亏损面不算太大。

（2）主货提货出现问题没有装上，社会车辆强硬要求按约定运价和约定时间发车。

对于新开设的专线来说，社会车辆是一个难缠的主。如果是熟悉的驾驶员还好，万一是临时调用的社会车辆就不会有那么好说话了，主货没有装上，专线自然是发不动车。在不是干线驾驶员原因造成主货没有装上的情况下，驾驶员要求专线装车发运，专线也无话可说，即使双方能协商部分降低运价，专线也是免不了亏损。

（3）大车小用造成的发运亏损。

新开专线车型配置不合理，对货源供应过于自信，对营运起步阶段的困难估计不足，从而在营运时采用大车装运货物造成的干线运输亏损。

（4）专线自有车辆亏本发运。

专线自有车辆亏本发运是专线的一种经营策略，比较适合干线运输路途较短的专线。专线自有车辆在干线运输上有一种独特的优势：最多只是亏驾驶员工资、车辆的油钱和过路费。当然，在车上有货物的情况下，自有车辆基本上还是可以维持在一种不亏损的局面，情况好的话还可以在车辆的营运上产生盈利。

2. 自行亏本发运的影响

自行亏本发运是专线在干线运输过程中产生的操作节点亏损，是由于车上装运的货物运费总额不足以冲抵车辆的干线运输费用支出。在此，我们先来弄清楚专线的经营性亏损和营运亏损概念。经营性亏损是指专线在采用统收统支的财务管理方法时所核算出的所有收入项目总金额少于所有支出项目总金额，而营运亏损是指专线在营运过程中采取单车效益核算时所核算出的单车毛利率小于零。从专线的整个经营体系来看，营运亏损的专线必定产生经营性亏损，而经营性亏损的专线未必就会是营运亏损，因为专线的很多固定费用支出如场地租金、人员工资等记入了专线的经营成本，却没有记入专线的营运成本。在专线营运核算中，干线运费只是其中的一项成本，费用控制节点中的分流出库环节的降费增效操作，实际上也可能弥补干线亏损，因此自行亏本发运并不一定会造成专线营运亏损。但是，鉴于新开专线的零担货量实在太小，各种降费增效操作实施的效果有限，自行亏本发运不可避免地会造成营运亏损。

新开设专线的自行亏本发运操作宣告其营运亏损，其按单车效益核算来计收的营业收入为负数。如果是在统收统支的大财务管理下进行核算，专线的亏损额在增大，这就会给专线的经营带来压力，频繁地实行自行亏本发运操作会急剧恶化专线的财务状况，使专线的经营每况愈下。所以，新开设专线在营运起步时期要尽量少用甚至避免使用自行亏本发运的干线运输方式，尽可能在专线的经营初期不发生营运亏损的情况。

第五节　资金预算

在本章的前面四节中，我们重点讲解了如何去开设一条专线和新开专线如何做好营运起步工作。这一整套系统的操作步骤分析下来，又回到了问题的中心点，即开一条专线需要多少资金的问题。那么开一条专线到底需要准备多少资金呢？这个问题还真难以确切地回答，其中的参考因素有很多，包括场地租金、线路长短、人员和设备配置、个人资源匹配度、经营过渡期长短、专线营运垫资大小等。具体需要多大的资金预算，只能从有资金需求的地方去分析，然后再参照行为主体的实际资源准备情况和专线盈亏平衡预期做出准确的资金预算。

专线开设的资金需求方向可以分为固定费用支出项目、资产类支出项目、经营性支出项目和营运支出项目四个方面，其中固定费用支出项目和资产类支出项目中的很多项目都要考虑发运站和到达站的共同配套资金预算。准备开设专线的行为主体可以参照这四大支出项来做资金预算。

5.1　固定费用支出项目预算

专线的固定费用支出项目分两类：一类是场地租金和办公场所租金；一类是人员支出，包括员工工资和相关福利待遇及员工食宿费用。这些费用支出项目跟专线的生产经营活动是否正常开展关系不大，只要专线一旦开始营运，这部分费用就一直会产生。对固定费用支出项目的资金预算安排问题，专线应对营运起步经历时间长短有充分的准备，经历的时间越长，预算的资金就越多，通常以3至6个月的费用支出预算为宜。

1. 场地和办公场所租金

场地和办公场所租金是新开专线最大的固定费用支出项目，一次性支出的金额大。场地租金对专线开设资金预算的影响主要是场地的月租是多少、交多少押金和怎么付费的问题。为缓解专线资金压力，物流园区通常会采取押一个月租金，然后按季或半年一次的方式收取场地租金。专线办公场所租金支付一般会与场地租金支付同步进行。但是如果专线自行建造办公场所的话，这部分费用就必须单独做资金预算。

2. 人员支出

人员支出是专线固定费用支出项目中的可变成本，包含了员工工资和相关福利待遇及员工的食宿费用。人员支出会随着员工人数的增减而发生变化，但是专线人员只要是处于在岗状态，不管是否安排了工作任务，这部分支出都少不了。作为专线经营的必需支出项，员工支出应以每月固定支出的形式编入专线资金预算。

5.2 资产类支出项目预算

资产类支出项目是选择性和弹性支出最大的项目，行为主体可以根据自己的意愿做适当的资金预算安排，而不必拘泥于某一种形式。资产类支出项目中的很多设备，既可以考虑购买全新设备，也可以考虑购买二手货，还可以考虑采用租赁的形式来解决。而且如果资金宽裕，甚至可以考虑额外添置一些其他非必要的设备工具来为专线的生产经营服务。

1. 生产设备设施支出

在生产设备设施的支出中，叉车的支出是最大的预算支出项目。叉车支出预算跟叉车的数量和获取方式相关，叉车数量是专线考虑需要配置多少台叉车的问题，而叉车的获取可分为自行购买叉车和租赁叉车两种方式。在当前的市场经济条件下，专线自行购买叉车又可以考虑全额购买新叉车、分期付款购买新叉车和购买二手叉车三种不同的方式。关于叉车的支出，专线可以权衡各方面情况之后做出相应资金预算。

至于除叉车之外的其他生产设备设施，如地托车、电子磅秤、托盘等，在支出金额上并不大，即使是全新的设备也花费不了多少资金。因此，在做支出预算时，只要做出概算即可。

2. 办公家具和办公设备支出

办公家具支出预算最没有谱，专线可以根据档次要求来决定预算资金。购买办公家具的资金可以很大，也可以很小，原则上建议新开专线做适度的资金预算安排，只要保证办公舒适、方便就好，至于是全新办公家具还是二手办公家具并不是很重要。

专线的办公设备种类很多，主要有电脑、电话机、打印机等，如果有需要还要添置复印机、扫描仪、传真机等。这些相关办公设备的总计支出不算高，在专线资金预算时，应该先把大项支出资金逐一列出，再把各小项支出记入其中，做出一个大体的费用支出预算。至于具体的实际支出会是多少，往往跟预算差距不大。

3. 购车费用预算

购车费用预算并非专线开设预算中的必然支出项。精通车辆营运管理，并且资金预算充足的行为主体会更倾向于购置车辆营运。专线在做购车预算时要集中思考购买提送货车还是购买干线车辆的问题、买多少台车的问题、买新车还是旧车的问题、全额买车还是贷款买车的问题等，这些问题都会影响专线的购车费用预算。

5.3　经营性支出项目预算

经营性支出是指专线为保证生产经营活动的顺利开展而发生的可变支出，这些支出项目直接与专线的经营挂钩，与专线的日常经营息息相关，只要专线一直处于营运中，这些支出项目就会相应存在。专线的经营性支出项目众多，涵盖的范围广，有实物方面的支出，也有信息服务方面的支出，还包括软件方面的支出。具体的大方向支出预算有通信网络费、物流软件使用费、广告费、保险费等。经营性支出预算不大，但重要性十分突出，任何一项实施不到位都会影响专线生产活动的正常开展。

1. 通信网络费

专线的通信网络费包含电话费和宽带费。电话是专线的标配，包括移动电话和固定电话，专线的大部分业务都是依靠电话洽谈确定，要是没有电话，专线便无法运营。宽带则是当前物流行业信息化发展的必需品，没有宽带网络支持，物流信息的互联互通就成了一句空话。所以通信网络费是专线实现信息化办公的必需支出。

2. 物流软件使用费

物流软件是适应物流行业信息化、网络化发展的产物，已经在零担专线行业推广普及。物流软件操作系统能使专线对各项操作进行系统化、规范化管理，从而提高专线的管理水平。专线所使用的物流软件操作系统通常都是由第三方公司开发的付费软件，专线安装使用系统必须支付一定的费用。

3. 广告费和保险费

专线的广告费用支出包含书面广告费、印制名片和传单费、购买广告礼品费以及其他宣传支出。专线广告宣传是一个长期的过程，其费用支付预算包括专线营运前期的大规模广告宣传费和后期持续不断的广告投入。新专线开设过程中，广告费支出预算是绝对不能少的一块。另外，专线的保险包括员工保险和货物保险也应进行资金预算安排。

4. 购买经营过程中的各种消耗性用品支出

专线经营过程中的消耗性用品包含的范围很广，有劳动防护用品如手套、胶鞋等，有办公用品如托运单、标签等，有生产辅助用品如胶带、缠绕膜，另外还有叉车加油和维修等，这部分项目的支出细小，但仍旧可以积少成多达到一定数额的费用。专线做资金预算时，也可以概算出来。

5.4 营运支出项目预算

营运支出是指专线在物流服务提供过程中的各种服务成本支出，也就是我们在专线单车效益核算中所罗列的费用支出项，包括干线运费、货物的分流出库费用及其他相关的费用。按会计学中的收支平衡论，只要专线营运过程中的单车效益核算毛利润不是负数，那就说明专线的营运收支是平衡的或者是有利润产生的，既然能实现营运不亏损，那就没有必要做营运支出项目预算。这其实是一种理论上的理想化专线营运方式，因为只有在保证货物的托运费能实时支付时，专线才能做到在营运不亏损的情况下，在营运过程中不垫付一分钱。

在实际经营过程中，专线会给那些大客户和重要客户一些费用结算上的优惠，即专线为了做一些生意而接受客户的回单结算或月结结算要求，这就需要专线为这些客户垫付费用。由于回单结算和月结算客户的发货量比较大，专线积压未结算的货物托运费很多，要是结算周期延长的话，专线垫付的资金会更大。其中，月结客户会给专线造成相当大的资金压力，这也就是专线在资金预算时要做营运支出项目预算的原因。

在专线的营运支出项目中，干线运费是最大的支出项，至于其他方面的支出，专线日常经营中的现收款和及时收取的回单款基本上可以维持。所以，专线营运支出项目预算应以干线运费为依据，按月结客户应付总运费占专线总营业额的比例做出资金预算。一般情况下，专线正常的营运支出项目预算以一个月的干线运费总额为基数最佳。

第 ⑦ 章

公路零担专线发展前景探讨

进入 21 世纪后，得益于我国经济的快速发展，企业和个人的物流需求成倍增长，国内零担货运市场因此获得了飞速的发展，各企业实体和社会个人都想在广大的零担货运市场上分一杯羹，公路零担专线从业队伍不断扩大。在经历了近二十年的充分发展和竞争分化后，我国的公路零担市场形成了快递快运、网络零担物流公司和传统零担专线三种业态并存的局面。零担货运市场原本是专线企业的独有领地，近年来市场规模确实扩大了不少，但是由于专线行业的进入门槛过低，形形色色的专线企业遍地开花，行业内的竞争不断加剧，而且快递公司和零担网络物流公司开始进入市场抢货，再加上专线行业特有的先天劣根性，行业的发展前景甚是暗淡。正因为如此，我们试着对专线行业的发展前景进行探讨，这也可以理解为解析专线企业在市场乱局中的存续发展前途问题。对公路零担专线的发展前景进行探讨，我们必须结合专线行业和专线企业来共同分析。

第一节　专线行业的困局与对策

作为朝阳产业的物流行业，在经历了近二十年的快速发展之后，进入了全面竞争洗牌阶段。虽然我国的物流市场体量仍在不断扩大，但是物流企业的增加和各市场主体谋求自身发展壮大的行为不可避免地造成了行业内竞争的加剧，弱肉强食和争夺市场份额的竞争态势全面开启。随着社会经济的发展，物流行业的经营成本迅速攀升，加上行业内的竞争加剧，物流行业已经步入微利时代。

大行业如此，作为物流子行业的专线行业自然也免不了如此。专线的人工成本相比较二十一世纪初期已经上涨了 8 倍以上，场地成本上涨接近两倍，干线运输成本上涨 30% 以上，其他方面的费用支出也不同程度地上涨。虽然干线运输车辆已经向大型化方向发展，但是专线企业的货物运费单价仅上涨了不到40%，单车毛利润按同样的最佳配载结果对比来看，也仅多出一倍左右，增加的毛利润根本就无法弥补多出的费用开销，可见专线企业的经营利润已经严重缩水。另外，专线行业里的同质竞争加剧，行业外的快递快运企业、零担网络物流公司又不断涌入，争抢小件物品发运市场，再加上物流信息平台也在直接为社会车辆推送大票货物订单，所有种种因素累积起来，使专线行业深深地陷入了发展困局。专线老板们有一句很生动的自嘲："一个月30天，28天是在替别人干活，要是最后两天能为自己干就不错了。"这形象地说明了专线行业的困顿局面。在当前的困境中，专线行业如何发展成了专线从业者们应该深思的问题。

1.1 人力资源瓶颈及对策

专线行业属于劳动密集型行业，虽然物流行业整体在向机械化、自动化甚至智能化方向发展，但是物流行业内各子行业的发展十分不均匀，特别是处于物流供应链条底端的专线行业发展十分缓慢，目前还处于半机械化的阶段。专线行业的从业人员众多，人工成本支出占比十分高，这其实还不算什么问题，关键是不仅人工开支大，而且还没有人干活，这才是行业内最头痛的问题，人才断档已经成为专线行业十分突出的问题。

1.人力资源瓶颈表现

我国的专线企业大多属于个体和私营企业，典型的夫妻搭档、兄弟搭档、父子搭档、表兄弟搭档、舅甥搭档，另外还有些朋友同学合伙之类的。这样的经济体都是依靠亲情关系或友情关系维系，具有较强的排外性，在那些关键岗位上都会倾向于用人唯亲，要是全部使用亲近的人可能还感觉更可靠，至于那些一般的岗位如普通搬运工，则没有过多的关系要求，对外招聘也可以，如果是朋友介绍的更好。依靠这些关系组建的专线企业在经济利益发生纠纷时，难免会出现人员的分离重组，从而淡化纽带关系，不断提高社会员工的使用比例。于是，随着社会经济的发展和社会人口结构的变化，专线行业在经过这些年的发展之后，人才供应矛盾问题便凸显了出来。

（1）工人平均工资上涨过快，招人越来越费劲。

专线行业的工人平均工资上涨幅度达到8倍以上，超过了同时期物流行业工人平均工资的上涨水平，更是大大高于其他行业的工人工资上涨水平。更关键的问题是工资虽然高，但是工人还很难招到，这就形成一种恶性循环：涨工资招人，如果招不到，再继续往上加工资，如此反复多次，造成了行业工人平均工资大幅上涨，但依然还是难以招到工人。招人难和工人工资开支过大成为专线行业的一大困惑。

（2）专线行业人员年龄结构日渐老化，年轻员工占比小，行业发展前景堪忧。专线行业的搬运从业人员以 20 世纪 60、70 年代出生的人占主体。随着"60 后"的日渐老去，"80 后"不断顶替上来，再往后走"90 后"能否顶替上来成了行业话题。从目前各专线企业的员工年龄结构来看，"90 后"的占比很小，虽然现在是"80 后"风头最旺的时候，但是也到了"90 后"开始进入工作岗位的时候，可现实并非如此，"90 后"似乎并未接力"80 后"进入专线行业共同撑起专线行业发展的明天。"80 后"之后的专线行业恐怕会步入工人断档的尴尬境地。

（3）知识型人才少。

社会大众对专线行业的认识仍然停留在货运的层面上，苦、累、脏是人们对专线的普遍看法，专线从业人员自我觉得低人一等，专线行业一直未被人们认同和接受。基于这种偏见，广大知识型人才对专线行业不屑一顾，即使有人才进入，也会由于行业内各家族企业的关系壁垒阻隔而难以得到信任和重用。这也就形成了专线行业发展进步的人才瓶颈，阻碍了专线行业的创新发展。

（4）专线行业人员流动大，留不住人才。

专线行业处于物流供应链条的底端，直接为客户提供送货上门服务，商品流通中的运输和配送环节也都是由专线企业实体提供。专线培养出来的人才熟知货物的运输和终端服务，而这恰恰是上游物流企业所缺乏的人才。于是，从人往高处走的现实角度考虑，加上上游物流企业优越的工作环境和工资待遇吸引，专线行业人才出走成了必然事件，关于专线行业是物流大行业人才培养的摇篮的说法一点都不为过。专线行业内的出走人才，大多进入第三方物流企业和企业的物流部门。这些流失的人才，从有能力的搬运工到优秀的叉车工，再到专线管理人才，各层次人员都有。人才的流失掏空了专线行业发展的根基。

2. 人力资源瓶颈成因

公路零担货运市场有着上万亿元的经济体量，存在着成千上万家专线实体企业，是我国物流行业里最大的经济群体，从业人员千万以上，为国家的经济发展做出了巨大的贡献。我国的专线企业体量小，大多是家族式的个体、私营经济体。在专线行业爆炸式发展时期，大家都能够赚取可观的利润，但是当市场充分发育，行业竞争加剧，专线企业从暴利时代步入微利时代时，这些家族企业开始变得难以适应。专线行业的业态是由各参与经济体的状况决定的，而人的因素又在其中起着决定性作用。专线行业发展所遭遇的人力资源瓶颈与行业所处的环境和各参与经济体的共有局限性息息相关。

（1）社会大众对专线行业一直以来的成见误导了广大精英群体避免投身于专线行业的发展建设。

社会大众对物流的理解比较肤浅，通常把那些看起来很高大上的第三方物流企业、企业内物流部、国际货运等当成了物流的全部，殊不知零担专线也是物流大链条中不可缺少的一环。零担专线在人们最初接触中的表现形式是货运，给人的感觉似乎太卑微。另外，加上专线行业本身劣根性的存在，人们对专线行业的偏见一时难以消除。所以，对社会人才的吸引力不足是专线行业遭遇人力资源瓶颈的重要影响因素。

（2）专线行业内从业人员普遍素质不高，慎行经验主义，不敢大胆起用创新人才。

最先进入专线行业内的是农民群体，大家本着只要比种田强的初衷杀入零担货运市场，这批人是最早发家致富的专线行家。在我国的专线知名企业中，领头人的文化素质普遍偏低，企业成长以后，喜欢本着从业经验进行企业管理。虽然近年来专线行业在朝着机械化和信息化的方向发展，但是明显比物流供应链中的其他环节发展要慢半拍。正是由于专线企业家们的经验主义盛行阻碍了新技术、新思想在行业内的推广应用，同时也阻断了社会人才这股新鲜血液的注入，从而造成专线行业的发展缓慢，也给自身企业的发展制造了人才瓶颈。

（3）专线行业圈内生态不健康，各经济体不愿自行培养人才，喜欢互挖墙脚。专线行业内培养一名熟练的员工需要花费大量的精力和较长的时间，有时甚至还会付出很大的经济代价。而熟练的员工却能立即投入到专线的生产经营活动中去，并能很快收获经济效益，虽然挖到一名熟练员工可能付出较大的经济代价，但是却能省去专线培养人才的酸楚，更何况培养好的员工还不一定能留得住。因此，专线圈内的抢人大战每时每刻都在上演，这不但推高了行业内的人力成本支出，还影响了行业人才的培养。大家争来抢去的，也就只有那几个存量的行内人，从而耽误了行业新人的培养。

（4）占专线行业主体的家族式专线企业所奉行的关系至上、任人唯亲的用人理念形成了自我保护屏障，阻碍了社会人才的加入。

我国的家族式企业奉行关系至上、任人唯亲，这在专线行业也不例外。依靠亲情或朋友之类的关系维系着企业，排外性明显，即使这类企业在发生经济利益纠纷而分解时，也会以另外的亲情或朋友关系来重新支撑新的经济体。虽然，亲近的亲戚或朋友没有那么多，但可以利用各种拐弯抹角的亲戚或朋友的朋友等各种纽带关系来寻求一种保护，从而达到把与自身毫无关系的人排除在外的目的。专线企业个体的用人陋习聚集成了专线行业的陋习,进而形成专线行业发展的人力资源瓶颈,无益于专线行业的健康发展。

(5)高校人才培养与市场需求脱节。

高校是社会大众心目中的象牙塔,培养的人才重管理轻操作。由于我国物流行业兴起只有短短二十多年的时间,物流理论研究尚未成形,所以我国的高校物流专业基本上都是在使用西方的物流理论或教材,倾向于培养供应链管理人才,主要针对企业的物流管理需求,与我国现有物流市场需求不相符。供应链管理理念源自西方,在我国的推广应用主要发生在与国际接轨的大公司,或与外商相关的合资企业和外商独资企业,国内企业基于成本因素和观念问题,尚未全面吸收采用。因此,高校物流人才培养的侧重点与市场需求不相吻合。从市场需求和社会大众的认知出发,高校物流专业的人才培养应重点为物流市场大面积培养人才,包括为专线行业培养人才,而应摒弃所谓的高大上。人才培养只有实用才有出路,我国的高校和高职学校的物流人才战略应侧重于面向物流市场需求进行人才培养,这样才能使教育与市场需求挂钩,真正实现教育的社会价值。作为被人们抱有偏见的物流子行业的专线行业,并非仅是简单的体力劳动,专线行业不只是需要操作人才,更需要管理人才。因此,高校针对专线的人才培养缺口更大,更需要引起重视。

3. 人力资源瓶颈突破

人力资源瓶颈影响了我国专线行业的全面健康和有序发展,使专线服务提供成了物流整个服务链条中的短板,拖累了整个物流行业的全面系统化、信息化发展进步。人力资源瓶颈突破能促使专线行业建立自身完善的行业生态系统,促进专线行业的健康发展。因此,如何突破人力资源瓶颈,建设良性循环的专线行业市场,成了市场参与者和市场建设者们必须直面的问题。

(1)破旧立新,社会大众应摒弃对专线行业脏、累、差的陈旧观念,树立全新的专线行业发展观,指引人们积极参与专线行业生产活动。

专线企业的生产经营自有一套理论体系,涵盖了从体力劳动到脑力劳动的两个社会劳动群体,需要体力工人、技术工人和管理人员的共同参与配合,而不是人们通常所认为的全部是体力劳动。专线行业需要各层次人才的参与才能实现行业的健康发展。因此,人们应深入了解专线行业,树立正确的专线行业观念,积极投身于专线行业。

(2)打破专线从业者的思想禁锢,大胆聘用社会人才参与专线企业的生产经营活动,把家族企业转换成社会型企业,为行业内各专线企业主体注入新的活力,从而推动整个专线行业的健康发展。

专线企业的操作十分灵活，货物托运费计收随市而动，各项营运支出变动频繁，操作的余地很大。专线老板对亲缘关系的迷信在于相信亲近的员工不会损公肥私，可事实证明这种想法是错误的，专线行业里的兄弟搭档、舅甥搭档、朋友同学搭档类型企业拆伙的情况很多，在利益面前，各种反目的事件举不胜举。所以，专线企业没有必要对社会人才有过多的猜忌，只要对社会员工的道德品格有所掌握，学会用制度去管理约束员工行为，做到人尽其才就可以了。员工社会化是企业社会化转型的重要标志，专线企业的社会化能拓宽专线的视野，助推专线企业向更深、更广的领域发展。

（3）专线企业要积极培养人才，同时也要想方设法留住人才。

专线行业内的人才争夺并不能解决行业人力资源瓶颈问题，反而会在相互间的争抢中推高人员的成本开支。专线行业要想从根本上解决人力短缺问题，关键还是得靠各专线实体企业自行培养人才，同时把人才留住，防止人才流失。关于专线企业培养人才和留住人才的方法，我们已经在前面分析过，包括我们后面即将讲述的专线股份制改造，也是专线企业留住人才的好措施、好方法。专线企业培养人才会花费很大的精力，周期也比较长，有时候可能会牺牲较大的经济利益，但是从企业的长远发展来看，这些付出是值得的。

（4）鼓励高校和职高院校积极为专线行业培养、输送人才。

我国的物流行业经历了20多年的快速发展，已经从起步阶段发展过渡到成熟阶段。20多年的实践经历，有充足的理由对物流行业进行系统的理论总结，只有这种基于我国物流发展实践过程中形成的理论总结性教材才能指导高校培养出适应我国物流发展现状的专业人才。专线行业作为物流行业中的子行业，也应形成自身的理论体系，以高校教材的形式充当人才培养手段，做到人才培养与市场挂钩。

（5）加快物流科技、物流工具的推广应用，减少专线行业对人的依赖。

在专线行业还处在机械化操作阶段的时候，就已经有人在呼吁专线行业的智能化，或许发展趋势是这样的，但要实现专线生产的智能化，过程还很漫长。现阶段，专线行业应积极引进先进的物流科技，推广应用先进的物流工具，在提高专线行业生产效率的同时，节省人力资源，降低专线生产活动对人的依赖。专线生产现代化理应成为专线行业的发展目标。目前，在我国物流行业推行的运输行业标准化就是为了很好地解决专线行业人力资源瓶颈的举措。

1.2 专线行业内的竞争与洗牌

全民参与是我国经济建设最典型的特征，除了国家控制的少数关系国计民生的领域外，其他的各行各业都能看到全民参与的特点。在任何行业，大企业有大企业的领地，小企业有小企业的活法，各有各的生存之道，主要是因为我们国家的经济体量庞大，而且市场的包容性强。从传统的家电行业到房地产再到近年来盛行的共享单车，国家资本和民间资本在各行业内共生共存。在有的行业，特别是发展成熟的行业里，玩的是大资本游戏，社会个人或小资本难以插足，但是更多的新兴行业是大小资本都在行业里自主沉浮，各自都有生存发展空间。"大众创业"是我国经济最真实的写照，其中我国的专线行业是大众创业里最典型的行业。

专线行业最初是国有资本的天下，但是由于专线服务提供复杂，涉及的环节多，操作又特别灵活，国有企业僵硬的机制根本就无法进行有效的管理，加上专线生产经营对国有企业的经济体量贡献微不足道，所以，在社会营运车辆逐渐增多的情况下，国有资本对所经营的专线业务进行了私有化改制，并逐步退出了专线市场。

专线行业没有技术壁垒限制，进入门槛低。最初的专线开设只需要"租两个小门面，买两张办公桌，装两台电话机，挂上门头广告，另外再准备一些办公用品"就可以开始营业，依托货物运费的现收和到付结算，甚至垫付的资金都不需要太多。即使是在现在的市场环境中，只要拥有发往某一城市的主力货源，再配备一定量的资金就可以轻松开设一条专线。借助这种低门槛的优势，伴随着我国经济爆炸式发展，专线企业如雨后春笋般冒出来。据行业数据统计，我国的专线企业大大小小已经有将近百万家，行业已经全部覆盖地一级的城市，在经济发达的地区，已经布局到县一级。专线企业中，有年营业额不到100万元的，也有年营业额上亿元的。小专线基本上是布点在县一级的短途专线，这类专线的货量有限、发车量小，营业额自然就小；大专线则是那类长途专线，站点布局在大城市之间，这类专线的货量大、发车量大、发车频率高，营业额自然就大。在当前专线市场竞争激烈的情况下，大专线企业单一方向零担货物年营业额在2000万元就已经很不错了，通常长途专线企业单一方向零担货物年营业额在1000万元就可以算是中型专线企业。专线市场上众多的专线企业中，大部分都是那些经营线路单一的中小型专线企业。

1. 专线行业内业态

我国的零担货物运输在国民经济高速发展的这段时期，培育了上万亿元规模的市场，体量已经足够庞大，在零担货运市场上淘金的专线企业数量也因此急剧增加。这些规模大小不一的众多专线企业，构建了一个巨大的经济体系即零担专线行业。专线市场容量大，参与的主体自然就多，因此也就形成了当前专线行业特有的业态。

（1）大量个体、私营企业占据专线行业主体地位，各自分散经营，难以形成市场合力。

数量众多的个体、私营专线企业基本上统治了整个专线行业。这些专线个体规模小，经营路线单一，抗风险能力弱，但是经营操作的灵活性强，市场适应能力也很强，而且经营的方向明确，能够很好地开发目标市场，做好专线服务本业。各专线企业各自独立分散经营，在面对外来风险时难以形成合力，无法做到团结一致，联合起来走出困境。

（2）小的第三方物流企业不断涌入专线行业，成为专线大家庭中的成员。小的第三方物流企业即我们通常所说的货运代理公司，这些公司凭借某种关系承接一个或几个企业的物流业务，通过把企业货物分送到专线或整车发运到收货客户赚取差价生存。在物流信息不发达时期，小的第三方物流企业大量发展，很好地发挥了企业与专线之间的联通作用。但随着物流信息化的发展，这些公司的生存空间不断受到专线和大型第三方物流企业的挤压，生存压力不断增大，为了获得生存机遇，大量小的第三方物流企业在维持低收益的第三方业务的同时，开始涉足专线业务，从而跻身于专线行业当中。

（3）专线行业整体成本费用支出逐渐走高，整个行业已经进入微利时代。专线行业内相关的场地租金和人工工资不断上涨，而对应的货物运价却只是稍微上调，专线企业的大部分收入用于支付场地租金和人工工资，所获得的利润微乎其微，如果万一操作环节中的货损货差没有控制好或货物运费产生死账坏账的话，亏损也是常有的事。

（4）单一物流市场上的同向专线企业多，同质化竞争激烈。

人们通常是哪儿有钱赚就往哪儿跑，尤其是像专线行业这种进入门槛低、行政干预少的行业，不但开设一条专线的投资不高，而且还能收获不错的经济效益。于是大量的人涌入专线行业，开设了大小不一的近百万家专线企业。从经济利益驱动角度看，无规划的投入必定会造成重复建设，正是因为这样，在单一的专线市场上，存在多家同向专线企业并存的现象。像上海这种大城市，经济体量大，多家同向专线企业并存不足为奇，而像某些小县城，如果同时存在两家以上同一城市方向的专线企业，就有点不符合正常的市场需求。实际上，这样的情况在我国当前专线行业中普遍存在。单一市场上大量同向专线的存在，不可避免地会引起激烈的市场竞争，争抢货源正日渐转变成专线市场上的经营常态。

（5）专线行业法律法规和行业规范缺失，各市场主体的生产经营活动完全由市场规律来调节。

我国的物流行业已经初具规模，除去快递行业有相应的法规和行业规范外，整个零担货运市场只有道路交通法规可适用，这与我国万亿级别规模的市场体量极不相称。我国的零担专线行业市场行为主体庞大，专线的生产经营活动完全依靠企业个体的自律，各专线的制度制定差别大，处理异议完全由专线自行定夺，市场争议颇多。从行业的健康发展角度出发，专线行业有完善相关法律法规和行业规范的需求：一是对专线的进入和退出加以约束；二是对专线生产经营过程中的各种行为进行有效规范，建立一套行之有效的行业标准体系。

2. 专线行业内竞争

专线行业内的竞争多是同向专线之间的竞争，在同一个城市的物流市场内，多家专线为追求各自的生存权和发展权，不可避免地会展开激烈的竞争。专线之间的竞争，多半是为了抢客户、抢货源，比的是服务，拼的是价格，靠的是资金，谁有实力谁就能在市场竞争中拔得头筹。在专线经营场所日益园区化的情况下，除了实力特别强大的专线有能力自建经营场所外，其他实力相当的专线一般都会进入园区经营。因此，大家的经营硬件都差不多，相互间真正拼的是软实力。当然，竞争的目的并非争个鱼死网破，而是削弱对手壮大自己，两败俱伤的局面决不是同行竞争的期望目标。

（1）比拼服务。

专线的服务日益向同质化方向发展，规模相等的专线，所能提供的服务差别不大。现在的专线服务，最能体现差异的地方，就是看能否为客户提供最佳的物流解决方案。这就跟专线业务洽谈人员的行业经验和思维能力有很大的关系，不同的人所提供的方案也不一样。专线要想在行业竞争中处于不败之地，必须想办法针对客户提供差异化的服务。

①尽量为客户提供时间较长的临时仓储服务。专线要想为客户提供仓储服务，首先要有足够大的仓库可供使用，这无疑会增加专线的固定成本支出。当然，有心把企业做大做强的专线会优先进行场地布局，以便随时能满足这类客户的服务需求。而且，客户所要求的临时仓储服务，一般情况下是有偿服务。专门与专线洽谈仓储服务的客户，通常是那些专线物流需求较大的客户，如果专线能为客户解决仓储服务问题，就可以很好地抓住客户。

②为客户提供装卸货服务。为客户提供装卸货服务会大量挤占专线的人力资源。一般情况下，专线不可能会单独为提供这类服务而组建专门的操作团队，因为客户的发货时间和发货量不确定，专线的其他业务无法有效支撑专门操作团队的运作。很多时候，专线会临时抽调员工来提供这类服务。其实不管为客户提供装卸货服务是有偿的还是无偿的，站在专线立场上来说，这种服务

的提供会打乱专线的正常操作程序，人员的抽调会造成别的相关操作环节陷入停顿。通常情况下，专线是不情愿承接这类服务的，有的专线可能会借口没有人而拖延甚至拒绝，免得增添麻烦事。事实上，这种专线经营思维是不正确的，专线服务提供本来就是为客户解决问题。能为客户提供全方位的服务正好可以彰显专线的实力，树立专线的服务形象。

③为客户提供接送货服务。为客户提供接送货服务是专线行业内达成共识的服务内容。专线行业的服务竞争最集中地反映在接送货服务方面，为客户提供接送货服务的出发点在于争抢货源。在具体的服务提供时，专线可以根据自身的优势制订相应的服务提供方案，当然至于是免费还是有偿提供接送货服务，专线应该参照货物的重量或体积来做出决策，另外接送货的距离因素也不容忽视。在同向专线竞争激烈的市场上，接送货服务的比拼相当惨烈，很多时候为了争抢货源、保住客户，专线有时甚至会免费为客户提供远距离上门接货或送货上门服务。

④提供优化的物流解决方案，为客户解决物流难题。提供优化的物流解决方案，为客户解决物流难题，这是专线服务差异化的集中体现，是专线服务竞争的最高境界，最能体现专线从业人员的智慧。专线面对的客户基本上都是非专线专业人士，或对专线操作一窍不通，或对专线操作略知皮毛。专线业务洽谈人员如果能从专业的角度对诸如货物的安全装运、货物的配送交接、费用开支节俭等方面给出合理化的建议，形成一套完整的物流解决方案，一定能破解客户的物流难题，从而牢牢地抓住客户。当然，要想在服务差异化方面取得优势，专线的业务负责人必须具备很强的专业素养，善于利用谈判技巧抓住客户的心理。

（2）比拼价格。

价格是把双刃剑，在刺伤对方的同时，也会伤害自己。价格战是市场竞争中最原始的武器，也是最有效的武器。价格战一旦开启，所有的竞争对手都会受到伤害，专线行业价格战公认的底线是服务成本价，一旦货物的收费低于成本价，很多的专线都会恐慌。而实际上，在目前的专线市场竞争中，单票货物的收费已经达到了成本价门槛，直接抹杀了专线的第一利润源泉。很多专线在货物运费报价时，实行客户无差别对待，这跟我们所讲述的同行客户与企业客户差别对待的收费操作是不相符的。也就是这个原因，导致小的第三方物流企业的生存空间被专线严重挤压，沦落到被市场淘汰的境地。市场竞争就是这样残酷，总有人沦为牺牲品。其实从专线行业的操作特性来看，专线的服务成本价还不是价格竞争的底价，因为服务成本价计费虽然造成了专线的单票货物获利消失，但是专线的真正利润在于配载装车环节操作，专线价格战的精髓并不在单票货物运价上，而在于专线的第二利润源泉即配载装车上。所以只要专线的货物结构合理、货源充足，能够充分发挥配载装车智慧，即使货物运费收取低于服务成本价，也一样能赚取丰厚的利润。这就是价格战这一终极武器在专线市场上能最有效发挥的秘密。

专线价格竞争并非无原则进行，而是应该在一定基础上有的放矢，否则受到伤害的反而是自己。

①经营性缺货时，低价收货，首先考虑保证干线车辆满载发运。专线经营性缺货时，并不是考虑赚钱的时候，而是应该想办法降低亏损额，争取保本发运。在小亏即赚的指导思想下，专线应摒弃成本价概念，以优先保证干线车辆满载发运为宗旨，积极争抢货源，降价承接货物。

②结构性缺货时，针对所缺货物类型低价揽货。结构性缺货导致专线无法充分发挥配载装车的优势，这是专线的硬伤。在专线行业内，结构性缺货一般会是专线的长期性问题，就像是我们通常遇到的同在一个城市里，有的专线重货多缺泡货，有的专线泡货多缺重货的情况。针对结构性缺货，专线应主动调低所缺货物类型的收费标准价，如果遇到好的货物类型，甚至不惜以低于成本价的方式来抢夺，以谋求货物结构的合理，充分实现配载装车效益最大化。

③专线货物结构合理，货源充裕，配载装车操作能力强，全面降低收货价格。这是专线在自身经营状况好、操作能力强的基础上所采取的一种全面低价策略，主动全面低价策略是专线面对市场竞争时一种充分自信的表现。全面低价策略能快速地提升专线货量，同时迫使同向竞争对手被动应战。低价甚至以低于服务成本价的方式营销，会全面收割行业的第一利率来源，乃至造成弱小竞争对手亏损，迫使部分同向专线退出市场，从而达到抢占市场的目的。

（3）拼资金实力。

专线服务的客户群主要是企业和第三方物流公司。至于个人客户，在发货量和发货频率上都不大，结算方式一般是及时支付。而企业和第三方物流公司由于发货量大、发货频率高，所产生的运费金额大，对运费的结算方式也会有一定的要求。从物流业务合作中的地位来说，专线是有求于人，因此专线往往会接受大客户提出的运费月结结算方式。这就要求专线具有相当的资金实力来垫付这部分费用，少则一个多月，多则几个月，甚至半年之久。"没有金刚钻，揽不了瓷器活"，没有实力的专线无法满足这些大客户的结算要求，自然就承接不了这样大的业务，只能做那些及时支付的小业务或部分小额回单结算业务。同行间的竞争，资金实力确实很重要，如盛行回单付和月结结算的上海物流市场，一条年营业额在1000万左右的专线，随便垫资就在100万以上，没有充裕的资金保障，难以在这样的市场上把专线做大做强。

3.专线行业内洗牌

市场竞争的结果是行业内的重新洗牌，专线行业内的竞争同样适用优胜劣汰的自然生存法则。大鱼吃小鱼，去弱存强，最终的结果是强者恒强，弱者更弱，直到被市场淘汰掉。小专线在市场竞争中的结局有两种：一种是被大专线兼并吸收；另一种是生意惨淡，生产经营活动无以为继，自动退出市场。市场洗牌是一个悄无声息的过程，大专线要想实现专线行业内的重新洗牌，必须充分利用自身的优势，挑动市场竞争，把弱小的竞争对手扼杀掉。

在专线行业微利时代的背景下，小专线能在市场上生存，是因为它们有生存的法宝即大票主货，这也是小专线的命门所在。小专线的操作思路是只要有大票货物打底，随便在市场上收一些零担货之后，就能凑满一整车货物，干线车辆发运便不是问题。在当前物流信息发达的市场环境中，小专线想要找到大票货物，还是比较容易的。因此，行业洗牌会是一个比较长期的过程，大专线想要扼杀小专线，必须掐住小专线的命门，切断其干线运输，使其操作流程脱节，只有这样长期坚持下去，大专线才能获得市场竞争的胜利，实现行业内重新洗牌的目标。大专线一般会有以下两种做法：

(1)在市场上广收零担货物，减少小专线的零担收货量，迫使其干线车辆无货可配载。

专线在长期的经营过程中，都会建立自己比较稳定的客户群，即使再弱小的专线，也会有相对稳定的客户群。大专线想要一下子抢走这些客户比较困难，必须采取价格和服务相结合的战术，长时间地吸引和诱导这些客户，进而达到抢夺客户的目的。小专线没有了零担货物的支撑，即使有大票主货，也无法发运干线车辆。长此以往，小专线的服务便没有了保障，客户自然就会流失。在此，有一个细节问题，也是我们一直强调的，零担专线的生存法则就是广收零担货物，小票货物越多越好，如果能做到仅仅收取零担货物就能实现整车发运最好，只有这样才能建立庞大的客户群体，才能在市场竞争中立于不败之地。不论专线规模大小，零担客户群庞大的专线是不惧怕市场竞争的。

(2)摸清小专线的主货来源，切断其主货供应。

小专线能承接到固定的大票主货，必定与发货人有密切的关系，这种关系可能是利益上的，也有可能是血缘上的。不管什么关系都好，只要把握一点，就是给发货人输送足够多的利益就可以把业务抢过来。这当中的发货人最好是直接的货主本人，因为大票货物一般都是生产原料或者售卖的商品，对货主输送利益可以降低其发运成本，节省开支。这样把小专线的主货掐掉，那些小专线所承接的零担货物也就难以正常发运。

1.3 专线行业外势力的侵入与专线对策

关于我国零担货运市场上万亿元规模的说法，实际上只是一个模糊的估算而已，没有确切的行业统计数据，而如果想要真实地统计出来，也难以办到，因为在专线行业里，很多货物运费只是记入了专线的内账而已，而且个体、私营专线也不会如实申报纳税，这部分隐性运费总额估计要占到整个零担货运市场总额的30%以上，也就是说零担货运市场的真实规模可能要比公开的数据大30%以上，这足以说明零担货运市场体量的庞大。

专线历来占据零担货运市场的大部分市场份额，小部分由零担网络物流公司和快递公司分食。近年来，由于物流行业各大市场主体的市场布局趋于饱和，所在行业的市场容量有限，为进一步拓展生存发展空间，大家纷纷瞄准体量巨大的零担货运市场。零担货运市场里的专线实力弱小，各自分散独立经营，难以形成合力对抗专线行业外的势力入侵。于是，零担货运市场被强势瓜分，小票零担货物被专线行业外的各企业一扫而空，留下那些大票大件货物由专线来承运，专线行业的传统经营态势从此被打破。在激烈的市场竞争中，专线目前的客户群主要集中在生产企业、商贸企业和个体经营户中，个人客户基本上流失殆尽，市场发展空间被严重挤压。

1. 快运企业

快运企业与快递公司是共生共存关系，很多快递公司都开设了快运企业来切入零担货运市场，而快运企业也将触角伸向了快递领域。大部分的快运企业都是由快递公司开设的，快运企业在网点布局上与快递相同，有的快运企业会与自身的快递网络共网操作，有的快运企业则会独立布设网点营运。快运企业在零担货运市场中主要是承接小票零散货物，这些小票货物在送货的情况下，会因为专线单独计收送货费而推高发运成本，但是如果选择快运企业来承运，成本就会下降一大半，因为快运企业实行的是快递计费模式，按件收取费用，包送货到门。快运企业进入零担货运市场，正好顺应货物发运向小批量、多批次方向发展的趋势。

(1)快运企业的运营优势。

快运企业进入零担货运市场的目的明确，其想抢占的是小票零散货运市场。这与快运企业的网点布局和操作能力相关，也正好跟快递公司的业务类型相匹配。快运企业作为零担货运市场的后来者，在争夺市场份额时，有着自己独特的后发优势。

①借助自己的网络布局优势，可以大大降低客户的配送成本。按件收取费

用，不单独加收配送费，这是快运企业吸引客户最大的亮点。在小件零散货物的争抢中，专线因为布点的原因无法做到免收货物的单独配送费用，所以在小件零散货物细分市场上，快运企业几乎可以切断专线的货源供应。

②客户发运方便。同样借助于自己的网络优势，快运企业能够提供免费上门取货服务，客户在足不出户的情况下就可以把所有货物发运完毕，这就解决了客户的发运难题，极大地方便了客户。

③快递快运共网经营，可以共享网络资源，达到业务互补、共同发展的目的，同时也可以降低布网成本。快运企业大都由快递公司开设，而非快递公司开设的快运企业也不断切入快递市场。因此，快递快运是同根而生，双方的联网操作可以避免网点的重复建设，更好地拓展既有网点的经营范围，充分地利用其网点网络资源。借助快递网络，快运企业可以大幅降低布网成本，快速切入市场开展经营活动。

（2）快运企业的不足之处。

快运企业本身就定位在零担货运市场中的小件零散货物细分市场，作为市场上的后来者，其后发的经营优势已足够明显。要分析快运企业的不足之处，我们无法就事论事，只能与专线来进行比较得出。

①快运企业流转环节多，承接的货物必须经过多次的搬运装卸才能送到客户处，货损风险大。快运企业的业务流程具体为：寄送地网点——省（市）内分拨中心——干线运输——省（市）外分拨中心——寄达地网点——网点客户。货物走完这个流程，需要至少四次搬运装卸过程，如此多的重复搬运装卸，极易造成货物损坏。

②快运企业承接的货物局限在小票、零散、易于搬运的零担货物，无法提供大件笨重货物的物流服务。快运企业的干线车辆只在分拨中心之间来回跑动，不直接为接送网点提供服务，而且快运企业的网点人员和装卸工具配备不足，所以快运企业无法承接大件笨重货物，即使要接受大件货物订单，也只能由分拨中心处理，但是鉴于快运企业的收费定价过高，客户不太可能承受得了快运企业对大票、大件货物的收费。快运企业的运营模式和资源配置只适合于其定位的零散小票货物市场，这恰恰给专线留下了生存空间。零担货运市场上大票笨重货物的物流还得由专线来提供对应的物流服务。

③快运企业的货物结构单一，无法满足合理配载装车要求。快运企业通常会采用计重收费的方式收取运费，泡货收费一般按重泡比率折算成重量来计收。因此，重货走快运的成本比较高，客户发运不合算。快运企业所承接的货物以小票泡货居多，难以实现配载装车的最佳效益，所以快运企业的干线运输以车辆货厢装满为准，基本上不会考虑车上货物重量的满载问题，这也说明快

运企业只有赚取货物运费差价一条利润来源渠道。

④快运企业在中心城市的优势明显，但在二、三级城市布点困难。零担货运市场中的零散小票货物数量巨大，但是争食的经济体很多，如果细分到各个城市、各相关承运企业去，各企业真正能争抢到手的单一城市货量并不大，所以快运企业在二、三级城市的服务提供过程中，通常会采取加盟的形式与专线合作进行服务网络布局。

（3）专线的应对措施。

面对快运企业大量进入零担货运市场抢夺零散小票货物，专线毫无还手之力，没有网点优势，专线无法做到货物提送不收费，这是专线在与快运企业争夺市场时的致命弱点。因此，在当前市场竞争格局下，专线的零散小票货物量急剧减少，生存空间被进一步压缩。如何在激烈的市场竞争中寻找突破口是专线不得不思考的问题。专线要想不被快运企业拖垮，必须认真分析快运企业的不足之处，充分发挥自身的优势，以己之长攻人之短，只有这样才能在市场竞争中存活下来。为应对快运企业的挑战，专线可以考虑采取以下应对措施。

①提高专线的服务能力和服务水平，积极参与市场竞争。

专线提供的是特定区域内的物流服务，专线的服务针对性强，而且专线的体量小、操作灵活、经营转向快，这些都是快运企业不具备的优势。在面对快运企业的竞争时，专线只要能充分认识快运企业的不足，补齐自身的服务短板，就具备了与快运企业竞争的条件。

● 进一步细分零散小票货运市场，抢夺潜在目标客户。快运企业除去价格和网点优势外，其他方面相比专线并没有多大的优势。在服务时效、客户对接、货物安全、费用结算等方面，反而是专线的优势明显，专线在市场竞争中可以针对客户的诉求重点进行合理分析，在费用影响之外去做市场推广工作，抓住那些非费用取向的客户。

● 深挖干线运输潜能，提高干线运输时效。快运企业操作环节多，体制模式固定，灵活性差，虽然服务的时效有保证，但是做事过于按部就班，无法满足客户的个性化需求。然而专线却不同，专线在时间上、操作把控上具有充分的灵活性，专线可以自主安排干线运输车辆提前发运，以车辆早到站和优先配送货物来满足客户的个性化服务需求。

● 保证沟通渠道畅通，提高应急管理水平。快运企业的沟通麻烦是有目共睹的，客户发货后只能被动等待货物到达，想要查询或有什么额外的请求，基本上无法得到满足，而专线却可以提供实时的问询服务，能随时针对各种突发情况作出应急预案。

● 提供多种可供选择的运费结算方式和附带服务，专线的佣金支付无障碍。专线可以针对不同的客户提供现付、到付、回单付和月结等多种运费结算方式，操作方便，而且还能为客户提供各种附带服务，如顺带提送货、临时仓储、代付费用等。专线佣金支付程序简便快捷，客户满意度高。这些都是快运难以做到的个性化服务。

②做好专线本业，深挖专线的第二利润源泉。

零散小票货物的毛利润高，这是货运行业内的共识，虽然快运企业的大规模介入抢走了大量零散小票货物，对专线的经营造成了不利影响，导致专线的毛利润下降。但是，专线的主要市场没有丢失，专线生存的根基还在，更何况专线本来就不是靠赚取货物运费差价来赚钱。在零散货物大量减少的情况下，专线更应该做好本业，集中全部精力做好配载装车操作环节的操作管理，深挖专线的第二利率源泉，提高单车发运毛利润。

③寻求与快运企业合作，共同经营市场。

快运企业在二、三级城市进行网络布局时必须吸收专线加盟联营，这就给相关专线提供了切入快运网络的机会。加盟专线可以借机接手这部分快运企业的干线运输任务，同时专线也可以在充分衡量费效比的情况下，把部分业务放入快运企业操作，以赚取更大的利润。非加盟专线同样也可以抓住快运企业的收费特点，采取这种方式与快运企业合作。在零担货运市场，专线与快运企业互为竞争对手，又不妨相互合作，共存在物流行业市场这个大平台上。

④专线应摒弃各自分散、独立经营的思路，积极探讨合作，组建观念一致的专线联合体，形成全网联合营运的专线生态系统，应对快运企业的入侵。

2. 零担网络物流公司

零担网络物流公司是指那些专做小票零担货物的大型物流公司。这些公司的网点布局多，经营范围广，独自形成了一整套服务网络体系。传统的零担网络物流公司如天地华宇、佳吉，在网点布局上比较保守，营业网点相对于快运企业较少，但承接的货物类型丰富，不像快运企业那样仅承接零散小票货物，一般的笨重货物也会承运。传统的零担网络物流公司成立的时间较长，与专线共存于物流市场多年。由于传统的零担网络物流公司经营理念保守、运输时效慢，服务效率无法与专线相比，但是新进入的零担网络物流公司如安能、德邦等，由于引入了先进的经营管理模式，加上它们同时又经营快递、快运业务，网点的布局特别多，在零担货运市场上具有十足的侵略性。快运企业进入零担货运市场，真正受伤的应该是传统零担网络物流公司。从目前的市场竞争态势看，快运企业与零担网络物流公司之间的兼并重组将会是继快递市场整合之后的第二个整合的物流子领域，因为这两种类型企业的目标市场定位一致。当然零担网络物流公司队伍的扩大也不可避免地会抢夺专线的市场份额。

零担网络物流公司大多脱胎于专线和第三方物流企业，有全网型和区域型之分。这些公司实力雄厚，像天地华宇和佳吉物流已经在全国物流市场耕耘多年，客户群体稳定，现金流充裕，而后起之秀如安能物流、德邦物流等，背后都有大资金的背景，实力强劲，市场扩展迅速。零担网络物流公司大量兴起，主要是盯着零担货运市场这块巨大的蛋糕而来，以借自身的物流网络体系优势抢占市场。

（1）零担网络物流公司的特点。

长期以来，传统的零担网络物流公司一直在小票零担货运这个目标市场中经营，这是一个介于快递和零担专线之间的巨大市场，虽然细分市场与快递和专线都存在部分重叠，但是由于零担网络物流公司拥有自身的一套服务提供模式，所以能在夹缝中生存，而且生活得很好。如佳吉和天地华宇，作为老牌的全网型零担网络物流公司能在激烈的物流市场竞争中立于不败之地，说明零担网络公司有独特的竞争优势。

①网点多，网络覆盖广。零担网络物流公司的网点布局集中在物流园区、工业园区和大型商贸区，主要为企业和商贸企业提供物流服务。零担网络物流公司网点的布局与其目标市场一致，生产企业和商贸企业有稳定而广泛的物流需求，零担网络物流公司正好可以利用全网优势一次性解决这些客户同时向全国各地发货的需求，做到一票到底。在物流园区布点可以为专线以较低成本解决小票货物发运问题，同时也可以抓住一些经常大范围发运小票货物的客户。

②零担网络物流公司承接的货物介于快递零散的单件小货和专线的大票货物之间，重量在50公斤至500公斤之间最为合适，考虑到货物的搬运装卸和提送货费因素，这个重量段的小票货物发快递和专线都会比较贵，刚好零担网络物流公司的运费计价又位于快递和专线之间，所以零担网络物流公司在此重量段的小票货物发运中具有价格优势。

③零担网络物流公司的网点人员和设备配置比较齐全，除了网点较少之外，操作能力比快运要强，而除了场地比专线小之外，基本上可以对标专线的生产经营条件。零担网络物流公司在二、三级城市的物流加盟商跟快运企业一样也都是专线。

④零担网络物流公司的资金实力雄厚，尤其是新兴起的公司，背后都有大资金的支持，其网点布局向快递公司看齐，起网速度快，扩张迅速，而且大有向快递和专线领域同时渗透的野心，侵略性极强。

（2）零担网络物流公司发展态势。

零担货运市场按货物状况细分来看，可分为小件货物市场、小票货物市场和大票货物市场。小件货物市场以票据资料和电商商品为主，由处于第一梯队的快递公司占据；大票货物市场以生产资料和大宗商品为主，由处于物流供应链条底端的大量个体、私营专线分食；小票货物市场则由零担网络物流公司接手。一直以来，大家都是在关注小件货物市场和大票货物市场，分处两个细分市场中的快递公司之间和专线之间的竞争激烈。由于近年来国内电商经济的迅猛发展，各路资本火力全开，全力杀入快递市场，造成快递行业竞争十分惨烈，而大票货物市场中的专线企业实体数量众多，同质竞争厉害，已经失去货物运费差价收入，对资本的吸引力不足，于是为了寻找资本扩张出路，在零担货运市场的进一步细分中，各路资本瞄准了尚处于空白状态的小票货物市场。在小票货物市场中，传统的零担网络物流公司只有我们熟悉的佳吉和天地华宇两家大物流公司，它们一直以来都处于无竞争对手的市场中闷声发大财，积累了不少资本。而如今，各类快运企业和新零担网络物流公司积极布局，全面杀入，小票货物市场因此也成了零担货运市场竞争的焦点。

①零担网络物流公司和快运企业的市场定位高度一致，两者的目标市场相同，虽然各自名称不一，但实际上是同一类型的物流企业。在此，我们把快运企业纳入零担网络物流公司中，以便于讨论分析。零担网络物流公司处于零担货运市场的第二梯队，介于快递公司和专线之间，主攻小票货物市场。新晋零担网络物流公司借助资本的优势，已经在快递市场中杀出一条血路，如安能物流、百世快运、德邦物流等在拥有快递路线的同时经营着快运业务。这些公司在经营过程中实行快递和快运并网营运，相互借力，充分发挥了网络优势，发展态势良好，对传统的零担网络物流公司的发展造成了很大的压力。在可以预见的时间内，小票货物市场的竞争将愈发激烈，大资本的洗牌将很快完成。

②零担网络物流公司绞杀第三方物流公司。第三方物流公司处于专线上游，市场主体包括大型的提供仓储服务的第三方物流公司和仅靠卖货赚取运费差价的小三方物流公司。第三方物流公司的经营除去仓储、包装等物流附加值之外，基本上依靠赚取运费差价生存，这正好符合零担网络物流公司的经营需求。零担网络物流公司完全可以借助资本优势和全网发运优势抢夺第三方物流公司业务，而且从实际物流需求出发，各大生产企业和商贸企业也会从零担网络物流公司中寻求第三方物流业务合作。所以，在下一步的市场竞争中，无网络支撑的第三方物流公司大概率会被零担网络物流公司兼并重组，或被迫转型谋求生路。

③零担网络物流公司的资金雄厚，背后都有大资本的身影，而资本的逐利性明显，因此零担网络物流公司虽然处于零担货运市场中的第二梯队，但是在与处于第一梯队的快递公司融合发展之后，还是有极大的概率往下杀向专线行

业,组成新型的专线联合体,构建新的专线行业业态。这对于我们数量广大的个体、私营专线来说是噩耗,但对于我国专线行业来说是福音。专线行业的整合本来就是大势所趋,行业外因素的进入正好可以加快这一趋势,所以真正留给各专线个体融合发展的时间不多。零担网络物流公司杀向专线行业并组建新的专线联合体,应做好以下几个方面准备。

- 摒弃赚取货物运费差价的观念,充分发掘配载装车这个利润源泉,利用网络优势与中小型专线等价竞争。
- 配置专线生产必备的各种生产要素,这在零担网络物流公司目前的网点设备配置中已经实现。
- 给予各网点自主经营权,开通城市间专线班车,实行城市直达以保证时效。鼓励网点联动,弱化分拨中心在专线线路经营中的地位,提高货物发运效率。
- 通过对第三方物流公司的绞杀实现对专线的洗牌。
- 利用资金优势发动并购重组,成立大型专线公司,组建专线营运网络。

3. 物流信息平台

物流信息平台是货物发运主体和运力供应主体之间的桥梁,起信息中介作用,主要的服务功能是为货主找车和为车主找货。我国的物流市场大,发货主体多,货运车辆群体庞大,存在数量众多的个体运输车辆。在网络信息不发达的年代,各种物流信息部到处存在,通过为货主找车和为车主找货赚取信息费。

随着物流信息网络化的发展,各类物流信息平台不断出现,货主和车主都跳出信息部,开始在网络平台上找车或找货。物流信息平台的出现,直接抹杀了物流信息部这个物流信息中介行业,从此大量货物的发运交易开始快速向物流信息平台转移,形成了以物流信息平台为中心的物流信息交易体系。目前,全国物流市场上比较典型的物流信息平台有运满满和货车帮。

(1)物流信息平台特点。

物流信息平台的出现,得益于社会经济信息化的发展,是物流信息化发展的结果。我国物流行业的参与主体众多,市场体量庞大,物流信息的融会贯通能够打破行业限制和地域限制,实现各种物流供应信息和需求信息的全面共享,从而有助于解决物流供需矛盾,促进物流行业的融合发展。

①物流信息平台的参与群体广泛,具有深厚的社会群众基础。物流信息的供需主体包括各类企业和个体,尤其是物流企业、生产企业和广大社会车主。这些单位和个人存在着大量的物流信息需求,一方面是为货物发运寻找车源信

息，另一方面是为车辆营运寻找货源信息，而物流信息平台恰好可以起到中间桥梁作用。

②物流信息平台提供的信息量大，涉及的物流供求范围广，能满足各类参与主体的需求，而且信息发布及时，获取方便，花费的成本费用低。物流信息平台最大的优势在于各需求主体获取信息方便、成本低。当然，有的平台可能需要支付一定费用，但是综合优化下来，一年的开支比当初信息部的收费要少很多，而且基本上使用手机就能操作，简单方便。

③物流信息平台充分展现了信息的公开透明，可以为各需求主体提供相匹配的优质物流供给资源，降低了成本费用。物流信息平台提供的货源信息和车源信息都是公开透明的，体现了市场的优化竞争。各市场主体可以根据自身的经营需求进行选择匹配，虽然当中的一方在透明的信息中会造成利益受损，但是却相应地会降低另一方的成本费用。经济利益的此消彼长恰恰是信息平台的双刃剑特点，各行为主体只需选择有价值的信息为己所用。

（2）物流信息平台对专线行业的影响。

物流信息平台成立的初衷在于为广大的货主群体寻找车辆，同时为广大的车辆个体提供货源信息，在两者之间搭建一座桥梁，解决相互间的需求问题。专线在物流信息平台中的处境比较尴尬，既是货源信息的需求者，也是车源信息的需求者，所以物流信息平台的出现对专线行业的影响还是很大的。

①基于物流信息平台的中介作用，大量货物跳开专线行业直接找车发运，弱化了专线行业地位。货主直接找车发运的一般是发货量较大的货物，具备整车发运条件，也有驾驶员自行接单拼车发运的情况，但以整车运输货物居多。而如果货物需要配车发运，驾驶员就明显处于劣势，虽然驾驶员也可以在装运了打底货的基础上承接零担货物，实现配载装车的整体效益，但是只能接收大票零担。如果个体驾驶员零担货物接收过多，会影响车辆的发运和货物的配送时效。物流信息平台的介入直接影响了专线的货量，对专线行业的发展造成了冲击。

②货源供应减少，车源供应减少，部分掐断了专线的货源和车源供应。大量货物通过车辆直接发运，相应地，车辆也跳开专线直接营运，这样专线行业在货源减少的同时，车源的供应也减少。货物减少、车辆减少，专线行业将因物流信息平台的广泛应用，而面临行业规模缩减的可能。但事实上，社会车辆除了在整车货物上具备跟专线争抢货源的优势外，在零担货物上并不具有优势。一方面，社会车辆车源稳定性差，无法随时保障货物常态化的发运需求，而且车辆主体差异大，服务提供方式各种各样，货物发运主体在享有经济利益的同时，不得不花费大量的时间和精力来处理货物运输服务，综合效益并不明

显。另一方面，社会车辆无法提供系统的货物运输服务，货物的安全保障不如专线企业实体。现实中，物流信息平台确实对专线行业的发展造成了一定程度的冲击，分流了部分专线货源，同时也分流了一部分车源，对专线市场的货源和车源构成了双重打击。

③货物运价和车辆运价公开透明，加剧了专线行业的竞争。物流信息平台为各参与方提供了公开透明的信息，使专线行业的货物运价和发运成本透明化，低端的货物运价进一步降低了专线的运费差价收入，甚至迫使专线的单票货物零差价或亏本发运，使专线全面走向寻求货物配载装车效益上来。同时，车辆运价的公开透明也造成了社会车辆间的互相厮杀，不断调低市场运价。物流信息平台的推广应用加剧了专线行业的价格竞争，最终的受益者是那些货主。

④专线个体可以利用物流信息平台中大量公开的货源信息和车源信息解决自身生产经营过程中的短板。货源和车源是专线经营过程中的两大核心问题，专线可以在物流信息平台上寻找有利的货源和车源信息为己所用。当专线缺货时，可以在平台上找货，也可以在平台上发掘有价值的客户进行开发；当专线车源紧张或碰到发运成本过高时，可以从信息平台上调用合适的社会车辆。充分发挥物流信息平台的作用，能为专线的生产经营提供极大的便利，并收获很高的经济效益。

（3）专线的应对策略。

物流信息平台大量分流了专线行业的货源和车源，同时也使货物的运价和车辆的发运成本更加透明，对专线的生产经营造成了一定的不利影响。虽然物流信息平台的推广应用有效地衔接物流市场，大幅降低了各发货主体的货物发运成本，盘活了社会车辆，对物流行业的促进作用明显，但对专线行业的规模化发展不利，也不利于专线行业秩序的有效建立。物流信息平台短期内对专线的冲击还是很大，但长期来看，其最终会定位于为广大货主和车主提供整车货物的物流信息供求方面。针对物流信息平台的市场分流效应，专线应有充分的自信，可以充分发挥自身优势从容应对。

①物流信息平台只是提供物流信息中介服务，并不参与物流行业的实体经营活动。在市场行为上，物流信息平台并不是专线的竞争对手，其目标客户是有物流信息服务需求的所有个人和实体企业，主要起到信息发布平台的作用，至于信息最终被谁使用并不重要。专线本身就是物流信息平台的参与者，享受着物流信息平台提供的各种便利。

②专线具备完整的物流服务提供系统，能够为客户提供完整的物流服务，而且专线可以根据客户的重要程度给予客户费用结算方式上的选择权，如给客

户运费月结上的便利，这是社会车辆难以实现的。

③专线拥有足够的人力资源和生产条件，能够对货物进行优化配载，实现对车辆配载装车的最优效益。只要允许对整车发运的货物进行分拆装车发运，专线就能以低于社会车辆的发运价来承揽货物，当然前提条件是货物的结构类型必须有利于专线充分地配载装车发运，能够实现最佳的配载装车效应。

④虽然非专线货源主体通过物流信息平台调车发运货物能降低货物发运成本，但是可能会面临一系列的问题，比如必须亲自跟驾驶员衔接各种事宜，而且如果万一发生了交通事故，还需要发货人亲临现场处理货物问题。所以，对有经常发货需求的客户，选择专线发运比在物流信息平台上调车发运应该会更省事些。

第二节　专线的困惑与对策

我国的专线行业在经过 20 多年的快速发展之后，行业格局已基本成形，市场呈现出饱和状态，但是由于专线行业的市场主体多由中小专线组成，体现出市场主体众多、实力弱、各自分散独立经营的特点，无法形成规模化、集约化的市场效应，不利于物流行业的健康发展。在如今经济发展红利日渐消失、专线行业进入微利时代的背景下，作为专线行业市场主体的专线，开始为后续的生存发展角力市场。专线行业内的竞争加剧，行业外的各物流实体也不断分食专线市场，生存和发展已成为各专线行业主体必须认真思考的问题。

2.1　专线经营规模做大与做精的问题

专线在生产经营发展到一定程度之后，都会形成一定的规模。如果专线经营方向的市场体量大，而且竞争对手少，专线的经营规模还会继续扩大，因为专线行业有一个特征比较明显，就是群聚效应。只要专线的口碑好，客户就会不由自主地往这边跑，使专线不得不向扩大规模的方向走。然而在同行间价格竞争加剧、利润空间不大的情况下，专线并不热衷于扩大经营规模，尤其是那些经营时间较长、经历过相对暴力时期的专线，特别能感受到如今发运两台干线车辆的效益可能还不如以前发运一台车的效益。这种巨大的落差会促使上规模的专线存有做大与做精的困惑，即专线走品牌路线还是走品质路线的问题，这在一定程度上反映了专线在干线车辆发运数量与发运质量方面的困惑。

1. 专线经营规模做大的分析

专线经营规模做大可以理解为专线经营方向上的货物量增多，干线车辆发运频率增大。把专线做大做强是所有专线在经营初期的奋斗目标，专线只有做大了才能做强，从而树立品牌形象，这是行业内的共识。在容量大的市场，专线的经营存在着一种惯性发展，规模扩大不受压制的话，会越做越大，而如果受到了压制，则会越来越小。从企业经营管理理念上来看，也是讲究规模才能出效益。

（1）做大专线经营规模的优势。

我国专线行业里的市场主体众多，专线同质竞争激烈，在弱肉强食的市场里，专线唯有把自身做大做强才能在行业内占据一席之地，做大经营规模能使专线获得巨大的经营优势。

①扩大专线客户群体，增加客户的多样性。专线以零担起家，每一票货物都至少代表着一个客户，客户群体的广大能使专线的生产经营不至于受到某些大客户的影响，维持着"东边不亮，西边亮"的经营特性。客户群的扩大能为专线经营增添活力，提高专线的竞争力和生存能力。

②提高专线的货量，充分保障配载装车环节和集中配送环节的降费增效作业。经营规模的扩大能增加专线的货源供应，使专线的配载装车有充足的货源保障，提高专线的单车毛利润，同时也能充分发挥集中配送的优势，实现降费增效目的。正所谓专线规模越大，就越有利于提高配载装车和集中配送的经济效益。

③做大专线经营规模是一种积极应对市场竞争的姿态。在存量市场状态下，多收货物、多抢客户就意味着竞争对手的业务量在下降，专线积极做大企业能占据市场竞争中的有利地位，把握市场竞争的主动权，最终战胜竞争对手。

④增强专线市场地位，使专线发展进入良性循环状态。从物流市场货源决定论的立场分析，做大专线经营规模能使专线进一步掌控货源，对专线控制车源起着决定性的作用，包括车辆运费议价中的主导地位。同时，货源的不断壮大，客户数量的不断增多，会使专线发展进入良性循环状态。

（2）做大专线经营规模可能引发的问题。

专线在经营规模发展到一定程度之后，由于各种生产要素配置的限制和市场饱和度因素的影响，会碰到发展瓶颈期，专线要想突破发展瓶颈期扩大经营规模，必须转换思路，做出经营策略上的大调整。因此，为顺应做大做强的要求，专线会增加场地、人员、设备等方面的配置，调整服务策略，努力扩大客户群，增加货源。随着专线经营规模的迅速扩大，各种各样的问题也会凸显出来。

①成本开支的增加占用了专线的流动资金，而且客户群的扩大也会增加专线垫付资金的压力。专线扩大经营规模需要强有力的资金支持，一方面是需要增添各种生产必需的软硬件设备设施，这会增加专线的开支；另一方面是客户拓展过程中，那些大客户对专线所要求的垫资前提条件。因此，扩大经营规模实际上是专线增加投资的行为。

②扩大经营规模存在一定的经营策略调整，必然会降低对客户的要求和放松货物的承接标准，这样专线的客户类型会增多，货物的类型也会多样化。这会增加专线客户管理的工作量，也会增加货物流转过程中的操作难度和货损货差发生概率，对专线的经营管理提出了更高的要求。

③专线在市场竞争中扩大货量的必用策略是降价揽货，货物运费收入下降会影响专线单车效益核算中的毛利润。如果价格战过于激烈，专线的单车毛利润会下降过多，甚至可能出现诸如发运五台干线车辆的毛利润总额不如以前发运四台或三台干线车辆毛利润总额的现象，产生一种相比以前白白多发运一车或两车货物的感觉，专线的单位成本收益明显下降，这正是专线在做大和做精问题上的困惑点。

④采用增设收货点的方式来做大经营规模，虽然可以扩大专线的服务面，但是会增加专线的投入，而且对专线的管理也提出了更高的要求。

（3）专线一心做大的适用情况。

在当前专线行业内竞争日益激烈、已经进入微利时代的背景下，对是否应该继续扩大经营规模还是保持现状或缩小规模走精致路线的问题，各专线主体很矛盾。在经济向前发展的过程中，维持现状等同于倒退，因此专线只有扩大规模和缩减规模的选择。从前面我们对专线扩大经营规模可能引发的问题分析中可以看出，专线扩大经营规模可能并不会增加经济收益，反而会增加管理难度和风险损失发生概率，但仍然有一部分专线不遗余力地扩大经营规模。

①新开设专线为谋求快速进入平稳发展时期，会一门心思做大专线。新开设专线在经营起步阶段，经营性缺货严重，只有努力开拓市场，扩大经营规模才能解决经营性缺货问题，实现从起步阶段到平稳经营阶段的快速过渡。

②结构性缺货的专线为解决货物结构不平衡的问题，寻求扩大所缺货物类型的货源供应。结构性缺货的专线无法实现配载装车效益的最大化，要想解决货物结构单一的问题，专线只有积极扩大经营规模、拓展货源供应渠道。

③纯零担经营型专线没有一手货源支撑，这种类型的专线在行业内是最无依无靠的，但往往是发展得最好的。纯零担型专线在市场上的生存危机感十分

强烈，由于没有主货源支撑，必须努力扩大自己的客户群，市场上的任何风吹草动都会引起专线的关注。纯零担型专线的经营灵活，市场反应快，天生就有一心做大做强专线的冲动。

④谋求在同向专线中处于主导地位的实力型专线。这类专线的经营规模比较大，在同行当中属于实力较强的那种。这类专线在市场中往往会利用自身的优势主动挑起竞争，通过扩大经营规模的方式来侵吞对手的市场份额，以谋求行业的领导地位。

2. 专线做精的分析

专线做精是指专线在生产经营规模达到一定程度后，不再谋求规模的扩大，而是通过制定一定的标准来圈定经营范围，以谋求在细分的领域做精。专线做精而不再追求规模效应和以量取胜，实际上走的是一条品质发展的路线。专线做精的底气在于有大票稳定供应的优质打底货物，有这种打底货物做支撑，专线即使在干线车辆不配载的情况下也有利润产生，但如果实施配载装车的话，就能收获巨大的利润。寻求做精、走品质发展路线的专线，大多是一些老牌专线，这些专线的生产经营规模比较大，但对专线做大的预期收益并不看好或专线本身现有的经营规模效益不及做精的收益。因此，在经过各方面的权衡之后，专线会选择走精品发展路线，以干线车辆发运质量上的优势来取代数量优势，谋求实现装运一台干线车辆的收益能抵上两台车的收益，靠质量取胜，减少无效劳动。

(1)专线做精的类型。

专线在做精的类型选择上有很多种，有以车型为选择标准的，有以结算方式为标准的，也有以货物外包装为依据的，但大部分专线会根据自身的经营状况来做出选择，主要表现在对客户的选择和对货物的选择上。

①挑选客户。根据专线的精编方向来选择客户，压缩客户规模。客户的选择标准可以有很多种，如选择现金结算类客户，选择高运价的一手货源客户，选择货物结构单一的客户等。挑选客户之后，专线可以在经营过程中实现为精品客户服务比为大量客户服务收获更高的效益。

②挑选货物。把那些不好的货物全部剔除掉，留下那些好货。专线对好货的定义可以理解为结构单一的纯重货或纯泡货、运价高的货物、易于装卸的货物、好配载的货物、不易损坏的货物等，压缩货物规模同样是专线做精的必由之路。

(2)专线做精的好处。

在专线行业进入微利时代的大背景下，老牌的较大规模专线既然会想到走精品专线这条路，自然是因为精品专线拥有比大规模的专线更吸引人的地方。专线走精品路线，拥有的好处很多。

①以更小的成本投入收获最大的经济效益。精品专线的一台干线车辆能够收获比走扩大经营规模专线发运干线车辆更大的效益，车辆的发运质量高，单位支出成本的收益高。

②专线的客户群小、货量少，能节省大量的服务资源。专线客户群小，管理方便；货量少则可以更好地控制货损货差，减少意外损失的产生。

③专线做精促使专线的目标市场转向高端精品客户，从此走出低端市场恶性竞争的怪圈，有利于提高专线的服务档次，树立专线高大上的形象。

④专线走精品路线的目的在于控制及缩小专线经营规模，减少固定开支，组建精干的服务体系，谋求精品客户和精品货物的最佳组合，实现收货运费差价收入和单车核算毛利润收入的最大化，减少无效劳动付出。

（3）专线做精的弊端。

专线走精品发展的道路，虽然可以节省很多的成本开销，省去了不少的麻烦，同时也能收获不亚于扩大经营规模时的经济效益，但是客户规模的缩小和货物量的减少会给专线后期的经营发展带来不可预知的后果，稍有不慎就可能造成专线经营规模不受控地持续萎缩。专线走精品路线应谨言慎行，不能盲目冲撞，除非准备转型，不再涉足专线行业。

①专线刻意缩减客户规模的普遍做法无非就是提价，有意驱赶客户，拒绝承运客户发运的货物等。专线这样做会在客户群中造成不良反应，形成很差的市场口碑，产生的后果并非专线所能控制，可能会导致专线客户群的急剧萎缩。等到专线悔悟过来，想要重新挽回声誉时，专线的品牌形象早已损失殆尽。事实证明，这种专线自废武功的做法会使专线名声变臭，从此难以在行业市场上立足。

②专线对货物的选择可能会比刻意缩减客户规模要好一些，专线挑选货物可以采取提价的方法，可以借口装不上车，也可以假借容易损坏之类的托词。但长此以往，会给客户一种专线服务能力不行的感觉，货量自然而然地下降，直到最后陷入无货可配的局面。

③专线想要做精，对大票稳定供应的打底货物的控制能力必须有十足的把握。在竞争日益激烈、市场情况瞬息万变的环境下，专线把命脉绑在单一货源上终究不是明智之举，万一大货没有了，专线又没有零担货物支撑，结局只有关门一条路。

④货量的减少会对专线的配载装车优化造成影响，更重要的是专线难以在后续的货物分流出库过程中发挥集中配送的优势，这一环节的降费增效操作将

成为空谈。而且由于货量减少，专线在中转议价和配送议价中将毫无主动性。

⑤由于没有大量客户和大量货源的支撑，专线寻求货物运费差价收入的想法会被市场竞争击碎，导致专线的经营状况恶化，同时专线行业同质化的发展也会使寻求做精的专线在市场竞争中不堪一击。专线客户流失、规模萎缩、利润回吐等状况的持续发展，最终只能转让关门或被人收购。

⑥专线谋求做精，容易形成一种精致利己主义思维，在生产经营过程中唯利是图，从而步入从客户减少到货量变小再到规模进一步缩小的恶性循环中。

3. 专线经营规模做大与做精的抉择

随着各种固定成本开支的不断上涨，市场竞争的加剧，专线行业从暴利时代转入了微利时代。在专线行业爆发时期成长起来的各大老牌专线正处在经营规模扩大之后利润反而不如以前的尴尬境地，心理反差巨大。专线到底是该做大还是做精成了一种行业困惑。其实专线经营规模的做大与做精并不是相矛盾的非此即彼的单项选择，老牌专线走出这种经营困惑的诀窍在于真正理解专线经营规模做大与做精的精髓。

(1)公路零担专线的立业之本在于零担货物并非专线本身，没有零担货物的支撑，专线也就成了无源之水，终将干涸。零担货物是专线行业里最广泛的存在，大量的零担货物代表着广大的客户群体，也代表着无穷的货源供应，再加上专线行业特有的群聚效应，专线经营走的是一条身不由己的、被推动着必须做大做强的道路。专线做大意味着客户群变大，货源供应更加充足，越有利于充分发挥专线各操作环节的主观能动性，实现综合效益的最大化。这是一条专线良性循环发展的必由之路。

对专线做精的理解，可以是树立品牌、做精品专线，而不应该是刻意地打击客户，精简业务规模。

(2)做精专线是一种经营的姿态，坚持经营过程中的有的放矢、宁缺毋滥的经营作风，保持专线发展中健康向前的良性生态。在专线进入平稳发展期后，对客户和货物的遴选甄别是专线健康发展的需要，但是绝对不是借此机会挑三拣四，除非专线考虑转型，否则刻意压缩经营规模的行为，会使专线走向万劫不复的境地。

(3)专线的做大与做精应相辅相成，在做大中做精，在做精中做大，只有这样才能在行业内树立品牌，做出精品，在市场竞争中立于不败之地。

2.2　专线股份制改造探讨

我国专线行业的市场主体大多是个体、私营经济，数量有将近百万之众，数目庞大。专线创业一代的市场生命周期通常在20~30年的时间，在行业经历20多年的发展之后，专线创业一代的市场生命周期即将耗尽。作为创业一代，专线老板内心对自己亲手创立的企业有着一种难以割舍的情怀，当然希望专线能够在行业里继续存活下去，甚至希望能做成百年的企业品牌。虽然中间有一部分专线经过转手之后进入了一个新的发展时期，但是更多的专线还一直处于经营期。在接下来的时间里，陆续会有越来越多的专线面临人员交替更新的情况。专线是继续存续下去还是转手变更将会是专线实体企业面临的突出问题，也会是专线行业发展的大问题。

20年的时间对于专线来说正处于发展上升期，但对于创业的这一代人来说，市场生命的黄金期已过，接下来要考虑企业的接班人问题。鉴于专线家族式企业的特征和专线行业工作特点的缘故，我们对专线的存续发展进行了大胆的设想，即专线的股份制改造，以期解决专线企业家们对专线存续发展的后顾之忧，对专线行业内铸造百年专线品牌有所帮助。

家族式企业的经营管理方式历来为社会所诟病。在我国的各行各业中，很多的民营经济体都会在发展过程中有一段去家族化的改造过程。只有淡化家族色彩，吸引社会人才，把家族企业转型为社会化企业，才能释放企业的活力。

私营企业的股份制改造有两种形式：一种是公司内部员工配股型股份制改造；另一种是员工和社会资本参股型股份制改造。从家族企业排外的角度来看，一般会接受公司内部员工配股型股份制改造即干股派发。由于专线的规模小，家族色彩浓厚，难以吸引社会员工参股，所以专线的股份制改造比较适用干股派发式股份制改造。在此，我们也仅以干股派发的方式来对专线的股份制改造进行探讨。

1. 专线股份制改造的动因

专线的股份制改造并不是一个新议题，其实专线在成立初期就可以引入股份制体制，实行股份制管理。几乎所有的专线仍在沿用传统的家族作坊经营模式，只是在家族式专线经营持续了近20年、面临人员的更新换代时，这种紧迫性更集中地表现了出来。作为物流行业内典型存在的大量个体、私营专线，在经营过程中滋生的各种陋习就已经反映出进行经营体制改造的必要性。

（1）专线老板独揽大权，掌控着专线的生死存亡，不利于专线的存续发展。专线是老板的私人财产，专线所有的大小事务都由老板说了算。在这种经营模式中，老板的话就像是圣旨，其他所有的规章制度都不如老板的一句话，专线的员工和制度对老板的行为没有任何的监督和约束作用。虽然专线的赚与亏都是由老板自担，但这种管理体制对作为经济实体的专线的发展极为不利。再者，老牌专线的老板大多从农民和驾驶员转换过来，本身的文化素养不高，喜欢凭经验经营专线，决策武断，在前无经验可供借鉴的情况下，极易造成决策失误。专线老板的强势严重弱化了专线其他人员的作用，万一老板出现了意外，专线的存续就成了未知数。

（2）专线未制定严格的管理制度或管理制度流于形式，各岗位、各团队无法形成发展的合力。

在专线老板家长式作风的影响下，专线是否制定了各项管理制度已经不重要，只要老板未带头执行，员工就觉得可以打破，所谓的管理制度也就名存实亡。没有制度的规范，专线的操作团队管理松散，难以发挥团队优势。

①操作团队做事无组织、无纪律、无主见，习惯于听候老板发号施令，大家做事畏首畏尾，不敢大胆创新。在私有专线里，按老板的吩咐去做是不需要承担后果的，老板在与不在现场，员工的工作场面有着天壤之别。

②关系各异的各种亲戚占据主要管理岗位，相互争宠斗气，甚至互相拆台的行为不但影响团队间的协作，还会在员工中传播溜须拍马的氛围。在家族企业里，亲戚是特权阶层的象征，似乎可以不受制度的约束。很多情况下，亲戚是破坏制度的带头人，在小小的专线里，亲戚多表示势力复杂，虽然权力都不大，但各自的拉帮结派不利于团队内部的建设，也不利于团队间的协作。

③专线的规章制度流于形式，无法做到用制度管理人，重新回到人管人的原始管理模式中。人管人的企业遵从任人唯亲的管理理念，无法留住社会人才，难以在管理中实现创新。我国的大量家族式专线刚好符合这种特征，管理模式陈旧、迂腐，企业的后续发展乏力。

（3）专线没有实行受益普惠，赚与亏都与员工无关，无法激发员工的工作热情。

这些年来，很多的专线都在尝试进行改革，希望能调动员工的工作热情和积极性，确实也有部分专线在某些方面的改革比较成功，如在搬运工操作这一块，有的按装卸货物的重量和体积计付工资，有的按装卸干线车辆的数量考核绩效，但专线整体的经营改革情况并不理想。专线做得如何跟员工毫不相干催生了员工群体的冷漠与懒惰，导致员工间的相互监督机制失效，工作热情全无。

（4）存续发展问题成了专线股份制改造的最大推动因素。

专线行业进入竞争激烈的微利时代后，专线的发展成了专线老板们不得不思考的问题。而在专线创业一代进入市场生命周期末端时，专线的存续发展更是老牌专线老板们集中关注的问题。一条专线的成立发展，直到近 20 年后的初具规模，凝聚了创业一代无数的心血，开专线不容易，想长期成功经营一条专线更不容易。我国整个专线行业的开创发展也仅 20 多年的时间，专线的存续发展毫无经验可借鉴，年轻一代的接班人不知道创业的艰辛，更不懂守业的艰苦。在新老专线人员更替期间，如果后继无人或接班人能力不行，专线就可能被迫转手或被迫关门，创业一代想把专线做长久的愿望也就落空。专线发展想要获得新的生命力，似乎只有实行内部股份制改造这条路最切实际。

2. 专线股份制改造的目的

专线股份制改造的最终目标有两个：一是解决专线后续发展乏力的问题；另一个是解决专线存续的问题。后续发展乏力几乎是所有个体、私营专线在当前市场环境下面临的问题，而专线的存续是一直持续经营了近 20 年的老牌专线即将面临的问题，这也会是后续进入经营周期的其他专线将会面临的问题。专线股份制改造的目的是要解决一系列的关于专线存续发展的问题，通过解决这些问题完善专线的经营管理体制，最终实现专线股份制改造的目标，把专线这一家族式企业改造成具有生命力又充满活力的社会化企业。

（1）全员参与构建专线员工利益共同体，充分调动员工的工作热情和工作积极性。

专线通过股份配发让员工持股，使员工都能分享专线的经营成果，构建专线的利益共同体，形成专线不再是老板一个人的，而是员工共同的专线的共识。与经济利益挂钩，最能推动员工的工作热情和工作积极性。

①激发员工自觉、主动工作的意识，积极参加专线的生产经营活动。员工主动工作，一方面表现在积极做好本职工作，另一方面是协助做好团队工作，完成团队任务。

②营造员工间、团队间、站点间相互监督和积极沟通协调的氛围，形成专线向前发展的合力。

③培养员工的主人翁精神，人人都是专线的老板，自觉参与专线的生产经营管理。

（2）引入市场经济下的企业管理体制，打破家族经营模式限制，优化专线的生产经营管理制度，为专线发展构建全新的组织结构框架。

打破专线家庭作坊式经营模式，确立其市场主体地位，按企业的组织架构来进行职权的分配，完善专线的各项管理制度，用制度去管理员工，约束员工的行为。

①组建专线的经营管理团队和操作团队，把专线的所有事务都交给团队处理，包括专线老板，都只能作为团队成员参与专线的经营管理。

②实行岗位责任制，专线所有员工定岗定职定责，任何人都无权越级

指挥。

③完善专线管理制度，按企业标准执行，打破亲属阶层的特权。

④明确专线老板的企业属性。专线老板在专线里是一个特殊的人物，在股份制的专线里，老板只能算作投资人，如果其不参与专线的生产经营活动，则只能享受专线的利润分红。而要是老板参与专线的管理，首先要明确其只是专线的员工而已，必须遵守专线的各项规章制度，按员工给予相关的待遇，绝对不能凌驾于专线之上。其次，必须剥夺老板的一切特权，只有老板放低姿态，主动放权让团队接手专线的经营管理，专线的存续才会成为可能。专线虽然本质上是属于老板个人的，但是老板本人是属于专线的，专线老板只有正确认识自己才能赋予专线新的活力。

（3）任人唯贤，广泛招纳社会人才，推动专线员工的社会化，为专线发展注入活力，解决专线的存续发展问题。

家族式企业有两种形式：一种是家族资本下的家庭作坊式企业，企业员工以家庭成员为主，大多跟老板有着或近或远的亲戚关系；另一种是家族资本下的员工社会化企业。这种企业里的家庭成员比较少，社会员工占比高。目前，我国的专线是典型的家庭作坊式企业，员工以亲戚为主，社会员工的比例低且大多不居要职，这就导致老牌专线面临着后期的存续发展问题。但是在专线实行股份制改造之后，由于有相应的股权激励和完善的企业管理制度保障，专线完全有底气推动员工的社会化，广泛招纳社会人才，以解决专线的后期存续发展问题。届时，专线老板仍然可以以专线投资人的身份享受专线发展的红利。

（4）留住专线经营发展需要的人才。

股份制改造可以让员工都享受到专线的经营成果，这是专线最吸引人的地方。在股份配发时，专线可以给予有能力员工以较高的股权份额，充分体现多劳多得、能者多得的公正公平原则，从而达到激发员工的热情、留住人才的目的。

3.专线股份制改造实施

我国的专线规模小，家族色彩浓厚，持续经营的时间不长，加上市场状况瞬息万变，专线能否长期存续令人生疑，很难吸引社会员工投资参股，所以专线的股份制改造只有实行员工配股一条路可走。员工配股的实质就是稀释老板权益，把老板的一部分股权拿出来分配给企业员工。这种方式的股份制改造比较简单，不需要核算企业的固定资产规模和企业的品牌溢价，企业员工只享有按持有股份比例所应得的利润分红，员工的股权只有在其成为企业员工时享有，如果员工离职，则其股权自动失效。员工配股式股份制改造，只是专线老板把一部分经营收益拿出来跟员工分享而已，并不会影响老板拥有专线所有权的本质。因此，专线老板在相关制度完善的情况下，可以大胆推动专线的股份制改造。

（1）员工配股。

员工配股是指专线老板拿出一定比例的股份配发给员工，员工按所持股份的比例分享专线的经营成果。专线给员工配股，通常会把拿出来的那部分股份按100%来计算，再按一定比例配发给员工，这样方便计算股权分红。为配合专线股份制改造的实施，专线最好给配股员工按约定内容发放股权证书，把专线股份制改造成果以凭证的形式固定下来。

员工配股看似简单，其实有一些细节问题需要注意。

①专线由专线老板全额投资，自负盈亏，员工不投资参股。员工的工资收益不受股权影响，无论专线盈亏，员工工资照常发放。员工持有的股权只享受股权证书中约定时间内的经营收益，不享受专线的发展收益，只要员工离职，股权便自动失效。如果员工投资参股则另当别论，至于专线为留住人才，给予老员工长期留任工作的股权激励，我们也暂不讨论。

②员工配股应保证股份体量充足，不应小家子气，否则专线的股份制改造收效甚微，难以达到股权激励效果。专线老板最好能拿出不低于40%的总利润分配给员工，这样才能起到激励员工的效果。虽然看似专线老板的投资收益减少了40%，但是如果专线改制成功，员工增创的效益可能会更大，而且专线的成功改制不但解决了专线的存续发展问题，更减轻了专线老板的思想负担，综合效益分析，专线老板的这笔投资是值得的。

③员工配股应全员参与，遵从公平公正原则。专线股份配发应体现员工普惠形式，人人享有，同时又要区别对待，遵从公平公正原则，实行按能力划分，贯彻多劳多得、能者多得的思想。股份的平均分配会严重打击骨干员工的积极性，反而会加剧专线的人才流失。

④授发股权凭证。在口说无凭的交际习惯下，专线应给员工授发股权凭证，以书面凭证的形式固定下来，给员工服下定心丸。

（2）成本费用支出公示。

员工股份配发之后，所有员工都成了专线的股东。参照股份制企业的管理，专线应向员工公示成本费用支出包括场地费、干线运费、广告费、资产折旧费等所有与专线利润核算相关的经营性费用。而像新增固定资产投入一类的支出，则不应记录其中，否则有失公允。专线所有但未记录股东预算类的资产使用费用，应参照市场定价原则计提成本费用。专线送货车的营运本身也与专线的主业无关，最好单独核算。当然，如果股东都同意纳入专线的生产经营，则可以计入其中。专线的成本费用支出公示，要体现公正原则，最好获得员工的认可。

①专线老板应以员工的身份制定工资标准，计入成本费用，但不应配发股份。在一些大类经营性支出和营运支出中，专线老板最好能获得骨干成员的同意，协商一致，避免侵害股东权益之嫌。另外，专线老板的私人支出必须以借支的形式体现出来，包括当中的资金抽调行为，这是对股东、对专线负责的态度，是公私分明的体现。

②新开设专线因为存在前期经营亏损的可能，因此在进行股权分配时，应该把亏损金额和经营投入做一定的合理分摊，由股东共同承担，在专线收益核算时进行相应地扣减。而老牌专线则不存在这种情况，但是也应该对所投入的固定资产和流动资金作出明确的公示。

③对于那些新发生的经营所需要的固定资产的购置投入，专线应该做出合理的分摊，以使用费用的形式计入成本。

④基于固定成本开支都是在使用股东的钱的出发点，专线应该把固定成本开支以股东认可的形式确定下来，包括员工数量、员工工资、生活费和住宿费等。

（3）经营收入公示。

专线的经营收入应是股东参与的生产经营活动中所取得的所有收入，包括专线老板的经营性获利。股东享有的经营性收入必须以托运单的形式确定下来，避免收入漏记。而专线老板的非营运收入如出售固定资产获得的收入、未计提成本的第三方仓储收入等，则不应记入股东权益。

（4）收益核算及公示。

专线的收益核算最好还是以单车效益核算为基础进行核算，这样简单方便，而且还可以对每天的效益进行预估。专线财务应每天出具财务日报表，每月出具月报表，每次出具的报表必须由股东代表三人以上签字确认，并当天公示。专线的经营利润必须严格要求每月核算一次，核算结果确认之后，由财务按员工的持股比例记入员工权益，再由员工签字确认。由于专线的生产经营活动存在一定的滞后性，专线的月收益核算报表出具时间可以适当延后，但不应晚于次月10日。股份制改造之后，专线对财务人员有了更高的要求，任何细微的失误都可能造成财务数据的严重失实，这既会损害专线老板的利益，也会损害广大员工的利益。

所以，专线财务人员要坚持公正公平原则，一丝不苟地做好专线效益核算工作，保证所有的财务统计数据真实有效，维护各方的利益。

（5）股东分红。

股东分红是专线股份制改造实施后，践行对员工股份配发承诺的过程。股东分红能使员工切实分享专线的经营成果，真实感受到专线对员工承诺的兑现。其实对员工来说，在有基本工资保障的情况下，能享受到专线的分红，简直就是一笔意外的财富。股东分红不是简单地向员工发钱，而是一件十分讲究技巧性的工作。

①股东分红不能与员工工资发放混为一谈，员工工资是专线的固定成本支出，是在员工入职时就已经商谈确定好的劳动报酬，而股东分红则是专线给予员工所分享的专线经营利润。对于传统的打工者来说，股东分红跟其入职专线的初衷没有关系，可以理解为专线对员工的额外绩效奖励，是员工的意外财富。

②股东权益计算出来之后该如何发放，是专线应该与员工认真探讨的问题。按照一般企业绩效发放的传统惯例，员工红利每个月的发放比例应在60%至80%，剩余的年底一次性发放，中途离职员工未发放的分红，不予补发，以此鼓励员工坚持做满一年，谋求充分享受企业红利。为突出员工分红的年底累加效果，建议专线按每月员工应得分红的60%发放红利，这样操作起来，员工年底可以分得大笔红利，心理刺激作用明显。

③股东分红何时发放也是一个问题。在现阶段，专线的客户有很多是实行回单付和月结支付，这需要专线垫付大笔的资金，专线员工为了表示支持专线生产经营活动的决心，同时也为了切实保障自身的利益，应该主动把股东每月分红时间往后推一个月，即在员工权益计算出来之后的第二个月进行分红。从专线月结账结算的时间节点来看，股东分红时间定在每月的25日左右最理想。财务状况好的专线可以考虑每个月实时进行股东分红，而且年底最好一次性完成当年的分红结算。

④专线老板要坦然面对股东分红。面对股东分红时大把的钞票发放出去，商人的势利眼可能会爆发出来，但是专线老板应该坚信自己的做法是正确的。专线老板首先要从财务数据中去寻找答案，看看员工的分红到底拿走了专线多少利润。其次，分红刺激了员工的内心，坚定了员工忠诚地为专线努力工作的决心，专线因此收获了优秀的员工，组建了优秀的团队，解决了专线存续发展的问题。最后，专线股份制改造后，专线老板的心理负担大幅减轻，花钱买了个轻松，获得了人变轻松、钱也赚了的大回报，更何况赚的钱并不会比以前少很多。

4. 专线股份制改造注意事项

专线股份制改造目前还只是一个畅想，没有可供借鉴的经验和案例，不过从专线行业的特性来分析，这将会是广大个体、私营专线解决企业存续发展问题的一个比较好的方法。专线的股份制改造过程并不复杂，也许只需要十天半个月的时间，但是专线实行股份制改造本身并不是目的，而是想借股份制改造为专线注入新的活力和收获更大的发展空间。所以，要想达到股份制改造的目的，专线有很多的细节问题需要注意。

（1）专线站点间合理配发股份。

专线服务不同于其他服务行业，是典型的双向服务，既需要为发货人提供服务，又要为收货人提供服务。虽然这种双向服务处于专线服务的同一链条上，但是两项服务的提供地域不同，专线必须同时布设两个站点才能保证双向服务的完整提供。专线的两个站点无法打破空间限制，但又缺一不可，因此专线的股份制改造必须合理平衡两个站点间的股权分配，做到站点间的股权配发协调平衡。

（2）为应对股份制改造实施，专线需要完善各种配套管理制度。

股份制改造实施完毕后，专线的经营管理就不再是家庭作坊式经营模式，而是实行市场化的企业管理体制。为了保证股份制改造顺利实施和取得预期的实施效果，专线应全面完善各操作环节和操作细节方面的管理制度，去除人为因素，用制度去管理员工，约束员工的行为。

（3）合理利用人才，组建专线操作团队和管理团队。

为老板减轻负担也是专线股份制改造的目的之一。而要想弱化老板的作用，就必须合理利用人才，组建专线的操作团队和管理团队，同时提升团队在专线生产经营过程中的地位。因此，为配合股份制改造的实施，专线必须提拔重用骨干型人才，组建专线的操作团队和管理团队并不断强化团队的作用，把大量的专线经营管理事务交给团队去完成。通过角色转换，把专线家庭作坊式经营模式转型为员工社会化的企业经营管理模式，实现从老板主导型专线向团队主导型专线的转变。

（4）重点考察员工的人品，预防骨干员工跳槽或辞职单干。

我国专线行业是公认的人才紧缺行业，员工跳槽的频率很高。以往有很多的专线发生过骨干员工辞职单干，重新开设一家同向专线的情况，专线本以为培养了一个人才，最后却培养了一个竞争对手。正是由于害怕骨干员工辞职单干，专线老板往往会把大量业务抓在自己手中，事无巨细、亲力亲为。不过，随着专线行业的进入门槛不断提高，员工想要辞职单干越来越困难，但是防人之心不可无，为防止核心资源流失，专线的人才选用应重点考察员工的人品，尽量把高情商的人才分配到核心管理团队中去。所以，专线在股份制改造中的团队组建时，应看重骨干人员的情商，多用高情商的管理人才，并用诱人的员工分红来留住人才。

2.3 专线横向与纵向发展问题

专线在开设初期，主要是针对主货源方向来开展经营活动，如上海到重庆专线，货物的主要流向是从上海发往重庆，因此专线的初期经营目标是全力承接上海市场上的货物，以配载装车发往重庆，先把上海到重庆这一单一方向的发运线路做好。从专线行业各市场主体的经营成效来看，专线主流货源方向的成功经营基本上能够维持专线自身的经营开支并实现盈利。实际上很多的专线也仅依靠这种单一方向的经营来生存，即专线的两个站点，一个站点只负责承接货物，另一个站点只负责分流货物，没有实现专线两个站点之间的货物双向对发。但是，当专线的单线方向经营发展达到一定的程度之后，想要再扩大经营规模已经是很困难的事情，于是为了寻找新的经济增长点和利润来源，专线必定会采取全新的破局手段，以期做大做强。

目前，在不转型的前提下，专线的发展破局主要体现在横向发展和纵向发展上。横向发展主要是扩大专线的经营范围，展开多种经营；纵向发展主要是做好专线返程货物发运，实现站点间货物的双向对发以及向下拓展延伸服务。

1. 专线横向发展

专线的横向发展计划实施主体主要是专线发运站。专线发运站在专线的生产经营中占据着十分突出的地位，拥有十足的经营管理资源。首先，专线的注册地一般会选择在发运站所在的城市，这里通常是我们所认可的专线总公司；其次，专线的广大客户群在这里，方便专线在实施横向发展计划时，能找到相匹配的资源；再次，专线所有的精英团队包括业务团队和操作团队都在发运站，这就使专线拥有实施横向发展计划的配套资源；最后一点，也是最主要的决定性因素，鉴于专线发运站在专线生产经营中的重要地位，专线老板通常会在这里蹲点，直接参与制订实施专线的横向发展计划，推动专线扩大经营范围。

（1）增开新线路。

专线的成功经营需要投入相当大的人力、物力和财力，实力一般的老板只要能把一个方向的线路经营好，就已经很不错了。我国专线行业内，大部分的专线老板往往会把精力放在某一条线路的经营上，而那些实力雄厚的老牌专线由于客户资源丰富，同时又拥有成功经营专线的丰富经验，可能会热衷于增开新的线路，以此来扩大专线的经营范围，实现专线多元化的经营。专线增开新线路在本质上相当于新开一家专线。老牌专线增开新的线路，因为拥有成功开设专线的经验，深谙专线的经营之道，加上各种配套资源好，经营起步会很快，所以基本上不会经过长时间的过渡期。但是，即使能有这样的效果，增开新的运营线路对于个体老板来说也会是一个不小的挑战。

专线要想增开一条新的线路并获得成功，必须有很好的配套资源支持，具备合理优化配置和有效利用资源的能力。专线新线路的营运会分流老线路的资源，对专线的已有线路造成一定的影响，因此专线老板必须合理地统筹分配资源，避免顾此失彼。新线路的增开对专线的硬实力有比较高的要求，并非空喊口号就能实现。

①资金保障。专线老板增开新的线路，最大的保障在于资金雄厚。专线增开新的线路，可以在发运站实行场地、相关设备设施等资源的共用，不需要像新开设专线那样一切从头开始，这可以为专线节约很多的资金，但新线路对应的到达站则需要重新布设。借助于专线现有的客户资源，新线路的经营起步会比较快，资金需求会不断扩大。另外，由于专线的现有线路经营比较成功，在经营自信的刺激下，新线路的开局起点会比较高，投入的资金也会增多。

②人员支持。专线新开线路在人员安排上会比较轻松。一方面，专线可以从老线路中抽调部分老员工过来；另一方面，专线也可以为新开线路提前布局，利用老线路培养、储备人才。在新线路起步阶段，专线甚至可以采取新老线路共用发运站操作团队的方法来开展新线路的生产经营活动。但新开线路的到达站必须配备一帮熟悉服务目标区域市场情况的全新人马。

③业务支撑。专线增开新线路最大的底气在于有业务支撑。增开营运线路是专线扩大经营范围、增强自身实力的行为，不同于专线在成立初期时的那种艰难的起步，专线的新线路主要是奔着能快速发展，迅速产生利润而去，希望取得投资见效快的效果。所以如果没有大量的业务支撑，专线也不会随意考虑增开新线路。当然，专线出于发展战略规划目的而增开新线路的行为，应另当别论。

（2）开发第三方物流业务。

在专线人眼里，第三方物流业务无非就是通过统一报价直接承接发货人的货物发运业务，以代发货人发货来赚取运费差价，这也就是行内人通常所说的卖货。大多数的第三方物流公司就是靠倒卖货物赚取运费差价来生存。第三方物流业务的操作非常简单，技术含量不高，基本操作流程为：通过某种关系以较高的报价承接客户的货物发运业务，然后以较低的价格把货物交给相对应的专线发运，由专线来完成货物发运任务。第三方物流业务除了可能需要比较大的垫资之外，固定成本投入小，操作简单，所以开发第三方物流业务会是专线扩大经营范围比较好的选择，更何况专线本身就具备很大的优势来开发第三方物流业务。

①专线的客户群广大，方便从中开发有第三方物流需求的客户。专线在长期的经营过程中，或多或少会接触到一些直接的厂家客户，这些客户都会有潜在的代发业务需求，而且这种第一手的货源本身就能给专线较高的承运价格。因此，专线的经营时间越长，就越有利于开发第三方物流业务。

②专线熟悉第三方物流业务操作流程，发运方便。大大小小的第三方物流公司是专线的主要客户群体，经常的业务往来能使专线熟悉第三方物流的操作方法，专线要是开展第三方物流业务，基本上能做到轻车熟路。另外，专线所处的物流园区内基本上都是专线同行，专线承接的第三方物流业务在所在园区内就基本上能完成发运，而且发运的成本也不会很高。

③第三方物流业务作为专线的补充，能增加专线的营业外收入。第三方物流业务是专线主业之外的业务，是专线实现多元化经营的需要，能为专线增收创利，但专线不能本末倒置，不然就变成转型发展成了第三方物流公司，进而荒废了主业。正是由于大量专线以较低的报价进入第三方物流市场，严重挤压了第三方物流公司的生存空间，逼迫第三方物流公司转型。近年来，大量的第三方物流公司迫于生存压力，纷纷转型进入专线领域，开展多元化经营。

④以专线的身份争夺第三方物流业务往往能收获意想不到的效果。第三方物流公司跟专线相比价格没有任何的优势可言。除了驾驶员外，专线收取的已经是货物的最低承运价格，而且如果借助配载装车的效益，专线甚至可以把价格降低至比发运成本价还低的水平。因此，如果以专线的身份杀入第三方物流市场，专线的优势明显，同时借助于专线所在园区的资源优势，即使专线在大幅低于传统第三方物流公司的价格的情况下，也能在操作第三方业务中实现获利。

⑤专线经营第三方物流业务的固定成本开支少。第三方物流业务的类型各种各样，有到付的，有月结的，有大企业的、也有小企业的，专线可以根据自身的实力进行选择性开发，量力而行。站在专线主业经营的角度上来看，专线经营第三方物流业务的固定投入少，有的第三方物流业务甚至只需要一台小货车就可以操作。当然，像大企业的那种需要大额垫资的第三方物流业务，获取的回报肯定也会不一样。

（3）提供仓储服务。

专线要想提供专门的仓储服务的可行性不大，一方面是因为物流园区场地紧俏，单价高，专线不可能租赁大片仓库来做仓储；另一方面是专线赚取客户仓储费差价的可能性很小。因此，专线只能在现有场地上提供仓储服务。

专线提供仓储服务主要是在主业范围内进行，旨在提高现有场地的利用率，不至于浪费场地资源。专线的场地通常是为客户提供短时间的仓储服务，如果场地空闲多，也可以为一些固定客户提供长期的仓储服务，当然这些服务都是计费的。专线要想在自有场地提供仓储服务，必须加快货物出入库的速度，提高仓库的周转率，充分利用场地空间。

2.专线纵向发展

横向发展是专线充分利用已有的资源，扩大经营范围，展开多种经营的一种发展思路，虽然也能够把专线做大做强，但是经营范围的扩大会造成经营项目增多。由于主业经营利润越来越低，专线会把更多的经营线路资源分配到各项目中去，最终本末倒置，形成事实上的转型发展。专线的经营项目多而不精，无法提高市场竞争力，反而会使生命力下降，实际上这对专线的发展极为不利。纵向发展则不同，纵向发展是专线围绕主业把市场做精做细的表现。

专线的纵向发展实施，首先是按线路的主货源流向展开经营，做好专线的单向生产经营，接着反向开展业务，实现发运站与到达站之间干线车辆的双向对发，建好第一级循环系统。接下来再按货物流向建设下一级的循环系统，以对第一级进行支持，从而形成一整套完整的专线营运体系，实现系统内的良性循环发展。(图7.1)

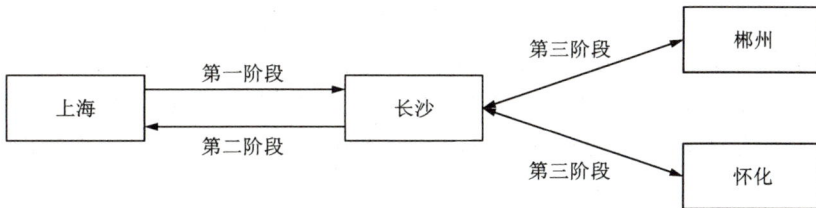

方案1

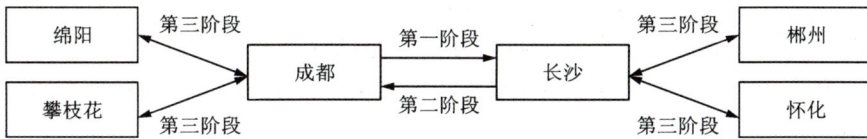

方案2

图7.1 专线纵向发展方案

（1）纵向发展体系建设。

专线的纵向发展是一个循序渐进的过程，必须一步一个脚印夯实基础，先做好第一阶段，然后再做好后面的工作，最终形成以点带面、以面养点的局面，这将是一个闭路循环系统，整个网络自成体系，构建成专线完美的生态链条。

①第一阶段是在中心城市间开设专线，按主货源流向做好单向经营。专线按主货源流向从单向经营开始做起的优势明显，服务资源配置简单，能做到快速起步。实际上几乎所有的专线都是从单向经营开始做起，专线只要把主货源流向方向的经营做好，基本上就能实现获利，有很多返程货物少的专线就是依靠这种单一方向发运来生存。专线单向经营最大的缺点是干线运输车辆的控制性差，难以保证每日的用车需求，车辆的供应会成为制约专线规模扩大的瓶颈。

②第二阶段是承接返程货物，由专线到达站向发运站发运货物，实现站点间货物的相互对发。干线运输车辆的营运是以趟来计算的，一来一回算一趟，总运价会在每趟的计算中维持稳定，如果回去高，则过来低，反之亦然。专线的单向发运，一方面只使用车辆却没有自行供应车辆，另一方面无法享受车辆运价此消彼长带来的综合效益。这对专线的稳定经营和收益最大化极为不利，所以专线做返程货物的发运十分必要。从某种意义上来讲，在专线成本费用一定的情况下，返程发运的盈利就是专线的纯利润。

从货物发运流向来看，专线的返程货源无法跟主货源流向相比，因此返程干线车辆的发运数量会比较少，但专线也不能放弃，要坚持做到能发多少是多少，只要能发车就可以提高专线车辆的自持力，如果要是能实现站点间的完全对发，那么专线就完全构建好了自己完整的第一生态，其竞争力将所向无敌。这才是专线保持旺盛生命力的根本。

③第三阶段是根据专线的货物服务要求，向下延伸提供服务，以加盟、联营或自建的方式构建服务网络，从而形成对第一经营链条的支撑。第三阶段的构建最好能有货源上的强大支撑。当然，专线也可以满足于第一生态链的完美建立，放弃继续向下纵向发展。虽然第三阶段对专线的要求很高，但是从行业的竞争态势来分析，如果专线能打造好下一级的完整服务网络，而且是自建的网络，那么专线就决不会再害怕行业内任何的洗牌和打压，必将成为行业中的常青树。

（2）纵向发展的积极意义。

众向发展是专线在主营线路上进行精耕细作、补齐营运短板的经营思路。不同于横向发展，专线在纵向发展中的所有资源处于高度集中状态，致力于专线服务链条的完善，以使专线的发展进入良性循环状态，从而提高市场竞争力。

①专线集中精力深耕市场，根据市场需求的变化不断完善服务提供系统，做精做细市场。专线最有深意的是"专"字，可以说是由专一、专心而变成专业。专线经营的线路固定，服务的目标区域固定，只要做好专线主业内的事情，就能达成经营的目标。

②纵向发展能促进专线服务链条建设，建成专线良性循环的生态圈。在专线的服务链条中，货物是单向流动的，而车辆处于循环系统中。专线是车辆的需求方，如果专线对车辆的供给没有任何的影响力，那始终会受到车源供应的威胁，这就好比单腿走路一样，没办法走稳，而且最容易摔跤。专线做返程业务的目的就在于对车辆供应的支撑上。无论能做多少业务，只要能保证正常发运就可以给发运站以车辆供应上的支持，而要是能够实现双向平稳对发，那就能达到专线干线车辆完全的平稳自持，从而进入专线经营的良性循环发展中。

③纵向发展会是专线直面市场竞争的最大底气。专线行业整合的风声四起，各路资本跃跃欲试，近百万的中小专线能有多少不被整合掉，谁也无法给出答案。但是有一点可以确信，纵向平衡发展做得好的专线，一定生命力更强。将来能在专线市场上与大资本共存的只有那些专注于主业经营，完整构建自身服务供应链条的专线。专线的纵向发展或许就是我们要寻找的那个"中小专线如何在大资本的绞杀中存活下来"最完美的答案。

第三节　落地分流试析

落地分流模式在专线行业早已存在，最早出现的是专线将落地分流业务外包给朋友专线或合作专线，后来发展到由多家相同到达站的专线构建配送中心，直到近几年开始出现纯商业化运作的专业落地分流企业，即物流行业内通称的落地配企业。落地配企业是物流行业分工细化的产物，是专线行业专业化分工深入发展而产生的全新业态。现在，我们试着分析的就是专门针对专线专业化落地分流运作的落地配。

3.1　落地配存在的现实基础

落地配是一种生产组织形式，是指取代专线到达站，通过收取一定的服务费用，专门为专线提供落地分流服务的物流服务组织形式，是专线行业分工细化的表现，也是专线降低成本开支、优化资源配置、提高经济效益的一条出路。

专线的服务提供必须具备两个站点即发运站和到达站，否则无法提供完整

公路零担专线务实
（实操版）

的服务。近年来，随着场地费用和人工成本的大幅上涨，专线的经营压力不断增大，加上市场竞争的不断加剧，专线的利润被压缩在很低的水平。如何降低经营成本成了专线，特别是那些单向发运且发车量小的长途专线不得不重点思考的问题。

专线发运站在专线的生产经营过程中起着主导作用，又是专线的总部，发运站在费用精简方面的操作余地很小。而到达站在专线生产经营过程中所处的地位却不同，专线的到达站在专线的生产经营中处于从属地位，在仅实行单向发运干线车辆的专线中，到达站主要发挥着落地分流的作用，而且在专线货量小、干线车辆发运少的情况下，专线到达站降费增效操作意义不大。因此，到达站是专线生产经营中的软肋，成了专线想甩却甩不掉的包袱。

（1）专线到达站固定成本开支大。

专线到达站的固定成本开支包括场地费、员工工资和食宿及其他一些支出，这部分开支是固定的，即使专线不开展生产经营活动，也是必须支出的费用。到达站的固定开支大，具体体现在以下几个方面。

①每天的固定开支金额高。专线到达站的每天固定开支到底有多少，我们可以以长沙物流园区的收费情况来做参考进行分析。按照专线平均每天到一台半挂车和四名员工的紧凑型人员配置来计算：150 平方米的仓库平均每天的场地费支付 150 元左右，员工工资加住宿费 600 元，办公及其他费约 100 元，合计 850 元，这是最保守的估计，实际支出费用会更大。如果场地大一点和贵一点，员工再加一两个，那每天的固定开支就需要 1000 元以上。这部分开支与专线是否进行生产作业无关，如果再加上一些设备折旧费用、叉车加油等经营性支出，那需要支付的费用就还要多。

②节假日时间长，无效生产时间多。我国的节假日时间一年有 100 天左右，这就意味着专线的有效经营时间只有 260 多天，规模小的单向发运专线本身的货量就小，在有效经营时间里不发运干线车辆的情况时有发生，这无形中推高了专线的成本开支。

③到达站没有返程业务洽谈，没有任何收入来冲抵成本。专线的到达站没有返程业务，只是单纯地发挥落地分流功能，其所有的支出都必须计入专线的总成本中，冲抵专线发运站的营业收入。这样一来，计入到专线每台干线车辆上的分流成本会很高。

如果按前面专线到达站每天固定支出 1000 元，年发运干线车辆 260 台来算，专线每台车的固定分流成本在 1400 元左右，这还不算专线的经营成本。当然，在固定支出不变的前提下，专线发车量增多，单位干线车辆的分流成本也会降低，但专线的发车量一旦增多，相应的场地支出和员工支出也会增加，其他的经营性支出也随之增大。

（2）专线到达站的工作内容简单，降费增效操作意义小。

专线到达站主要是发挥货物分流功能，对专线服务提供起承接作用，除了保持专线服务体系的完整性外，更多的是增加专线的成本费用开支。

①到达站工作内容简单，操作的技术含量低。专线到达站的主要工作是组织实施卸车入库和分流出库操作。这些操作简单，技术含量低，而且在当前零担货运市场上快运企业强势介入的背景下，专线一台半挂车装运的零担整车货物能有 30 票就相当不错了。如今专线承运的基本上都是大票零担。这就大大减轻了卸车入库和分流出库时的分货理货工作量，使员工的操作工作变得更加简单。

②专线到达站车辆少、货量小，降费增效操作难以实施。专线到达站实行降费增效的环节主要是集中配送和中转分流。集中配送的降费增效主要表现在大量小票货物的集中配送，以降低单位配送成本，而中转分流的降费增效操作主要体现在中转商的选择和中转费用的议价上。但是在专线发车量小、货量少的情况下，集中配送没有任何的现实意义，中转商也难以给予多大的运价优惠，因此到达站无法在操作中展现出为专线增收创效的价值。

（3）专线到达站的存在，增加了专线的固定投入和管理难度。

到达站作为专线服务一体化的重要实施主体，直属于专线管辖。专线在经营过程中必须同时对发运站和到达站进行建设和管理，否则会造成操作脱节，无法提供完整有效的服务。因此，专线在开展经营活动时，必须花费大量的时间、金钱和精力建设到达站和管理到达站的日程运营。

①到达站的设立必须参照发运站来进行同等条件的配置，前期投入大。到达站的设立必须与专线所提供的服务相匹配，与发运站处于对等的位置，到达站的场地、员工、设备设施等的配置都需要投入大量的资金，这无疑会增大专线的资金压力，却又是非做不可的事情，而且后期还要持续不断地投入。

②员工管理难度大。专线在经营过程中管理难度最大的不是业务，而是员工。在当前人员工资上涨、人才缺失的情况下，专线员工难招聘更难管理，更何况到达站经常处在老板缺位的情况下开展生产经营活动。另外，专线属于意外多发的行业，员工的管理涉及员工的招聘、员工的协调、员工的意外伤害等，每项工作都让专线老板头疼。

③专线到达站经营过程中的各种突发状况多。专线到达站在经营过程中，还会碰到其他各种各样的突发状况，如果到达站负责人能力不行，专线老板又会摊上一大堆的事情。事实上，很多的长途专线老板都不是到达站所在城市的人，即使是本地人，在碰到诸如中转货损货差理赔、工伤、税务检查、配送意外

等突发情况时，都得亲自解决问题。大多数专线到达站的经营实践证明，专线老板实际上就是在以消防员的身份经营自己的到达站。专线老板花费大量的精力管理到达站，导致无法潜心拓展业务，这样必定会影响专线发运站的经营管理和市场开发。

3.2 落地配操作

落地配是为解决专线到达站的困难处境而产生，通过与专线合作全面取代专线到达站，从而成为专线事实上的到达站。落地配以企业的形式存在，根据与专线约定的收费标准，按专线到站卸车数量来计收落地费用，专线货物的分流费用则另外计收。这就相当于专线的到达站操作全部外包给了落地配企业，形成了专线行业里专线只负责装车发运和干线运输，后续的到站卸车和货物分流则由第三方承接的全新专线运营模式。

1.落地配操作流程

落地配作为专线行业内的全新业态存在，替代专线到达站为广大专线提供专业的落地分流操作服务。落地配发挥着专线到达站的作用，其操作内容与专线到达站的操作内容相同，但是作为单独的经济体，落地配企业依靠提供专业的落地分流服务生存，其生存和发展有着自身的生态体系。

（1）与专线洽谈合作方案，确定合作关系。

配落地企业的目标客户是所有有落地分流服务需求的专线，双方的合作是建立在落地分流服务供需基础之上。落地配企业为专线设计的服务方案，应从专线的实际需求出发，确保专线能以较低的成本费用支出获得专业的落地分流服务，从而完全取代专线的到达站。落地配企业与专线合作的焦点问题，反映在以下三个方面。

①落地费。落地配企业按到站干线运输车辆的数量向专线收取落地费，落地费的计收不应高于专线到达站的固定费用支出。当然，如果落地配企业可以为专线提供无与伦比的服务，收费高一点专线也是可以接受的。

②货物分流费用。货物分流费用是专线的营运成本支出，这部分费用支出的大小跟专线的业务直接相关，而且货物分流是专线降费增效的控制性环节，也是专线的服务提供环节。货物分流费用的弹性空间大，计费受外部因素影响大，双方的合作应明确货物分流费用计收依据。落地配企业的代为货物分流操作不应使专线的利益受损，如果能做到比专线到达站的自行分流更有效益，则更能吸引专线参与合作。

③服务保障。专线的发运站和到达站是一体化的存在，到达站的服务质量

高低会影响发运站的业务开展。从对服务提供的掌握力度来看，专线会更倾向于自建到达站来操作落地分流服务，这与成本支出大小关系不大。因此，成本费用因素并不是落地配企业吸引专线谋求合作的最大亮点，关键还是要看服务保障能力，落地配企业要能提供专线所期望的服务，能融入专线的服务供应链中。当然，在保障服务的前提下，需要专线支付的费用越低，就越有吸引力。

（2）进行落地分流生产准备工作。

落地配企业是以为专线提供落地分流服务而存在的，其在专线行业的地位相当于专线的到达站，只是服务对象并不是某一家专线，而是众多的专线同行。落地配企业主要靠收取专线的落地费生存，在服务收费偏低的情况下，如果客户过于单一，则难以在市场上生存。

落地配企业为专线提供的是专业的、系统的落地分流服务，由于服务的客户多，在生产准备时，并不像专线设立到达站那么简单，而是需要进行全局性的统筹布局。

①场地、人员、生产设备、办公等相关资源配置。落地配企业的固定资产投入和成本费用，由企业自身承担，专线客户只支付到站车辆相关的落地费，这也就是落地配企业的经营收入。由于专线支付的落地费都是精简后的数额，落地配企业如果采用一对一的资源配置模式来提供落地分流服务，则难以获利生存。所以，落地配企业必须对服务资源进行统筹安排，合理配置，尽可能提高资源的使用效率，只有这样才能提高单位成本产值，赢得获利生存空间。

②货物分流安排。货物分流包括配送和中转两个方面，落地配企业应提前布局，做好生产衔接工作。落地配企业进行货物分流操作时必须关注专线客户两方面的诉求：一是货物分流的时效和安全性；二是货物分流的成本费用。这才是双方能达成合作的根本。如果合作双方采取底价操作原则进行货物分流，那么货物的分流环节可以成为落地配企业的一个有效利润点，通过大量货物的集中配送和统一中转，在不损害专线客户利益的前提下，能为落地配企业带来丰厚的利润。

③物流操作软件系统对接。落地配企业的客户可能是全国各地的专线，大家使用的物流操作软件各不相同，落地配企业为使生产活动顺利进行，必须与各专线的系统数据进行有效对接，实现相互间的数据共享。如果无法实现系统对接，落地配企业则可能会面临需要同时操作多个软件系统的情况，即落地配企业的自有系统与各专线的系统不相同，这样会浪费大量的人力资源，增加落地配企业的人员成本开支。

（3）落地分流操作实施。

落地分流操作实施就是落地配企业为专线提供货物落地分流服务的过程，

其操作内容跟专线的到达站操作内容一致，主要是负责货物的卸车入库和分流出库操作。

（4）落地分流费用确认与结算。

落地配企业与专线进行货物落地分流服务合作，有预付费用和先服务后付费两种方式，但不管采取哪种方式，最终都要进行费用的确认与结算。从双方的合作层面来看，我们比较倾向于采用先提供服务后结算的方式，在有标准分流费用依据的基础上，建议推行当日到站车辆的落地费用次日结算。

（5）落地分流操作后续服务。

落地配企业的后续服务包括货物的跟踪反馈、货损货差理赔、协助返货带回、回单的收集返回等，这些都是落地配企业必须跟进提供的服务。

2. 落地配企业操作注意事项

落地配企业是靠货物的落地分流服务来赢得专线客户合作，而不仅仅是依靠替专线节省成本费用开支。服务做不好不仅会影响落地配企业的收益，砸自己的招牌，也会砸专线的牌子。因此，落地配企业做好落地分流服务，不仅是自身生存发展的需要，也是保障专线落地分流服务的需要，专业落地分流服务就像一把双刃剑，用好了两利，用不好双杀。落地配企业在落地分流操作实施过程中，为保障服务、增加效益，有很多的细节问题需要注意。

（1）合理安排干线车辆卸车。

落地配企业的合作客户不可能是一家专线，每天卸货的车辆会有很多，哪家的车先卸、哪台车先卸是很讲究的事情，而且专线大都是晚上装车，清晨到站，车辆扎堆到达是很常见的事情，这就给落地配企业的卸车安排增加了很多困难。落地配企业在安排卸车时，通常会采取先来后到原则，但在特殊情况时，也要为客户考虑，适当做优先卸车安排。

①急货车辆优先卸货。货物紧急的专线必须提前备案，并予以公示，以取得大家的谅解。在专线都想优先保障自家服务的情况下，应有共识性的紧急事件，但也不能滥用，经常借口紧急卸车要求的专线可能会影响服务公平提供原则。在正常时期，到站车辆必须排队，按到站时间先后顺序卸车。当然，急货车辆必须优先安排，必要时可以插队。

②有大货需要大车送的车辆优先安排。干线车辆装有大票货物，说明需要卸下的货物相对少一些，提前安排装有大票货物的车辆卸货，可以加快卸车进程，减少后面车辆的排队等待时间，同时也能为大车留有充足的送货时间。

③市内配送货物多的车辆先卸。专线对直达货物的配送时间要求比较高，但由于卸货、装货和送货路程等因素的影响，可能会导致货物无法按时送到，

从而影响配送质量。因此，直达货物多的车辆，应优先安排卸车。

（2）卸车时间安排合理。

专线到达站的卸车时间通常会安排在早上七点到下午两点之间，这是从货物配送时间段安排来考虑的，下午两点以后卸车，送货时间可能会来不及，当然如果卸车时间要能再提前的话，上午的收货时间也能充分利用起来。落地配企业本身是以为专线提供落地分流服务为主业，每天上午需要卸货的车辆很多，为保证能及时地把货物分流出去，可以考虑安排凌晨五点开始卸车作业，这一方面可以使货物及时配送出去；另一方面也可以使操作团队保持较高的生产效率，多卸几台车。在当前路网条件下，专线如果每天均匀发车，那么干线车辆就不会扎堆到达，落地配企业的生产作业就很好安排，可以保持白天有条不紊地安排卸车，而不会出现上午抢卸车进度的情况。

（3）操作人员配置科学合理。

落地配企业操作团队配置是一个很讲究的问题，人少了会影响操作效率，人多了会增加成本开支，每个操作团队该如何配置，必须在实际操作中不断摸索总结，最终逐渐组建成一个个高效的操作团队。落地配企业的每一个操作团队应包含搬运工、叉车工、库管、分流主管四组岗位人员，其中分流主管直接固定对接每一个专线客户，其他三组岗位人员组成一个操作团队，负责每一车货物的装卸工作。落地费中包含了场地费、人员工资及食宿开支和设备工具使用费，而专线支付的落地费又比较低。按估算，一个操作团队卸一台车的收入是不足以支付开支的，卸两台车则可能会达到收支持平或略有盈余，如果是卸三台车，则必定会有盈利，因此落地配企业给每个团队的操作任务应是每天保底卸三台车，第三台车之外则应给予额外的奖励措施，这样才能支撑落地配企业的生存发展。

按照我们的设想，每个操作团队配一名叉车工、三名搬运工、一名库管，如果有两个团队，则可以考虑按三名叉车工、六名搬运工外加两名库管来进行配置。

（4）爆仓处理。

由于落地配企业的仓库是按需求来进行紧凑配置的，遇到长时间节假日时，很容易出现爆仓，导致到站车辆无处卸货。车辆长时间的卸货等待会严重影响车辆的营运和货物分流服务的提供，使得驾驶员和专线怨声载道，所以落地配企业要采取积极措施，随时准备应对货物爆仓。

①与合作专线及时沟通协调，适当在发运站积压货物。在长假期间，专线可能并不愿意配合推后发运车辆，但落地配企业必须及时告知长假因素可能引发的货物压仓后果，寻求业务上的配合，避免干线车辆驾驶员的抱怨和专线后

期的追责。

②把货物往中转商仓库推。落地配企业的中转合作商或自有中转线路是一个比较庞大的群体，如果能把他们的仓库也合理地利用起来，则可以大大减轻落地配企业的仓库压力。因此，落地配企业要充分利用手中的中转商资源，减少仓库爆仓的概率。

③发挥配送车辆优势，讲求货物快进快出，同时为了充分利用上午的收货时间段，争取晚上装货压车。从落地配企业把握利润点的角度分析，建议落地配企业自行购买送货车，集中配送货物，这样既可以增加利润来源，也有利于车辆的调度安排，在操作上也便于安排装车压货，提高货物出库效率。

（5）落地配企业所有资源的充分联动。

落地配企业资源的联动是整个服务系统高效运转的保证，是提高生产效率的需要。落地配企业资源的联动包括多个方面的内容。

①各操作岗位之间的联动。岗位之间的联动体现在相互之间的有效沟通协调，操作指令的正确有效，员工之间的相互配合等方面。岗位联动可以确保操作的有效性，大幅提高劳动效率，减少纠错时的时间浪费和资源浪费，增加企业收益。

②落地配企业与中转商的联动。落地配企业与中转商的联动有利于落地配企业充分发挥中转商的优势，为企业的生产经营服务。这一方面体现在中转商为落地配企业提供优质、高效、费用合理的货物中转服务；另一方面体现在协助落地配企业解决生产经营过程中遇到的问题，如解决中转货物的占库问题和协助装卸操作团队中转货物不落地、直接对车装运的问题。这样既可以提高卸车效率，又可以解决货物占库的问题。

③落地配企业与专线客户联动。落地配企业与专线客户联动可以保证落地分流服务更加优化、更加高效，同时也有利于落地配企业根据客户的需要及时调整生产部署，合理安排生产经营活动，提高资源使用效率。

④操作团队与配送车队之间的联动。配送车队与操作团队间的协作对提高卸车效率至关重要。一个是配送指令的正确下达，另一个是货物的对车驳装，这些都能减少货物的重复装卸操作，一方面可以减少无效劳动，提高生产效率；另一方面则可以加快货物的进出，提高仓库的周转使用率，同时提高货物的配送速度。

3. 落地配的优势

落地配企业是专线为剥离到达站操作工作而产生的专业为专线提供落地分流服务的物流实体，是单独存在的经济体。落地配企业跟专线只是服务合作关系，落地配企业的存在，给专线的经营带来了极大的实惠。

（1）专线的固定支出变成可变支出，而且专线不必进行到达站站点的建设。专线的落地分流操作交给落地配企业以后，专线不必投资到达站的建设，省去了专线对到达站的大规模投资。落地配企业按所卸载的干线车辆数量以台计收落地费用，如果专线没有装运干线车辆，到达站这块的固定成本支出便不再发生。因此，落地分流外包不但使专线的成本费用变小，也使专线的费用支出更加量化、细化。

（2）分流费用总体可控，应给专线带来降费增效的实惠。

专线的货物分流费用可以按照市场行情来制定参考标准。对于仅单向发运的专线，其本身并不能在集中配送和中转分流中实行降费增效操作，而落地配企业则能通过大量承接落地分流业务，以大量的货源来充分保障集中配送和中转分流过程中的降费增效操作，从而为各合作专线带来收益。落地配企业的分流费用，原则上应低于专线自行操作时的成本费用，如果落地配企业的货物分流费用超出专线自行操作时的成本费用，那就相当于专线的利益受损，会给双方的合作蒙上阴影，导致落地配企业丧失承接业务的优势。货物的分流费用过高，会给合作专线带来成本费用转移的顾虑，这是双方合作中最大的禁忌。

（3）落地分流业务外包能使专线专注于发运站的业务开发，集中精力拓展业务。

专线与落地配企业的合作是专线行业市场分工细化的表现，可以为专线的发展提供强劲动力。专线将落地分流业务全部外包之后，货物到达站方向的相关事项由落地配企业全权处理。这样，合作双方分工明确，专线可以集中精力经营发运站，把业务做好、市场做大。

落地分流合作协议范本：

货物落地分流协议

甲方：

乙方：

为节约成本，充分利用各种资源，达到开源节流、物尽其用、降费增效的目的，甲乙双方在平等协商的基础上，本着互利互惠、合作共赢的宗旨，达成以下战略合作协议：

一、由甲方提供场地、叉车和装卸工人等软硬件设施，为乙方提供有偿卸车落地服务。甲方卸车落地服务收费标准为：

（1）9.6米及以下车辆。

（2）9.6~13 米。

（3）13 米及以上车辆。（车辆长度以车辆货厢长度计算）

二、由甲方负责货物的卸车、清点、配送和中转，并对货物卸车的过程及落地之后的安全完整负责，直至交付客户。

三、甲方按照乙方的要求对客户签收回单进行管理。

四、权责分明。货物卸车落地之前的货损由乙方承担，但甲方应拍照留证，并协助乙方采取补救措施；卸车时及落地后的货损由甲方承担，但乙方应协助甲方的补救措施。货差应在车辆卸载完毕之后同乙方确认，并由当事大车司机签字确认。

五、甲方对乙方落地货物负有保管责任。原则上，甲方自货物落地后提供 3 天的免租期，如因非甲方原因造成货物压仓，甲方自第 4 天起开始计收仓储费，收费标准为：3 元/天（1 立方米以下），5 元/（天·立方米）（1 立方米以上，重货每吨折算成 4 立方米）。

六、甲方卸车时间定为 6：00—16：00。16：00 之前到达甲方场地的车辆，甲方必须无条件卸完。如遇特殊情况需甲方安排加班卸车的，甲方按以下标准加收卸车落地费：16：00—20：00 到达车辆，加收 100 元/车；20：00—22：00 到达车辆，加收 200 元/车；22：00 以后到达车辆，加收 400 元/车卸车费。卸车实行先到先卸原则。

七、中转费。甲方实行目标管理原则。由乙方设定目标价格，甲方实际操作，甲方实际发生的中转费不高于乙方的目标价格，具体费用由甲方向乙方实报实销。

八、配送费。由甲方向乙方出具配送价格表（见附表），甲方以此价格表为依据向乙方收取配送费，甲方自负盈亏。如有上楼费等额外费用产生，甲方应与乙方确认，再行由甲方向乙方收取。

九、结算方式。甲乙双方同意以车为核算单位，实行日终结算制。配送货物配送完毕和中转货物中转完毕之后，甲方以车清单为基础核算费用，并与乙方确认。乙方收到甲方的费用核算单后，应配合甲方于当日确认，乙方确认之后，应于当日同甲方结算，最迟不晚于次日上午 10：00。双方确认的费用实行多退少补原则，如乙方无故拖延，甲方有权拒绝提供后续服务。（自提货物原则上无费用产生，不列入核算）

十、甲方的权利和义务

1. 甲方有权要求乙方提供真实的车辆信息和货物装运信息，并提供车辆装运货物清单。

2. 甲方有权要求乙方出具每票货物的重量和体积信息，以方便货物的分流。

3. 甲方应向乙方提供经济、高效的服务，原则上当日货物需当日中转、配送完毕，维护乙方利益。

4. 甲方应协助乙方对运输过程中造成的货损、货差采取补救措施。

5. 甲方应协助乙方开发、维护客户。

6. 甲方应协助乙方保护商业秘密。

7. 甲方应做到货物落地后，配送回单7日内、中转回单15日内返回乙方。（特殊情况，如仓储货物除外）

十一、乙方的权利和义务

1. 乙方应协助甲方完成货物的卸车落地直到送达客户的整个环节的信息支持。

2. 乙方应确保货物中无国家明令禁止的物品。

3. 乙方有权知晓货物的各个环节的信息。

4. 乙方有权对因甲方的失误所造成的损失进行追索。

十二、以上合同内容由甲乙双方协商确认，如执行中有异议，甲乙双方可协商增补。未尽事宜，另行协商。

十三、本合同一式两份，有效期_____年。如合同执行过程中，甲乙双方任何一方无理由终止合同，违约一方须向对方支付叁万元违约金。如遇特殊情况，造成合同执行困难，当事一方须提前一个月以文件形式告知对方。合同到期，应提前一个月告知对方是否续约，并以书面形式确认。

甲方：_____　　乙方：_____

地址：_____　　地址：_____

代理人：_____　　代理人：_____

日期：_____　　日期：_____

3.3　落地配企业的生存法则

落地配企业在做好专线货物的落地分流服务，保持客户群的稳定乃至扩大客户群的时候，业务似乎不用发愁。但是由于专线支付的落地费远远低于专线自行操作时的成本费用，落地配企业必须高速高效运转自身的服务系统，才能从大量的货物落地服务中获得微薄的利润，所以落地配企业要从自身的落地分流业务中寻找生存发展的空间，否则依靠那微薄的利润难以支撑起庞大的落地分流服务系统。

1. 深挖落地分流服务中的利润点

落地配企业向专线收取的落地费是固定的，是否能盈利，只能看落地配企业的操作水平。另外，从防范落地配企业随意报销货物分流费用的角度来分析，专线大概率会给落地配企业以底价或双方协商的价格为依据来报销货物的分流费用。当然，如果专线自行分流的费用过高时，也可能会要求落地配企业提供报价，并以此作为分流费用结算的依据。无论如何，这都给了落地配企业操作的空间。

（1）提高落地服务操作团队劳动效率，实现落地服务操作环节盈利。

在落地费固定、操作团队不变的情况下，落地配企业唯有提高操作团队卸车数量一条途径来增加收入，这就要求落地配企业配备精干的落地服务操作团队，同时给予操作团队适当的激励措施。从专线行业内的专业分析来看，五人的操作团队从早上五点到下午一点，共八个小时卸三台均匀搭配的半挂车应该没有问题，如果大车有直送的货物，卸四台车也有可能，更何况中间可能有中转商的配合，当然在实际操作中可以实行二十四小时轮班卸车。因此，落地配企业在落地服务环节实现创收增效还是有潜力的。

（2）自建配送团队，实现集中配送盈利。

落地配企业自行购买配送车辆会是一笔相当大的投入。但是，既然落地配企业决心做实体企业，就必须想办法把企业做大做强。落地配企业自建配送团队能很好地为客户提供可控的配送服务，而且还可以在为众多客户提供配送服务时收获可观的利润。货物的集中配送收益应该是落地配企业为专线提供落地分流服务时的一个最大也是最佳的利润点，关键看落地配企业是否愿意通过自建配送车队来发掘这一利润点。

（3）寻找收费合适、服务优质的中转供应商。

如果合作专线给予落地配企业以底价来操作货物中转，那么落地配企业还是有很大的操作空间。落地配企业通过为众多的长途专线提供落地分流服务，实现了一定程度上的货源控制，这就给了落地配企业在中转货物服务议价中的主导优势地位，能够在货物中转中获取一定的差价收入。当然，在实际的服务提供中，落地配企业也不能唯利是图，一定要坚持取之有道原则，适当替客户着想。

2. 利用客户资源优势，提供第三方物流服务

落地配企业在为专线提供分流服务的过程中，可以接触到最广泛的客户群，在一定程度上，这些客户都是落地配企业自己的客户。其实，建立自己的

客户群才是落地配企业提供落地分流服务的最大价值所在。落地配企业可以借助车源优势，迅速转换到为客户提供第三方物流服务的轨道上来，从而开展多种经营。另外，落地配企业也可以为第三方物流企业提供落地分流服务，而不仅限于专线客户。

3. 为客户提供仓储服务

仓储服务是客户比较常见的服务需求，落地配企业可以借此扩大经营范围。相比第三方物流，仓储服务的操作简单，有时仅仅赚取仓储费差价就可以了，但是鉴于落地分流操作仓库的空闲位置有限，建议落地配企业考虑安排仓储型仓库来提供仓储服务。

落地配企业在为客户提供仓储服务的过程中，通过双方之间的相互了解，可以达成某种合作共识，从而使仓储需求客户最终成为落地配企业最忠实的客户，其他的配套服务自然改由落地配企业提供。

3.4　落地配企业发展展望

落地配作为专线行业里的一种全新业态，是专线行业竞争加剧和行业分工细化的产物。从专线行业发展趋势来看，落地配的存在和发展将会是专线行业的一种全新的组合模式，并最终构建我国专线行业全新的服务体系。

1. 落地配企业发展的积极因素

落地配企业的生存和发展有着广泛的社会经济基础，也是专线行业进一步细化发展的需要。落地配企业最初是因第三方物流配送服务需要而产生，但是随着专线行业的竞争日益激烈，为实现降费增效，各大专线实体企业也开始逐渐接受将到达站的落地分流服务外包，同时落地配企业本身就体现了社会资源的充分利用，对专线行业的良性发展起着推动作用。所以，落地配企业的产生是社会分工专业化的产物，是时代进步的象征。

（1）落地配企业生存发展的客户群体庞大。

客户群的大小决定了企业发展的深度和高度。落地配企业的客户群十分庞大，而且要是企业能实现自建基地和自行组网，并扩大经营范围，其发展的空间更是无比广大。落地配企业的目标客户群分布广泛，主要有以下三类。

①物流市场中巨量存在的广大专线实体企业。我国专线行业市场主体大大小小近百万家，这对落地配企业来说是一个庞大的客户群。从当前各大城市互联互通的发展程度来看，每一个省会级中心城市的专线个体随便都有上千家，一家落地配企业如果能同时服务50家专线，那已经是了不起了，因此落地配企

业的发展潜力巨大。

②专业的第三方物流企业。第三方物流企业单独开设服务网点的成本支出很大，而且往往存在网点资源不能充分利用的情况。落地配企业刚好可以为第三方物流企业提供专业的落地分流服务，这就使双方的合作成为可能，从而进一步扩大了落地配企业的服务对象。

③广大生产企业和商贸企业。我国的社会经济参与主体有一个共同的特点，就是坚持肥水不流外人田的思维，这也就造成了我国的经济体中普遍存在的"大而全""小而全"的现象。社会分工体系不健全，各行各业的集约度不高，反映到物流领域就是各实体企业自建仓库、自行管理。随着土地使用成本越来越高和管理费用的不断上涨，各企业的单独仓储模式逐渐成了企业发展的包袱，使得企业仓储管理业务外包成了必然选择。所以，在经济的不断优化发展过程中，各大生产企业和商贸企业将成为落地配企业的潜在目标客户。

(2)市场竞争加剧，各经济体降费增效目的明确，落地配企业获得发展良机。在激烈的市场竞争中，各行各业都步入了微利时代，各经济体为追求更高的利润，不得不采取措施进行降费增效。在这种形势下，落地配企业可以很好地承接专线和第三方物流公司的落地分流业务，同时落地配企业也可以展开多种经营，为生产企业和商贸企业提供仓储和其他物流服务，协助他们剥离不盈利的非主营业务，使他们集中精力经营主业。

(3)社会分工逐步细化，经济向集约化方向发展，落地分流服务需求因此顺势而产生。

市场竞争倒逼经济向集约化方向发展，社会分工也越来越明确。社会经济中有一个现象：专业的人干专业的事，专业的企业做专业的活。这话本身没有毛病，但当不专业的人做专业内的事或不专业的企业做专业内的活也能赚钱的时候，专业的人和专业的企业便没法生存。现如今，在物流领域内各市场主体分散经营的情况下，即使做专业服务的专线或第三方物流公司，做专业内的落地分流业务也难以维持生计，服务提供的集约化要求便提了出来。落地配企业正是提供专业的落地分流服务，其产生正是顺应了社会经济发展的需要，也是物流行业内分工逐步细化发展的结果。

(4)落地配企业创造的社会价值显著。

落地配企业是以集中为客户提供落地分流服务为主的专业物流服务企业，其专业的服务提供不但可以为自身收获利润，还能创造很高的社会价值。

①为物流行业的整合发展做出了突出贡献。落地配企业的集中服务提供可以强势整合分散于各专线到达站和第三方物流企业网点的服务资源，达到集中充分利用的目的，从而为专线和第三方物流企业节省了大量的资金投入，减少

了资源的浪费，这也是对行业资源的整合。同时，落地配企业也可以发挥控货的优势，主导中转分流网络的整合重组，推动专线行业的优化发展。另外，落地配企业在拓展仓储服务中，还可以为各生产企业和商贸企业提供集中仓储服务，省去各企业分散建仓库的大规模投入和各自非专业的不盈利仓储管理，促进物流行业的大融合发展。

②避免大规模的重复建设问题。物流行业的重复建设问题表现在两个方面：一是专线到达站网点和第三方物流公司网点的各自独立建设，造成站点或网点的大规模设立，但提供的却是相似的落地分流服务；二是物流园区的大规模建设占用大量的土地资源，而落地分流企业的出现能通过集中服务，充分提高场地仓库的使用效率，避免物流行业内的重复建设。

③提高物流行业的产出效益。落地配企业的集中落地分流服务，能大大节约专线的固定成本开支和固定资产购买投入，收到良好的社会经济效益。试想一下，如果仅按专线和第三方物流企业 100 万家的市场主体数量来计算，假如落地配企业能为平均每家企业一年节省 2 万元，那么总体上，一年能为整个市场主体节省 200 亿元的支出，相当于为行业创造 200 亿元效益，这也就是落地配企业创造的最为直接的社会经济效益。

2. 落地配企业自建园区经营

一家落地配企业如果仅承接两三家专线的落地分流业务，平均每天卸四到五台干线车辆，那么获得的社会经济效益并不显著，其实际效益并不会比各专线独自设立到达站网点强多少。在我们的设想中，一家落地配企业应该具有雄厚的实力，规模越大越好，最好能同时承接二十家以上专线的落地分流业务，平均每天卸 50 台以上的干线车辆，这样才能凸显出落地配企业的社会价值。这就对落地配企业的硬实力有了很高的要求，最好落地配企业能有自己的经营场地。

（1）落地配企业经营的硬伤在于场地仓库，所以我们推崇大资金来操作落地分流业务。落地配企业自建园区经营可以拥有很大的经营优势。

对园区自营的优势分析，我们可以介绍一个物流园区案例。长沙某物流公司投资 6000 万元，在长沙县榔梨镇拿地 100 亩建了一个人货分离的物流园，分建四栋两层的专线仓库，第一层按 220 平方米/个分成 120 个小专线档口，分租给各专线经营，第二层做仓储用，另外还建有部分配套及商业设施，园区使用年限为 20 年，专线仓库按 31 元/（月·平方米）招租，仓储库房按 15 元/（月·平方米）招租，外加 2 元/（月·平方米）的物业费，仓库月租金每年增加值上涨10%。在此，我们仅讨论专线仓库回报情况。目前该园区专线仓库无空余，园区专线仓库的使用面积 26400 平方米，月租金收入为 81.84 万元，年收入为 982.08 万元，那么 20 年的总收入为 19641.6 万元，减去投入的 6000 万元，盈余在 13641.6 万元，这还不算仓储和配套商业及租金上涨的收入，园区专线仓库招租成本价，我们测算后预估为 13 元/（月·平方米），如果加上其他项目收入的摊薄，应该在 11 元/（月·每平方米），这就是整个园区的使用成本价，还是保守估计，也许会更低。这当中虽然还存在每亩每年 4 万元的土地使用费用，但园区其他方面的收入完全可以抵消掉这部分成本费用。

从上面的获利情况分析中，我们可以看到物流园区的投资回报周期在 6 至 8 年时间，如果要偿还利息，估计也就增加两年时间，这还是最保守的估计，纯招商的物流园区就是这种收租经营模式。也正是由于物流园区的高回报率，我国各大城市都在大规模新建物流园区，引发了当下的物流地产热潮。

落地配企业自建园区则不同，其自建园区是为了方便自己经营，降低经营成本。如果按上面物流园区仓库的使用成本价摊成本，落地配企业的落地分流业务场地使用成本将大幅降低，企业的发展会更加顺畅。

（2）给合作客户以低廉的仓库使用价格，吸引客户加入合作。

广大的专线正是由于没有自建落地分流场地，而不得不租用收租型物流园区的高价场地，这大大侵蚀了专线的利润。如果落地配企业能以低廉的仓库使用价格招租，一定能吸引大量的专线加入合作，即使那些双向对开的专线，也不得不重新考虑当前到达站的成本开支。当然，落地配企业必须以主业为核心，决不能谋求获取自营园区的租金收入。

（3）吸引中转合作商入驻或自行组网经营，方便货物中转分流。

落地配企业在园区内布局中转线路能快速转移中转货物，提高仓库的使用效率，同时也可以加快货物落地速度，提高操作团队的劳动效率，收获更大的经济效益，这也是我们通常所说的此消彼长原理。

3.落地配企业二级城市组网自营

落地配企业只要有足够多的专线客户加入合作，每天便有大量的长途干线车辆到站卸货。从控货控线的角度看，落地配企业有足够的货量支撑下一级城市的线路运营，也就是我们所说的省内专线。这是一个很大胆的经营设想，也是落地配企业进一步实体化的表现。省内专线的运营线路较短，很多的专线都会采取甩挂的方式来发运干线车辆，满车去空车返回。落地配企业可以以联营或收购的方式来组建自己的经营网络，从而实现以点带面，正式进军专线行业。这对改变落地配企业的经营面有很大的帮助，也有助于提升企业的品牌价值，但是投入的资金和精力巨大，不过从落地配企业的存续发展前途来看，这是必走的一步棋。

我们对落地配企业的发展构想是以大资金做保障，先期在各省会级中心城市自建落地分流园区经营，接着利用控货优势组建各省省内的专线经营网络，再采取联营或收购方式，把省际合作专线并入各省会级中心城市的自营体系，最终在全国范围内的各省会级中心城市间进行干线车辆双向对发，从而实现进军专线行业的终极发展目标。通过这样一种方式布局下来的专线运营网络，将会是最全面、最具优势的专线生态体系。在此，我们强调，在有条件的省内地市一级城市也可以自建落地分流园区。

每一条专线线路都有多家专线同时在经营，这也预示着可以有多家大型落地配企业同时组网，谁先启动谁就能先发制人，抢先一步获得优质资源。对于专线行业万亿级的市场规模，不知有心分食这块大蛋糕的大资金是否已经准备好了。我们真心期待专线行业的大变局，期待大资本振兴我国的物流行业。

结　束　语

　　这本书一路写下来，突然发现公路零担专线的操作流程居然适用于零担货运市场中的所有市场主体包括快递和快运企业，其中不同的地方只是快递和快运企业增加了操作层次及减弱了一些操作环节。

　　在写到专线行业的外来入侵时，我的内心久久无法平复，甚至黯然神伤了好一段时间。专线行业内近百万家的中小个体私营专线，在面对大资本的杀戮时，居然是那么束手无策，只能静静地等待被"猎杀"。近百万的专线市场主体，真不知道有多少能幸存下来，估计这将会是人类商业史上一次惨烈的"洗牌"。

　　社会经济中的任何行业包括专线行业，都是人民群众的生活需求和社会经济发展需要所创造的，行业的先进入者不一定是后面的最强者，也不一定是笑到最后的人，但绝对会是最先赚到钱的那部分人。可是赚到钱又能如何呢？过去的辉煌只能证明你曾经来过，所发生的一切终将被历史前进的车轮所碾碎，直到灰飞烟灭。若想名垂青史，必须做笑到最后的人。

　　专线行业内的洗牌整合正在悄无声息地进行，不知道下一个被洗掉的会是谁。也许以后还会有更多的新兴行业产生，但如果在这个时候退出了专线市场，以后便可能永远也无法进入。忠告我们敬爱的专线从业者们：珍惜当下难得的发展壮大机遇，留给我们的时间或许是十年或许更短，如果不懂得珍惜，一旦失去便很难再有机会重来。

参 考 文 献

[1] 赵刚. 物流管理教程[M]. 上海：格致出版社,2017.

[2] 上海现代物流教材编写委员会. 现代物流管理教程[M]. 上海：上海三联书店,2002.

[3] 周再青. 现代物流学[M]. 北京：中国物资出版社, 1995.

[4] 张毅. 现代物流管理[M]. 上海：上海人民出版社, 2002.

图书在版编目(CIP)数据

公路零担专线务实／彭中方，吉宝华，喻坚著. —长沙：
中南大学出版社，2021.3

ISBN 978-7-5487-3900-5

Ⅰ．①公… Ⅱ．①彭… ②吉… ③喻… Ⅲ．①公路运输－
货物运输－物流管理 Ⅳ．①U492.3

中国版本图书馆 CIP 数据核字(2021)第 048749 号

公路零担专线务实
GONGLU LINGDAN ZHUANXIAN WUSHI

彭中方　吉宝华　喻 坚 著

□责任编辑	胡小锋	
□责任印制	周　颖	
□出版发行	中南大学出版社	
	社址：长沙市麓山南路	邮编：410083
	发行科电话：0731-88876770	传真：0731-88710482
□印　　装	长沙印通印刷有限公司	

□开　　本	710 mm×1000 mm 1/16	□印张 20	□字数 399 千字	
□版　　次	2021 年 3 月第 1 版	□2021 年 3 月第 1 次印刷		
□书　　号	ISBN 978-7-5487-3900-5			
□定　　价	68.00 元			